중등체육 임용고사 기출문제집

전공체육 **김 용 호** 강의교재

중등체육임용고사 기출문제집

2017년 02월 28일 인쇄
2017년 03월 03일 발행

전공체육 김용호 강의교재
펴낸곳 | 레인보우북스
주　소 | 서울특별시 관악구 신림로 75 레인보우 B/D
전　화 | 02-2032-8800
팩　스 | 02-871-0935
이메일 | min8728151@rainbowbook.co.kr

값 20,000원

ISBN 978-89-6206-387-5 93690

* 본서의 무단복제를 금하며, 잘못된 책은 구입한 곳에서 교환해 드립니다.

CONTENTS

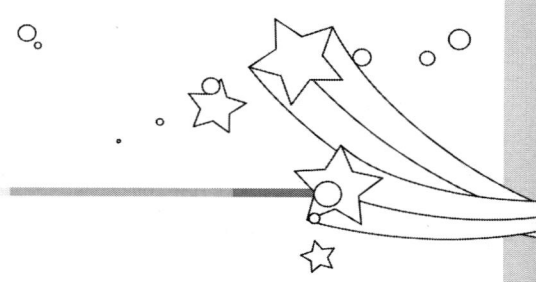

자연과학편

01 운동역학 ··· 3
02 운동생리학 ··· 41
03 체육측정평가 ··· 77

인문과학편

04 체육교수법 ··· 119
05 체육교육과정 ··· 191
06 스포츠심리학 및 운동학습 ······································ 225
07 스포츠사회학 ··· 263
08 체육사·철학 ··· 295
09 보건 ·· 323

중등체육
임용고사
기출문제집

자연과학편

01 운동역학
02 운동생리학
03 체육측정평가

자연과학편

중등체육임용고사 기출문제집　01

운동역학

1. 다음은 배드민턴 스트로크 동작의 과학적 원리에 대한 수업 장면이다. <작성 방법>에 따라 순서대로 서술하시오. [4점]   '17. 기출

학 생 : 저는 라켓을 힘껏 휘두르는데도 셔틀콕이 멀리 날아가지 않아요.
교 사 : 스트로크의 강도는 여러가지 요인에 의해 결정되지만, 특히 임팩트 순간 라켓의 (㉠)이/가 큰 영향을 미친단다. (㉠)은/는 질량과 선속도의 곱으로 결정되는데, 무거운 라켓을 사용하면 질량을 높일 수 있지만 선속도가 감소할 수 있다는 점을 고려해야 해.
학 생 : 그럼 선속도를 높이기 위해서는 어떻게 해야 하나요?
교 사 : 회전 운동 하는 물체의 선속도는 회전 속도(각속도)와 (㉡)이/가 클수록 증가하지. 배드민턴 스트로크의 경우 포워드 스윙 구간의 초기에 ㉢ 회전 속도를 증가시키고, 임팩트 순간에 가까워질 때 (㉡)을/를 최대한 증가시키는 것이 임팩트 순간의 선속도를 높일 수 있는 효과적인 방법이야.
― 교사의 시범과 설명 ―
교 사 : 그리고 체중을 앞으로 이동하며 신체 중심의 전진 속도를 이용하는 것도 선속도를 높이는 데 큰 도움이 된단다.
― 교사의 시범과 설명 ―

─────────── <작성 방법> ───────────
○ 괄호 안의 ㉠에 공통으로 들어갈 용어와 괄호 안의 ㉡에 공통으로 들어갈 용어를 순서대로 쓸 것.
○ 밑줄 친 ㉢을 위한 동작 방법을 쓰고, 역학적 이유를 제시할 것
   (단, 동작 방법은 팔, 손, 라켓의 움직임에 한정하여 제시하고, 라켓의 길이와 라켓을 잡는 위치는 동일하다고 가정함).

2. 다음의 (가)는 직선 트랙을 달리는 육상 선수가 한 발을 딛는 동안 작용한 전후 방향의 수평 지면반력을 나타낸 그래프이고, (나)는 이와 관련한 달리기 동작의 분석 결과이다. 괄호 안의 ㉠에 해당하는 값과 괄호 안의 ㉡에 해당하는 방향을 순서대로 쓰시오 (단, 공기 저항은 무시하고 진행 방향을 양(+)의 방향으로 함). [2점] '17. 기출

(가) 달리기 동작에 작용한 지면반력

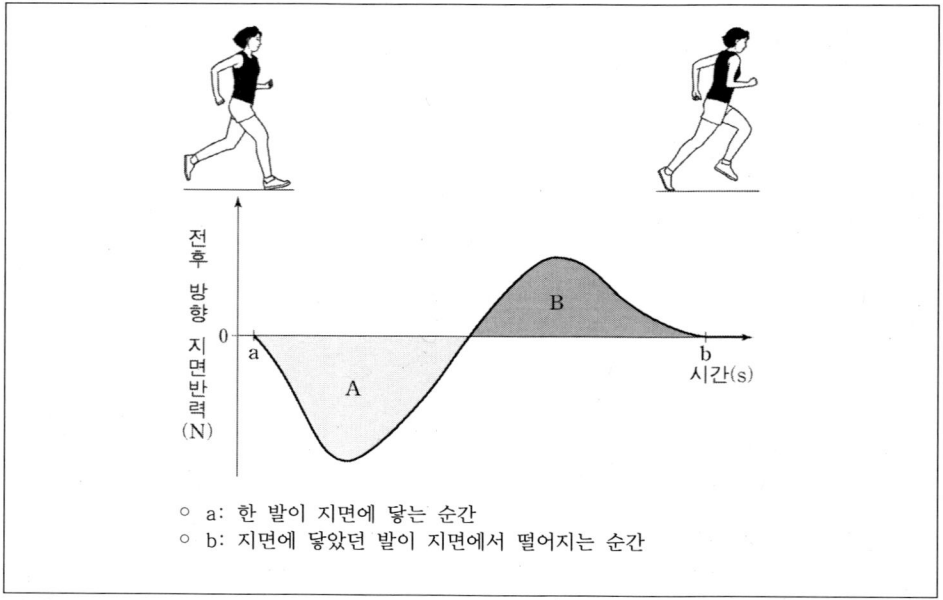

- a: 한 발이 지면에 닿는 순간
- b: 지면에 닿았던 발이 지면에서 떨어지는 순간

(나) 달리기 동작의 분석 결과

- 선수의 질량 : 50kg
- a 시점에서 선수의 전후 방향 수평 속도 : 5m/s
- A 영역의 면적 : −40N·s
- B 영역의 면적 : 30N·s
- b 시점에서 선수의 전후 방향 수평 속도 : (㉠)m/s
- 전체 구간(a-b)의 평균 가속도의 방향 : (㉡)

3. 다음의 (가)는 축구 수업 중 교사와 주훈이가 나눈 대화이고, (나)는 학교스포츠클럽에 참가하고 있는 주훈이가 시합 후에 쓴 수행 일지의 일부이다. <작성 방법>에 따라 순서대로 서술하시오. [4점]   '17. 기출

(가) 축구 수업 중 교사와 주훈이의 대화

주 훈 : 어제 축구 중계에서 프리킥을 한 공이 휘어지며 골인되는 장면은 정말 환상적이었어요. 공의 궤적이 왜 휘어지나요?
교 사 : 축구공이 회전하며 날아갈 때, 공 주위에 압력 차이가 발생해 '마그누스(Magnus) 힘'이라고 하는 (㉠)이/가 작용하기 때문이야.
주 훈 : 그럼, 공이 날아가면서 휘어지게 하려면 어떻게 차야 하나요?
교 사 : 공의 측면을 차서 공을 회전시켜야 해. 예를 들어 인프런트 킥으로 공의 중심 오른쪽을 강하게 차면 <그림>처럼 ㉡ 공은 날아가면서 왼쪽으로 휘어지게 되지.
주 훈 : 멋진 프리킥 골을 위해 열심히 연습해야겠어요.

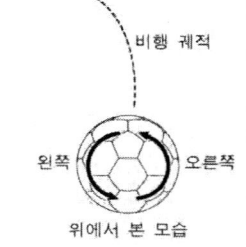
〈그림〉 공의 회전과 비행 궤적

(나) 주훈이의 수행 일지

2016년 ○○월 ○○일

　오늘은 내 축구 인생 최고의 날이다. 얼마 전 체육 선생님께 프리킥의 원리에 대한 설명을 듣고 매일 연습했는데 드디어 기회를 얻었다. 평소 연습한 대로만 차면 들어갈 것 같아 '연습 때처럼 차자.'라는 마음으로 공을 놓았다. 그런데 공을 놓는 순간 '못 넣으면 어떡하지?'라는 생각이 갑자기 들었다. 숨이 가빠지고 심장 소리가 들리는 것 같았다.

　평소처럼 공을 차기 전에 심호흡을 깊게 했다. 긴장될수록 즐긴다는 기분으로 경기하라던 선생님의 조언이 떠올랐다. ㉢ 그 말씀대로 프리킥하는 순간을 긍정적으로 생각하니 분명히 긴장이 많이 되었는데도 불구하고 금방 기분이 좋아졌다. 흥분이 되고 기대감이 생기면서 기분 좋은 떨림을 느꼈다. 연습 때와 같이 완벽하게 휘어 들어가던 공을 떠올리면서 자신 있게 찼더니 상상했던 대로 공이 휘어져 골대 안으로 들어갔다. 정말 최고의 순간이었다.

─────── <작성 방법> ───────

○ 괄호 안의 ㉠에 들어갈 용어를 쓸 것.
○ <그림>을 참고하여 밑줄 친 ㉡의 이유를 공의 오른쪽과 왼쪽의 공기 흐름의 속력과 압력을 비교하여 제시할 것.
○ 밑줄 친 ㉢에 나타난 각성과 감정의 관계를 설명하는 커(S. Kerr)의 불안이론의 명칭을 쓰고 핵심 주장을 서술할 것.

4. 다음은 수상 안전 교육에서 누워 뜨기를 배우면서 체육 교사와 학생이 나눈 대화이다. <작성 방법>에 따라 순서대로 서술하시오. [4점]   '17. 기출

> 교 사 : 우리 몸을 떠받쳐 주는 부력을 잘 이용하면 힘들이지 않고 오랫동안 물에 떠 있을 수 있어. 우선 누워 뜨기를 배워 보자. 힘을 빼고 편안히 누워 봐.
> 학 생 : (양팔을 몸통에 붙인 자세로 누워 뜨기를 하다가 일어서며) 선생님, 다리 쪽이 내려가면서 몸 전체가 회전하네요.
>
>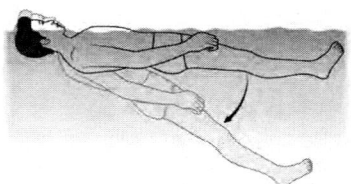
>
> 교 사 : 그건 ㉠ 몸에 회전력이 작용하기 때문인데, ㉡ 팔다리의 자세를 바꾸면 그러한 현상을 해결할 수 있어. 그럼 몸이 회전하지 않고 균형을 유지하면서 누워 뜨기 자세를 유지할 수 있을 거야.
> 학 생 : (교사의 자세 교정 설명을 따라 하면서) 아 정말 그러네요. 하지만 물도 차갑고 긴장이 되어서 그런지 몸이 굳는 것 같아요.
> 교 사 : 그럼 호흡을 깊고 느리게 하며 ㉢ 천장의 한 지점을 바라보면서 집중해 보자. 어때? 물에 닿는 몸의 차가운 느낌이 사라지고 긴장이 좀 풀리지?

―――――――――― <작성 방법> ――――――――――
○ 그림을 참고하여 밑줄 친 ㉠의 역학적 이유를 인체에 작용하는 힘의 측면에서 제시할 것.
○ 밑줄 친 ㉡에 해당하는 방법을 1가지 제시할 것.
○ 니데퍼(R. Nideffer)가 제시한 주의유형 분류의 2가지 기준을 쓰고 이에 근거해 밑줄 친 ㉢의 주의유형을 쓸 것.

5. 다음은 축구 수업 중에 교사와 학생이 나눈 대화 내용이다. 괄호 안의 ㉠, ㉡에 해당하는 값을 순서대로 쓰시오. [2점]　　　　　　　　　　'16. 기출

학생 : 선생님, 공을 드리블하며 앞에 있는 수비수를 제치려면 어떻게 해야 하죠?
교사 : 드리블하다가 급격히 방향과 속도를 바꾸는 커팅(cutting) 동작을 하면 수비수는 관성 때문에 수비하기가 어려워 진단다.
학생 : 커팅 동작에 대해 더 자세히 알려주세요.
교사 : 가속도와 그 가속도를 만드는 힘에 대해 이해해야 한 단다. 그림과 같이 공격수가 골대를 향해 12시 방향으로 1 m/s의 속도로 달려가다가, 수비수를 따돌리기 위해 속도를 0.1초 만에 10시 방향으로 2 m/s의 크기로 바꾸 는 커팅 동작을 할 경우, 이 선수의 가속도는 (㉠)시 방 향으로 17.3 m/s²이 된다. 이러한 가속도는 (㉡)시 방향의 지면반력(ground reaction force)을 통해 만들어진단다.

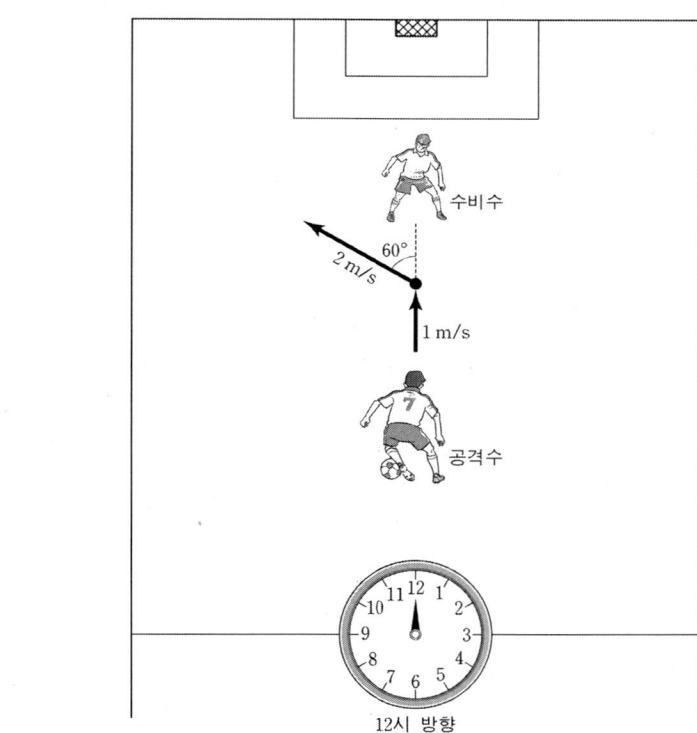

6. 다음은 100 m 달리기 수업을 준비하는 과정에서 교사들이 나눈 대화이다. ㉠에 해당하는 두 주자의 출발점의 위치 차이와 ㉡의 상황에서 두 주자의 구심력 차이를 단위와 함께 순서대로 쓰고, ㉢의 이유를 역학적으로 설명하시오. (단, 소수점 둘째 자리에서 반올림함) [4점] '16. 기출

> 김 교사 : 그림처럼 점선의 곡선 주로 반지름을 20 m와 22 m로 하고 곡선 주로가 끝나는 지점에서 20 m 거리에 결승 선이 있는 100 m 트랙을 만들었는데, 안쪽 레인과 바깥쪽 레인의 거리를 같게 하려고 ㉠ <u>주자 A보다 주자 B의 출발점을 앞에 위치시켰습니다.</u>
>
> 이 교사 : 트랙 만드시느라 수고 많으셨네요. 두 레인의 거리 (점선의 길이)는 같지만, 반경이 다른 곡선 주로를 달리기 때문에 조건이 조금 다를 수도 있겠네요. ㉡ <u>질량이 44 kg인 두 주자가 점선의 곡선 주로를 10 m/s로 달린다고 가정한다면, 안쪽 레인의 주자 A가 바깥쪽 레인의 주자 B보다 구심력이 크기 때문에 불리합니다.</u> 그리고 ㉢ <u>곡선 주로를 빠르게 달리려면 구심력을 만들기 위해 몸을 레인 안쪽 방향으로 기울인 자세로 달려야 합니다.</u>

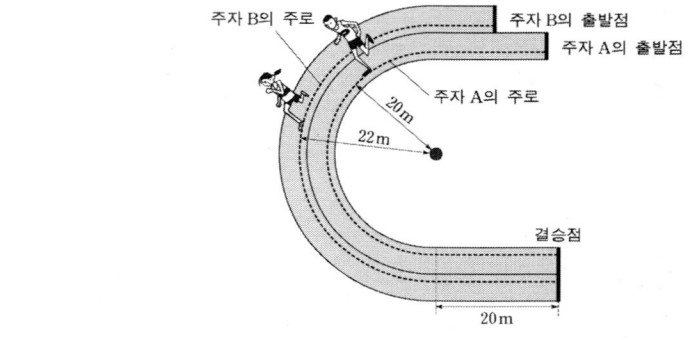

7. 다음은 김 교사가 학생들에게 효율적인 달리기 자세를 운동역학적으로 설명하기 위해 준비한 자료이다. ㉠, ㉡을 계산하여 순서대로 쓰고, 자세 B가 자세 A보다 유리한 이유를 각운동량 개념을 이용해 설명하시오. [4점]

'16. 기출

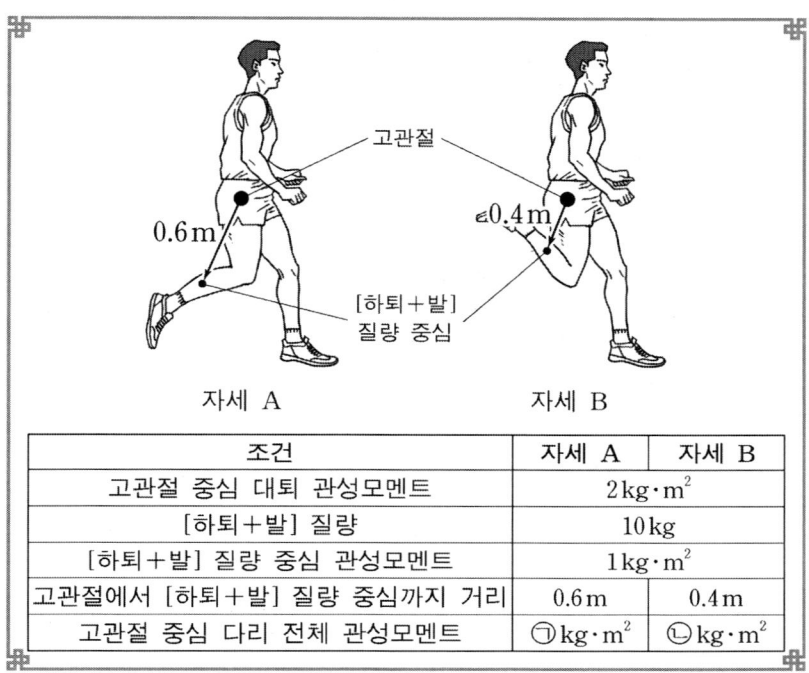

조건	자세 A	자세 B
고관절 중심 대퇴 관성모멘트	2 kg·m²	
[하퇴+발] 질량	10 kg	
[하퇴+발] 질량 중심 관성모멘트	1 kg·m²	
고관절에서 [하퇴+발] 질량 중심까지 거리	0.6 m	0.4 m
고관절 중심 다리 전체 관성모멘트	㉠ kg·m²	㉡ kg·m²

8. 다음은 ○○ 고등학교 학생이 스포츠 과학 수업 시간에 수직 점프동작에 대해 발표한 내용의 일부이다. 밑줄 친 ㉠~㉣ 중 잘못된 것을 모두 골라 바르게 고쳐 쓰시오. [5점]

'15. 기출

수직 점프 동작의 역학적 이해

○학년 ○반 김○○

〈조건〉

(가) A에서 B까지의 충격량 = 140Ns
(나) A에서 신체 무게중심의 속도 = 0m/s
(다) 신체 질량 = 70kg
(라) 신체 무게중심은 수직 방향으로만 움직임.
(마) 중력가속도 = $-10m/s^2$, 공기 저항은 무시함.

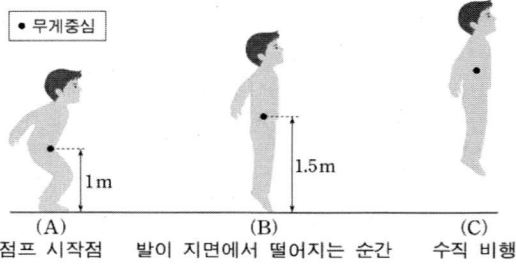

〈발표 내용〉
1. 무릎 관절의 신전근인 대퇴사두근(quadriceps)은 A에서 B까지 ㉠원심성 수축을 하였다
2. A에서 B까지 지면반력이 신체에 한 일(work)은 ㉡위치 에너지의 변화량과 같다
3. B에서 신체 무게중심의 속도는 ㉢ 3m/s이다.
4. A에서 B까지 지면반력의 평균값(충격력)은 ㉣ 780N이다.

… (하략) …

9. (가)는 체조 선수의 앞 공중 돌기 동영상이다. (나)는 박 교사와 재석이가 동영상을 보면서 나눈 대화 내용이다. 괄호 안의 ㉠, ㉡, ㉢에 해당하는 용어를 순서대로 쓰시오. [2점]

'15. 기출

(가) 앞 공중 돌기 동영상

(나) 박 교사와 재석이의 대화

> 재　석 : 체조 선수가 앞 공중 돌기 착지 동작에서 시계 방향으로 많이 회전하면서 균형을 잡지 못하고 넘어질 뻔 했어요. 선수가 착지를 좀 더 안정적으로 하려면 어떻게 하는 것이 좋을까요?
> 박 교사 : 몇가지 방법이 있단다. 우선 착지하기 전에 몸의 회전 (회선) 반경을 크게 하여 (㉠)을/를 증가시키면 (㉡) 이/가 감소되기 때문에 보다 안정적으로 착지할 수 있단다. 또는 한 발을 내딛어 기저면을 넓혀도 안정성을 증가시킬 수 있지.
> 재　석 : 그렇군요. 다른 방법도 있나요?
> 박 교사 : 팔을 이용하는 방법도 있단다. 동영상을 보면 선수가 균형을 잃었을 때 팔을 (㉢) 방향으로 회전시키는데, 이런 동작은 몸 전체가 시계 방향으로 회전되는 것을 감소시키기 때문에 균형을 회복하는 데 도움이 되지.

10. 다음은 농구 수업 중에 김 교사가 지민이와 나눈 대화 내용이다. 괄호 안의 ㉠에 해당하는 용어를 쓰고, ㉡에 해당하는 값을 쓰시오. (단, 소수점 둘째 자리에서 반올림함.) [2점]

'15. 기출

> 지 민 : 선생님. 드리블을 하는데 농구공이 생각보다 훨씬 높게 튀는 것 같아요. 농구공에 얼굴을 맞을 뻔 했어요. 티볼 공은 농구공처럼 이렇게 높게 튀어 오르지 않았는데요.
> 김 교사 : 그 이유는 지면에 대한 두 물체의 반발계수가 다르기 때문이지. 지면에 대한 농구공의 반발계수가 티볼공의 반발계수보다 크기 때문에 더 높게 튀어 오른단다. 충돌하는 두 물체의 반발계수는 충돌 전후 (㉠)의 비율의 절대값으로 결정되지.
> 지 민 : 이 방법으로 반발계수를 알아내기는 좀 어려울 것 같아요. 다른 방법으로 알아낼 수는 없나요?
> 김 교사 : 지면에 대한 충돌 전후의 높이를 이용하는 방법이 있지. 농구공을 1m 높이에서 수직으로 낙하시켜 보자. 지면과 충돌한 후에 튀어 오른 공의 최고 높이를 측정해 보고 선생님한테 알려주렴.
> ⋯ (중략) ⋯
> 지 민 : 농구공이 튀어 오른 최고 높이가 64cm이었어요.
> 김 교사 : 그렇다면 지면에 대한 농구공의 반발계수는 (㉡)(이)란다. 그 이유는 ⋯⋯.

11. 다음은 최 교사가 김○○ 학생의 '다리 벌려 뛰기' 동작을 평가한 보고서이다. <표 2>의 분석 내용에서 틀린 문장 3가지를 찾아 각각 바르게 고치시오. (단, 공기 저항을 무시하고, 반시계 방향을 양(+)의 방향으로 함. 그리고 발구름 직후 각운동량은 $-20 \text{ kg·m}^2\text{/s}$ 이고, 뜀틀 반력에 의한 각충격량은 $25 \text{ kg·m}^2\text{/s}$ 임.) [5점] '14. 기출

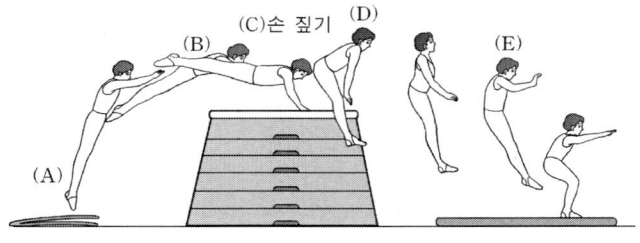

─── <분석 보고서> ───

<표 1> 학생 정보

항 목	내 용
성명 / 연령	김○○ / 15세
키	150 cm
몸무게	40 kg중

<표 2> 운동역학적 분석

	분석 내용
(A) ~ (B) 공중 구간	○ 중력은 편심력(이심력)으로 작용하고, 각운동량과 선운동량이 모두 보존됨. ○ 무게중심의 수평속도는 (A)와 (B)시점에서 동일함. ○ 중력을 제외한 외력이 작용하지 않음.
(C)	○ 팔꿈치를 펴는 것이 충격력 증가에 도움이 됨. ○ 무게중심은 뜀틀 반력 작용선보다 진행 방향의 앞쪽에 있음.
(D) ~ (E) 공중 구간	○ (D)에서 순간 각속도는 4.5 rad/s임. ※ 단, (D) 시점에서 자이레이션 반경(radius of gyration)은 0.5 m로 가정함.

12. 다음은 ○○고등학교 스포츠과학 수업 시간에 이○○ 선수의 신문 기사 사진을 보고 나눈 대화 내용이다. ( ) 안에 들어갈 용어를 쓰시오. (단, 공기 저항은 무시하고 빙판은 수평이라고 가정함. 또한 무게중심의 수직가속도는 0 m/s² 임.) [2점] '14. 기출

민 수 : 선생님, 곡선주로에서 왜 속력을 많이 낼 수 없나요?
김 교사 : 속도의 크기가 커지면 원심력이 커지기 때문이지.
민 수 : 원심력이 커지면 어떤 일이 발생하나요?
김 교사 : 원심력이 빙면의 최대마찰력보다 크면 바깥으로 미끄러지지.
민 수 : 혹시 순간 구심가속도만 알아도 선수가 바깥으로 미끄러지는지 알 수 있나요?
김 교사 : 그럼. 순간 구심가속도 크기가 빙면 마찰계수와 (   )의 곱보다 크면 선수가 바깥으로 미끄러지지.
민 수 : 아! 그래서, 곡선주로에서 선수들이 속력을 마음껏 낼 수 없군요.

13. 다음은 대퇴사두근(quadriceps femoris)과 햄스트링(hamstring)을 주동근으로 하는 레그 프레스(leg press) 운동에 대한 설명이다. 괄호 안의 ㉠에 해당하는 그림의 기호와 ㉡에 해당하는 관절명을 차례대로 쓰시오. (단, 그림 A와 B는 동일인이며, 원판의 무게(W)와 높이는 같음.) [2점]

'14. 기출

동일 근육군이라도 자세에 따라 근부하(muscle load) 정도가 달라진다. 원판을 수직으로 밀어 올릴 때, 그림 A와 B 중에서 (㉠)의 자세는 (㉡)관절의 회전축에서 무게(W) 작용선에 이르는 모멘트암(moment arm)이 더 길기 때문에 햄스트링에 더 많은 근부하를 줄 수 있다.

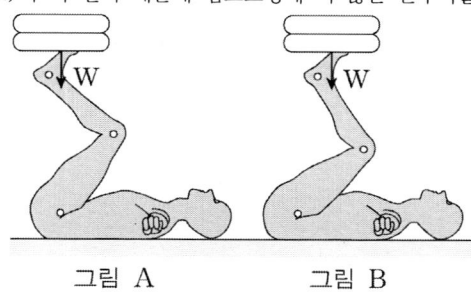

그림 A   그림 B

14. 다음은 다이빙 동작을 (가)~(마)로 구분한 그림과 설명이다. <보기>의 질문 ㄱ~ㄹ에 대한 답으로 옳은 것은?

'13. 기출

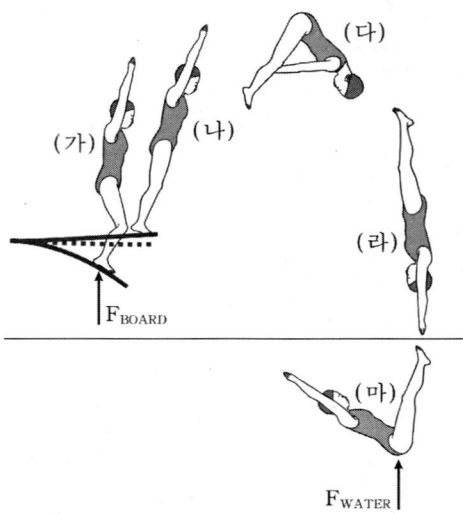

(가) 다이빙 선수가 보드를 아래로 밀어 보드가 최대로 구부러진 시점.
(나) 다이빙 선수의 발이 보드를 떠나는 시점. 이때 보드는 위로 약간 구부러졌다가 다시 정지함.
(다) 다이빙 선수의 신체 질량 중심이 가장 높은 지점에 이른 시점.
(라) 다이빙 선수가 입수하는 시점.
(마) 다이빙 선수가 물 안에서 정지하는 시점.

※ 여기서 보드의 질량은 다이빙 선수의 질량보다 작고, 다이빙 선수에게 작용하는 외부적인 힘은 다이빙 선수의 체중, (가)-(나)에서 보드가 가하는 윗방향의 힘(F_{BOARD}), (라)-(마)에서 물이 가하는 윗방향의 힘(F_{WATER})이다.

─── <보 기> ───

ㄱ. (가)~(마) 중, 가장 큰 운동 에너지가 나타난 시점은?
ㄴ. (가)~(마) 중, 가장 큰 변형 에너지가 나타난 시점은?
ㄷ. (가)-(나)에서 F_{BOARD}가 다이빙 선수에게 수행한 일의 형태는?
ㄹ. (라)-(마)에서 F_{WATER}가 다이빙 선수에게 수행한 일의 형태는?

	ㄱ	ㄴ	ㄷ	ㄹ
①	(나)	(가)	양의 일	음의 일
②	(나)	(가)	양의 일	양의 일
③	(나)	(마)	음의 일	양의 일
④	(라)	(가)	양의 일	양의 일
⑤	(라)	(가)	양의 일	음의 일

15. 다음은 피겨 스케이팅 회전 동작을 나타내는 설명이다. <보기>의 내용 중 옳은 것만을 있는 대로 고른 것은?

'13. 기출

※ 그림은 남자 선수를 회전축으로 하여 여자 선수가 회전축과 자신의 신체 질량 중심의 거리를 일정하게 유지하며 회전하는 것을 나타낸다. (단, 두 선수 모두 반시계 방향으로 회전하지만, 각가속도는 시계방향이다)

─── <보 기> ───

ㄱ. 회전할수록 여자 선수의 각속도는 감소한다.
ㄴ. 회전할수록 여자 선수의 신체 질량 중심의 구심(radial) 가속도는 감소한다.
ㄷ. 만약 각속도가 같다면, 여자 선수의 신체 질량 중심이 회전축으로부터 멀어질수록, 구심 가속도는 감소하게 된다.
ㄹ. 여자 선수 신체 질량 중심의 접선(tangential) 가속도는 신체 질량 중심의 선속도와 반대 방향으로 작용한다.

① ㄱ, ㄴ ② ㄴ, ㄷ ③ ㄱ, ㄴ, ㄷ
④ ㄱ, ㄴ, ㄹ ⑤ ㄱ, ㄷ, ㄹ

16. 그래프는 축구 킥 동작 시, 무릎 관절의 신전 토크와 관절 파워를 나타낸 것이다. <보기>의 내용 중 옳은 것을 고른 것은? [2.5점]

'13. 기출

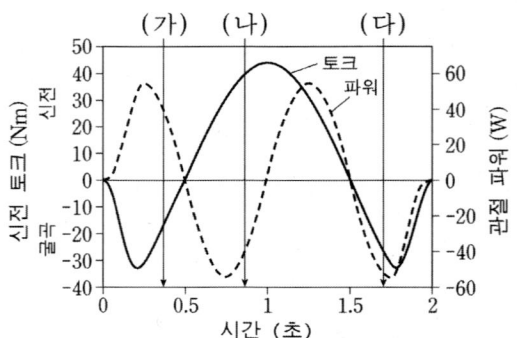

―――――――――< 보 기 >―――――――――
ㄱ. 시점 (가)에서 주된 활동을 하는 근육은 무릎의 굴곡근이다.
ㄴ. 시점 (나)에서 주된 활동을 하는 무릎의 근육은 신장성 수축을 한다.
ㄷ. 시점 (나)에서 무릎 관절은 신전한다.
ㄹ. 시점 (다)에서 무릎 관절은 굴곡한다.

① ㄱ, ㄴ   ② ㄱ, ㄷ   ③ ㄴ, ㄷ
④ ㄴ, ㄹ   ⑤ ㄷ, ㄹ

【17~18】 그래프는 수직 점프 시, 시간에 따른 발목의 족저굴곡 각도, 각속도, 각가속도의 변화를 나타낸 것이다. [단, 여기서 양의 값은 족저굴곡(plantarflexion)을, 음의 값은 배측굴곡(dorsiflexion)을 의미함]

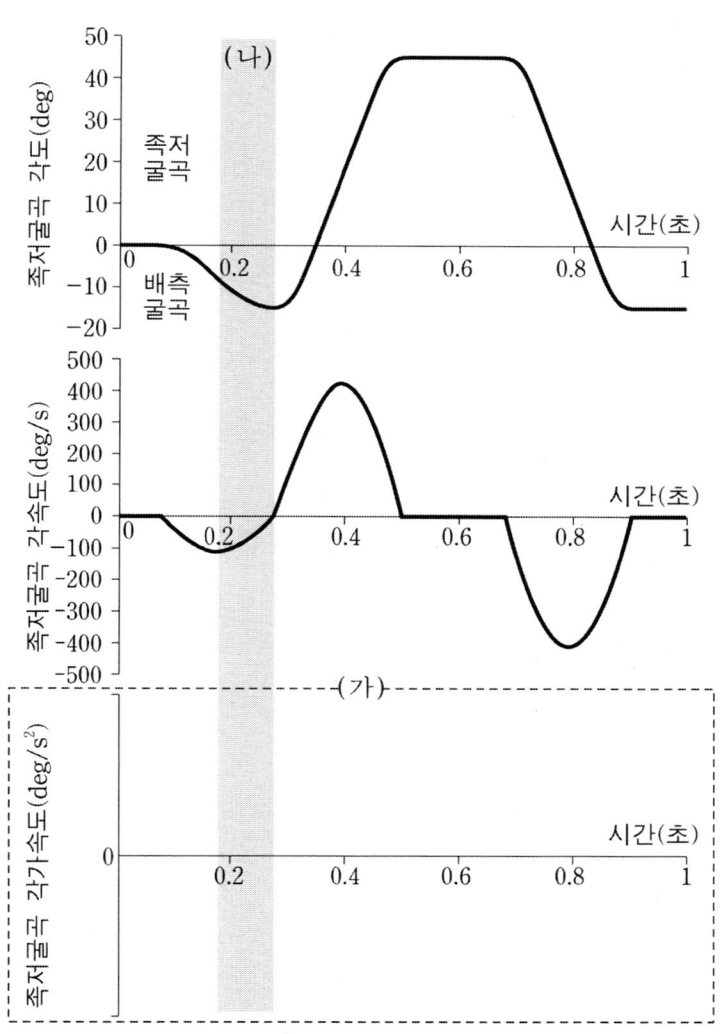

17. 점선 상자 (가) 안에 들어갈 그래프로 옳은 것은? (단, 각가속도의 변화 양상만을 추정한다) [1.5점] '13. 기출

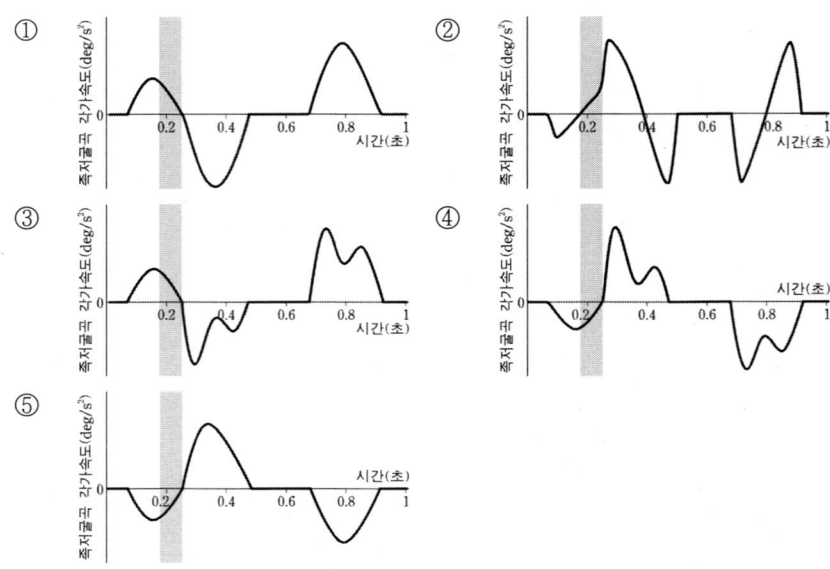

18. 그래프의 그림자 상자 (나)에 대한 <보기>의 설명에서 ㄱ~ㄷ에 들어갈 말로 옳은 것은? '13. 기출

──────── <보 기> ────────
- (나) 구간은 동작의 ㄱ 국면이다.
- (나) 구간에서 ㄱ 동작을 생성하는 근육은 ㄴ 이다.
- (나) 구간에서 ㄴ 의 수축 형태는 ㄷ 수축이다.

	ㄱ	ㄴ	ㄷ
①	제동(braking)	족저굴곡근	신장성(eccentric)
②	제동(braking)	배측굴곡근	단축성(concentric)
③	추진(propulsive)	배측굴곡근	단축성(concentric)
④	추진(propulsive)	배측굴곡근	신장성(eccentric)
⑤	추진(propulsive)	족저굴곡근	단축성(concentric)

19. [그림]은 수평으로 날아오는 공을 글러브(A)와 맨손(B)으로 받아 정지시켰을 때 공에 작용하는 힘과 변위를 나타내고 있다. 이에 대한 설명으로 옳은 것만을 <보기>에서 있는 대로 고른 것은? (단, $S_A < S_B$이고, 공이 닿는 순간의 속도와 공의 질량은 A와 B가 동일함.)

'12. 기출

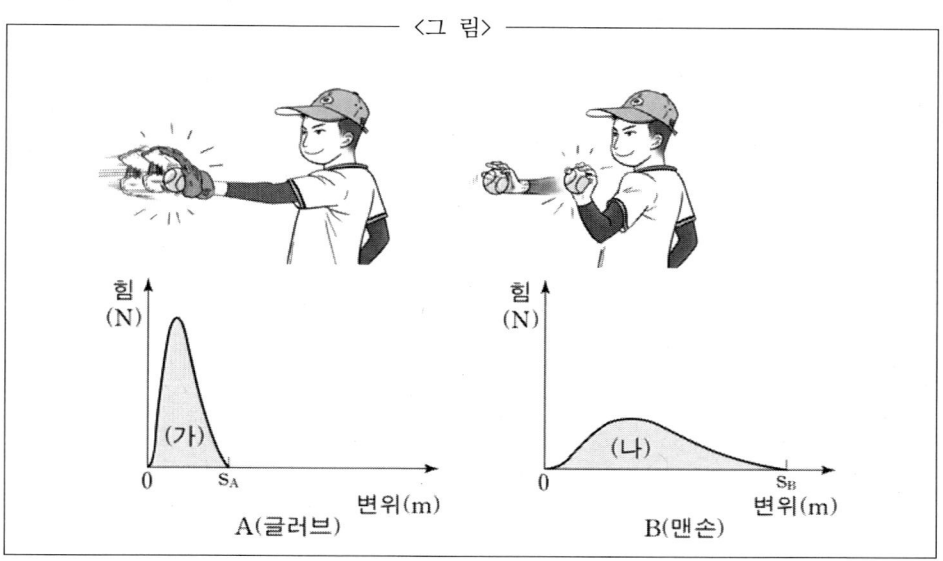

<보 기>

ㄱ. 변화된 공의 운동량은 A와 B가 같다.
ㄴ. 변화된 공의 선운동 에너지는 A와 B가 같다.
ㄷ. 공에 작용한 힘의 평균값은 A와 B가 같다.
ㄹ. 곡선 아래의 면적 (가)와 (나)는 충격량을 의미한다.

① ㄱ, ㄴ   ② ㄱ, ㄹ   ③ ㄴ, ㄷ
④ ㄴ, ㄹ   ⑤ ㄱ, ㄴ, ㄹ

20. 체육 교사가 학생의 배드민턴 동작을 관찰하고 지도할 내용을 기록하였다. (가)-(마)의 지도 내용과 관련된 역학적 원리의 설명으로 옳지 <u>않은</u> 것은? [2.5점]

'12. 기출

이름: 김 OO 종목: 배드민턴	동작: 오버헤드 스트로크
관찰내용	지도내용
머리 뒤에서 타격한다.	(가) 보다 앞쪽에서 타격하여 라켓이 충분히 가속되도록 한다
뒤로 물러나면서 타격한다.	(나) 뒤에서 앞으로 한 발 내딛으며 타격한다
처음부터 엉덩이가 뒤로 빠져 있다.	(다) 상체를 뒤로 젖힌 후 허리의 반동을 이용하여 몸통을 빠르게 회전시킨다.
팔의 스윙과 타격하는 순간 라켓의 속력이 낮다.	(라) 팔꿈치 관절을 충분히 굽혀 빠르게 스윙하고 (마) 타격하는 순간에는 팔을 완전히 편다.

① (가) 물체의 운동량 변화는 물체에 작용된 힘과 그 힘이 작용된 시간의 곱으로 결정된다.
② (나) 분절의 속도는 신체 중심의 속도와 신체 중심에 대한 분절의 상대 속도의 곱으로 결정된다.
③ (다) 몸통을 가속하였다가 감속하게 되면 몸통의 각운동량이 팔로 전이된다.
④ (라) 인체의 절량 분포를 회전축에 가깝게 하면 회전 관성이 작아진다.
⑤ (마) 각속도가 일정할 때 회전하는 물체의 선속도는 회전 반경의 길이에 비례한다.

21. 오른발로 지면을 박찬 후 왼발로 착지하기 전까지의 허들 경기 공중 동작(A-B)에서 일정하게 유지되는 것만을 <보기>에서 있는 대로 고른 것은? (단 공기 저항은 무시함)

'12. 기출

───── <보 기> ─────
ㄱ. 전신의 선운동량
ㄴ. 신체 중심의 가속도
ㄷ. 신체 중심의 시간당 수직 이동 변위
ㄹ. 신체 중심의 시간당 수평 이동 변위

① ㄱ, ㄴ   ② ㄴ, ㄷ   ③ ㄴ, ㄹ
④ ㄱ, ㄴ, ㄹ   ⑤ ㄱ, ㄷ, ㄹ

22. 박 교사는 대구 세계 육상 선수권 대회의 자료 화면을 이용하여 육상의 역학적 원리를 설명하였다. 박 교사의 설명으로 옳은 것만을 <보기>에서 있는 대로 고른 것은?

'12. 기출

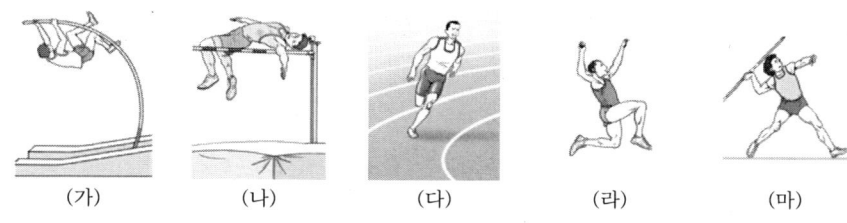

(가)　　(나)　　(다)　　(라)　　(마)

─────────────〈 보 기 〉─────────────
ㄱ. (가)도움닫기에서의 운동 에너지는 장대가 휘면서 탄성 에너지로 변환된다.
ㄴ. (나)공기 저항을 무시할 경우, 도약 후 공중에서는 신체 중심의 이동 경로를 변화시킬 수 없다.
ㄷ. (다) 곡선 안쪽으로 몸을 기울이면 곡선 안쪽으로의 지면 반작용력이 증가한다.
ㄹ. (라)공중에서 팔다리를 강하게 휘젓는 것은 전신의 전체 각운동량을 증가시키기 위해서다.
ㅁ. 창의 속도를 증가시키기 위해서는 몸통, 상완, 전완, 손의 최대 회전 속도가 동시에 발생하도록 하는 것이 효과적이다.

① ㄱ, ㄷ　　② ㄴ, ㄹ　　③ ㄱ, ㄴ, ㄷ
④ ㄱ, ㄷ, ㄹ　　⑤ ㄱ, ㄴ, ㄷ, ㅁ

23. 김 교사는 학생들의 평형성 증진을 위해 평균대 수업을 하였다 학생의 질문에 대한 김 교사의 답변으로 옳지 <u>않은</u> 것은? [1.5점]

'12. 기출

─────────────〈 보 기 〉─────────────
학　　생 : 평균대를 걸을 때 중심을 잃고 떨어지는 건 왜 그렇죠?
김 교사 : (ㄱ)신체 중심의 수직선이 기저면을 벗어날 때 회전축에 대해 발생하는 회전력 때문입니다. (ㄴ) 이때, 회전축은 바닥에 접촉하고 있는 모든 신체 부위의 각 점들로 둘러싸인 기저면의 중심점을 통과합니다.
학　　생 : 평균대를 걸을 때 양팔을 옆으로 쭉 펴라고 한 것은 왜 그렇죠?
김 교사 : (ㄷ) 관성 모멘트를 크게 하여 안정성을 깨뜨리는 회전 운동에 대한 저항을 증가시키기 위해서입니다.
학　　생 : 안정성은 어떤 경우에 높아지나요?
김 교사 : (ㄹ) 신체 중심이 낮을수록, 신체 중심의 수직선이 기저면의 중앙에 가까울수록 안정성은 높아집니다.
학　　생 : 운동할 대는 안전성이 높아야 좋겠네요?
김 교사 : (ㅁ) 항상 그렇지는 않아요. 100m 달리기에서는 빠른 출발을 위해 의도적으로 불안정한 자세를 만들기도 합니다.

① ㄱ　　② ㄴ　　③ ㄷ　　④ ㄹ　　⑤ ㅁ

24. 다음은 고등학교 1학년 도전 활동 트랙경기의 과학적 원리를 설명하는 수업에서 엄 교사와 학생이 나눈 대화 내용이다. 대화내용을 읽고 엄 교사의 설명 1, 2, 3을 작성하시오. [30점]

'12. 2차

엄 교사: 오늘은 달리기를 잘 하기 위해 필요한 과학적 원리에 대해서 알아봅시다.
엄 교사: [그림 1]과 같이 달리기의 속도는 보폭과 보빈도에 의해 결정되는데, 트레드밀과 초시계만 있으면 보폭과 보빈도를 쉽게 측정할 수 있습니다. 일반적으로 인체는 에너지 소비를 최소화하는 방향으로 보폭과 보빈도를 결정합니다. 에너지 소비를 줄여 주는 또 다른 방법들 중 하나는 근육의 '신전-단축 주기(stretch-shortening cycle)'의 원리를 활용하는 것입니다.
재 성: 선생님, 그럼 제가 트레드밀에서 5m/s의 속도로 달릴 경우, 저의 보폭과 보빈도를 측정하고 산출하는 방법을 순서대로 알려주세요. 그리고 신전-단축 주기의 역할과 기전을 각각 설명해 주세요.
엄 교사: 설명 1
엄 교사: [그림 2]는 지난 체육 시간에 측정한 재성이와 재민이의 100m 달리기 기록을 구간별로 보여주는 그래프입니다. 출발 및 가속 질주, 중간 질주, 라스트 스퍼트 및 피니시 구간에서 두 학생의 속도와 가속도 변화를 비교해 보도록 하죠.
재 민: 아! 신기하네요. 그런데 100m 간격으로 통과한 시간을 측정한 것만으로 어떻게 속도와 가속도를 산출하고 추정하는지를 각각 설명해 주세요. 그리고 구간별로 저와 재성이의 속도와 가속도가 어떻게 다른지 비교해서 설명해 주세요.
엄 교사: 설명 2

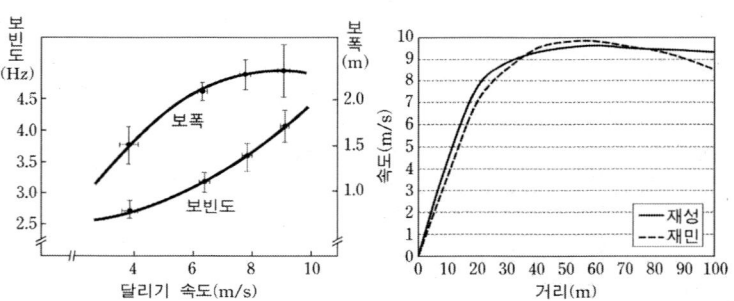

[그림 1] 보폭과 보빈도   [그림 2] 거리와 속도의 관계

엄 교사: 단거리 달리기를 잘 하려면 우선 출발을 알리는 총소리를 듣고 반응을 빨리 해야 합니다. 이 반응시간은 '정보처리'라는 이론으로 설명할 수 있습니다. 그리고 출발 직후부터는 가속을 위해 순간적으로 지면을 발로 강하게 차고 나가야 합니다.
세 아: 출발을 잘 하기 위해서는 반응시간이 중요하겠네요. 이 반응시간을 '정보처리 단계' 관점에서 설명해 주세요. 그리고 가속 질주에서 지면을 순간적으로 강하게 차야 하는 이유가 지난 시간에 배운 속도-운동량-충격량 관계와 속도-일-파워 관계 등과 연관이 있을 것 같은데, 달리기에서의 이 개념들의 관계를 설명해 주세요.
엄 교사: 설명 3

25. 그림은 테니스에서 그라운드 스트로크를 할 때 라켓으로 공을 타격(impact)하는 순간을 보여 준다. B는 A에 비해 공이 라켓에 접촉되어 있는 시간이 더 길다. 이에 대한 설명으로 옳은 것을 <보기>에서 고른 것은? (단, $t_1 < t_2$ 외의 조건은 모두 동일한 것으로 가정함.)

'11. 기출

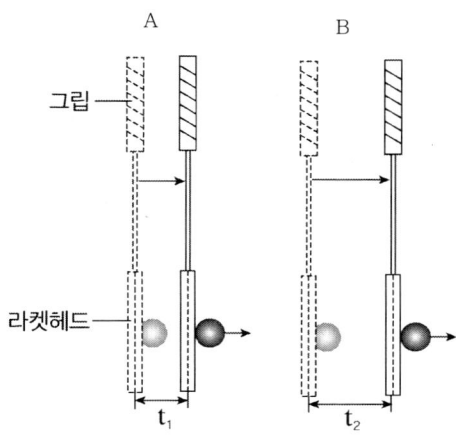

─── <보 기> ───
ㄱ. 라켓이 공에 가한 선충격량은 A와 B가 동일하다.
ㄴ. 타격 후에 날아가는 공의 선속도는 A와 B가 다르다.
ㄷ. 타격 후에 날아가는 공이가지는 선운동량은 B가 A보다 크다.
ㄹ. 선충격량을 크게 하기 위해서는 힘이 작용되는 시간과 힘을 곱한 값이 커져야 한다.
ㅁ. 공기저항을 무시한다면, A와 B 모두 타격 후에 날아가는 공의 수평속도와 수직속도는 공이 지면에 닿을 때까지 일정하다.

① ㄱ, ㄴ, ㄷ   ② ㄱ, ㄷ, ㅁ   ③ ㄴ, ㄷ, ㄹ
④ ㄴ, ㄹ, ㅁ   ⑤ ㄷ, ㄹ, ㅁ

26. 그림은 동일한 사람이 두가지 형태의 팔굽혀펴기인 A 동작과 B 동작을 수행하는 상황이다. 이에 대한 설명으로 옳은 것은? (단, W(W')는 무게중심에 작용하는 무게(weight)이고, $d_w(d_w')$는 모멘트팔이라고 가정함.) [2.5점] '11. 기출

① A 동작보다 B 동작이 수행하기 더 어렵다.
② 팔꿈치관절을 기준으로 할 때, a ⇒ a'의 운동은 신전이다.
③ a ⇒ a'의 운동을 일으키는 상완의 주동근은 상완이두근이다.
④ b' ⇒ b의 운동을 일으키는 주동근에서는 신장성(원심성) 수축이 발생한다.
⑤ A 동작에서 무게(W)에 의해 발생되는 토크는 그 무게와 dw를 곱한 값이다.

27. 그림은 철봉의 대차돌기를 보여 준다. 이에 대한 설명으로 옳은 것은? (단, 분절 길이와 분절 간의 상대 각도는 각 구간에 관계없이 일정한 것으로 가정함.) '11. 기출

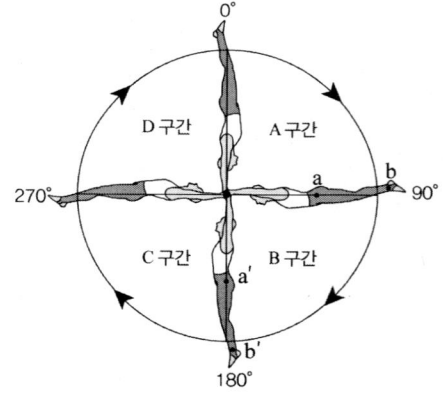

① 선수가 A, B, C, D 구간을 거쳐 한 바퀴를 돌았다면, 회전한 후의 각변위는 360°이다.
② 선수가 시계 방향으로 회전하고 있기 때문에 각속력은 음(-)의 수치가 된다.
③ B 구간에서 특정 부위의 위치 변화(a ⇒ a', b ⇒ b')를 고려하면, a'과 b'의 선속도는 다르다.
④ 시간 경과에 따라 각속도의 변화로 나타날 수 있는 각가속도는 스칼라량에 포함된다.
⑤ 90° 지점과 180° 지점에서 b와 b'의 각속도가 동일하다면, B 구간 에서 발생된 각가속도는 1이다.

28. 홍 교사는 중학교 3학년을 대상으로 뜀틀 운동을 지도하려고 한다. 다음의 그림을 참고하여 아래의 물음에 답하시오. [25점]　　　　　　　　　　　　　　　　'10. 2차

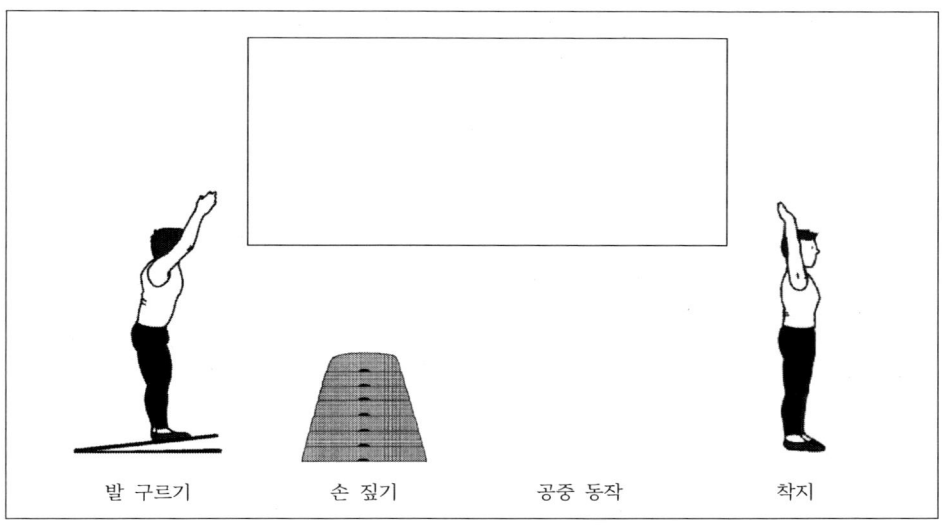

28-1. 발 구르기와 착지 동작을 효율적으로 수행하기 위한 방법과 각 동작(발 구르기, 착지)에 적용되는 운동 역학적 원리를 제시하고, 빈 칸에 들어갈 수 있는 뜀틀 동작을 가능한 한 난도를 높여 구성한 다음, 그 동작에 적용되는 운동 역학적 원리를 설명하시오. [20점]

28-2. 뜀틀 운동의 교수·학습 상황에서 발생할 수 있는 안전사고의 유형(4가지)과 예방법(4가지)을 구체적으로 기술하시오. [5점]

29. 그림은 뜀틀(5 단)에서 무릎을 펴고 착지할 때 발에 가해지는 충격량을 나타내고 있다. 동일한 조건 하에서 무릎을 굽히면서 착지할 경우 충격량 변화에 관한 역학적 원리로 옳은 것을 <보기>에서 모두 고른 것은?   '10. 기출

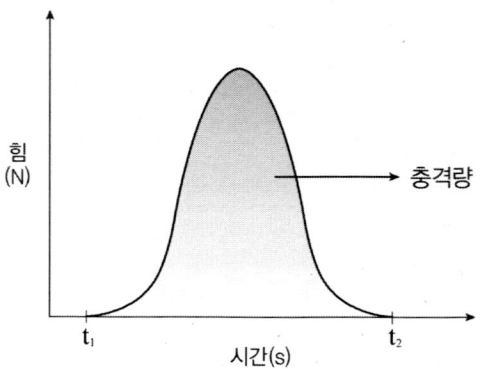

―<보 기>―
ㄱ. 충격량은 가해지는 힘의 크기와 힘이 작용하는 시간($t_2 - t_1$)을 곱한 것이다.
ㄴ. 충돌 전후의 운동량의 차이는 충격량보다 작다.
ㄷ. 무릎을 굽히면서 착지하면 힘의 작용 시간이 짧아진다.
ㄹ. 충격력은 시간이 짧을수록 작다.
ㅁ. 두 동작의 충격량은 동일하다.
ㅂ. 무릎을 굽히면서 착지하면 편 상태로 착지할 때보다 충격력이 작아진다.

① ㄱ, ㅁ, ㅂ   ② ㄴ, ㄷ, ㅂ   ③ ㄴ, ㄹ, ㅂ
④ ㄱ, ㄴ, ㄷ, ㅁ   ⑤ ㄷ, ㄹ, ㅁ, ㅂ

30. 그림은 피겨스케이팅의 트리플 러츠 점프의 연속 동작이다. 동작에 대한 역학적 설명으로 옳지 <u>않은</u> 것은? (단, 점프 후 다른 조건들은 고려하지 않음)   '10. 기출

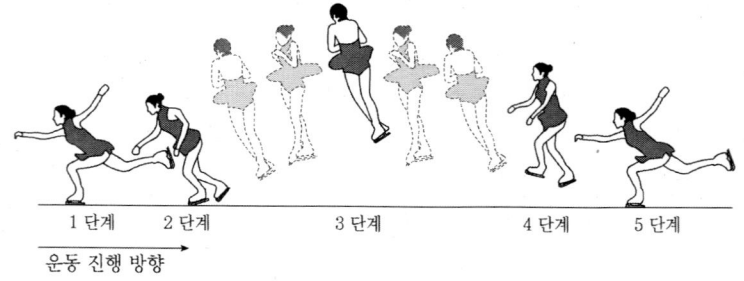

① 1 단계 : 팔다리의 동작을 크게 하여 운동량을 키운다.
② 2 단계 : 양팔을 위로 빠르게 들어 올려 무게중심을 높인다.
③ 3 단계 : 팔을 신체 중심축으로 모아 관성모멘트를 증가시킨다.
④ 4 단계 : 팔을 벌려 각속도를 감소시킨다.
⑤ 5 단계 : 무릎관절과 고관절을 적절히 굽혀 안정성을 증가 시킨다.

31. 그림은 1 명의 육상 선수가 8 m/s, 6 m/s, 3 m/s로 달리기를 할 때 1 주기(왼발 착지부터 다음 왼발 착지까지) 동안의 왼쪽 무릎 관절 각도의 변화를 나타낸 것이다. 이에 대한 설명으로 옳지 <u>않은</u> 것은? [2.5점]   '10. 기출

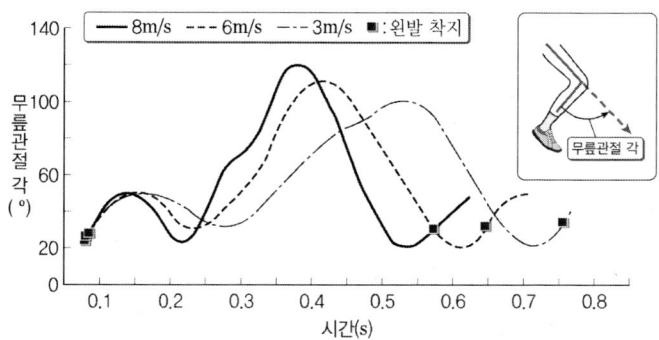

① 무릎관절 각이 커지면 보폭이 커진다.
② 각속도가 증가하면 선속도는 감소한다.
③ 속도가 증가하면 최대 무릎관절 각이 커진다.
④ 1 주기의 시간이 단축되면 속도가 증가한다.
⑤ 무릎관절의 가동 범위가 커지면 각속도가 증가한다.

32. <보기>는 체육 교사가 학생들의 질문에 대해 운동역학적 개념에 기초하여 답한 것이다. 교사의 답변 중 옳은 것을 <보기>에서 모두 고른 것은?   '10. 기출

― <보 기> ―
ㄱ. 학생: 인체의 움직임이 비효율적인 이유는 무엇입니까?
   교사: 배드민턴 하이클리어 동작을 예로 들면, 저항팔이 힘팔 보다 길어서 저항을 극복하는 데 힘이 많이 들기 때문에 비효율적이지. 이는 2종 지레의 원리 때문이야.
ㄴ. 학생: 테니스 라켓 줄을 70 파운드로 맸을 때보다 50 파운드로 맸을 때 공이 더 멀리 날아가는 이유는 무엇인가요?
   교사: 동일한 조건이라면, 50 파운드로 매는 것이 70 파운드로 매는 것보다 줄의 탄성이 커서 공을 더 멀리 보낼 수 있기 때문이야.
ㄷ. 학생: 오른팔로 배구 스파이크를 할 때 오른팔이 귀에 스칠 정도로 높게 뻗어야 하는 이유는 무엇입니까?
   교사: 동일한 조건이라면, 팔을 위로 쭉 뻗으면 어깨 축에서 손까지의 거리가 늘어나 선속도를 높이는 효과가 있지.
ㄹ. 학생: 자전거로 가파른 언덕을 올라갈 때 뒷바퀴의 기어를 직경이 큰 것으로 바꾸는 이유는 무엇입니까?
   교사: 톱니바퀴의 직경이 커지면 토크 효과가 증가하기

① ㄱ, ㄷ   ② ㄴ, ㄷ   ③ ㄱ, ㄴ, ㄷ
④ ㄱ, ㄴ, ㄹ   ⑤ ㄴ, ㄷ, ㄹ

33. 그림과 같이 팔 젓기 동작에 작용하는 힘 A, B, C에 대한 설명으로 옳은 것은?

'09. 기출

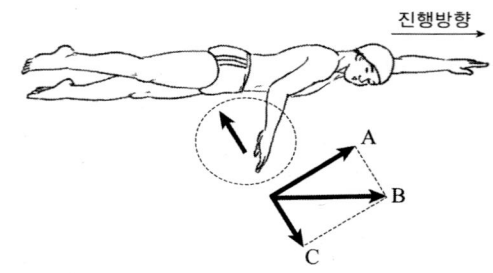

① A는 항력으로 추진력을 방해하는 힘이다.
② B는 팔 젓기에 의해 발생되는 추진력이다.
③ B는 팔 젓기에 의해 발생되는 항력이다.
④ C는 팔 젓기에 의한 실제 추진력이다.
⑤ C는 양력으로 몸을 뜨게 하는 힘이다.

34. 각 종목의 운동기술 수행 시 적용되는 운동역학적 원리를 설명한 것으로 옳지 <u>않은</u> 것은? [1.5점]

'09. 기출

① 단거리 달리기 출발 시에는 힘의 작용-반작용 법칙이 적용된다.
② 유도에서 안정적인 자세를 취하려면 기저면을 넓히고 몸의 중심을 낮춘다.
③ 곡선 주로를 달리는 선수에게 작용하는 관성은 선수를 밖으로 밀어내는 역할을 한다.
④ 트램펄린에서 점프를 할 때 무게중심이 트램펄린과 수직인 위치에 있지 않으면 회전이 발생한다.
⑤ 핸드볼 공격수의 페인트 동작과 같이 방향을 빠르게 전환하거나 속도를 높일 때는 마찰력이 작아야 유리하다.

35. 그림과 같이 하프 스쾃(half squat) 동작의 앉는 자세에서 무릎관절의 운동형태, 주동근의 명칭, 주동근의 수축형태를 바르게 제시한 것은?

'09. 기출

	무릎관절의 운동형태	주동근의 명칭	주동근의 수축형태
①	굴곡	대퇴사두근	등장성
②	굴곡	대둔근	등장성
③	신전	대퇴사두근	등척성
④	굴곡	대둔근	등척성
⑤	신전	대퇴사두근	등장성

36. 그림과 같이 윗몸일으키기 기구를 (가)에서 (나)로 변경할 때 힘이 더 드는 이유를 <보기>에서 모두 고른 것은?

'09. 기출

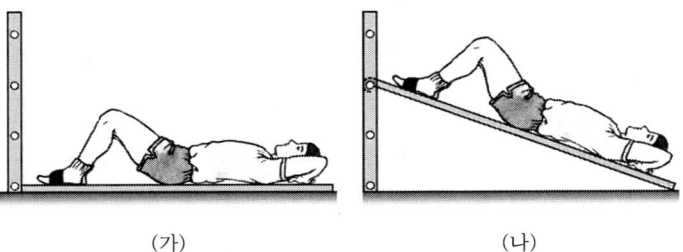

(가)   (나)

─── <보 기> ───
ㄱ. 관성의 변화
ㄴ. 무게중심의 상승거리 증가
ㄷ. 중력의 크기 변화
ㄹ. 무게중심의 가동범위 증가
ㅁ. 사용 근육군의 변화

① ㄱ, ㄴ ② ㄴ, ㄹ ③ ㄱ, ㄷ, ㅁ
④ ㄴ, ㄷ, ㄹ ⑤ ㄱ, ㄴ, ㄹ, ㅁ

37. 다음 글을 읽고 물음에 답하시오.

> <상황 1> ㉠ 스키 활강 선수가 슬로프를 하강할 때는 상체를 최대한 숙여야 하는 반면, ㉡ 수상 스키 선수가 물 위에서 스키를 탈 때는 상체를 세워야 한다.
> <상황 2> 테니스의 포핸드 스트로크를 할 때 지면에 서서 공을 치면, 점프하여 공중에서 치는 것보다 공을 더 멀리 보낼 수 있다. (단, 발의 위치를 제외한 나머지 조건은 동일한 것으로 가정함)

위의 <상황 1>에서 ㉠과 ㉡의 이유를 유체 저항의 원리에 따라 각각 1줄로 설명하시오. 그리고 <상황 2>에서 나타난 차이를 설명하는 데 가장 적합한 법칙의 명칭을 쓰고, 그 차이가 나타나는 이유를 2줄 이내로 설명하시오. [4점]   '08. 기출

- ㉠의 이유 : _____
- ㉡의 이유 : _____
- <상황 2>의 차이를 설명하는 데 가장 적합한 법칙: _____
- <상황 2>의 이유: _____

38. 다음 그림은 앞공중돌기를 하는 동안 관성의 법칙과 관련된 주요 변인의 변화 양상을 보여 주고 있다. 그림의 변인 ①과 ②의 명칭을 쓰고, A 부분에서 다리를 굽혀 상체 쪽으로 당기면서 몸을 웅크리는 이유를 관성의 법칙에 따라 2줄 이내로 설명하시오. [3점]   '08. 기출

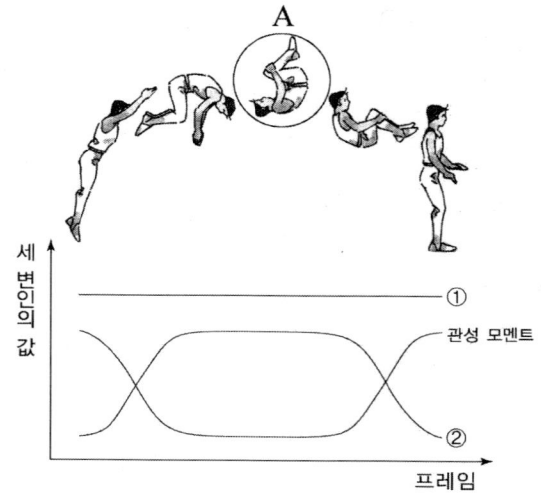

- 변인 ①의 명칭 : _____   • 변인 ②의 명칭 : _____
- 이유 : _____
  _____

39. 다음과 같은 상황에서 코너킥으로 직접 골을 넣기 위해서는 오른발 인프런트 킥으로 공에 회전(spin)을 주어야 한다. 이때 공이 휘는 현상을 설명하는 원리의 명칭을 쓰고, 해당 원리를 아래 그림의 상황을 고려하여 3줄 이내로 설명하시오. [3점]

'07. 기출

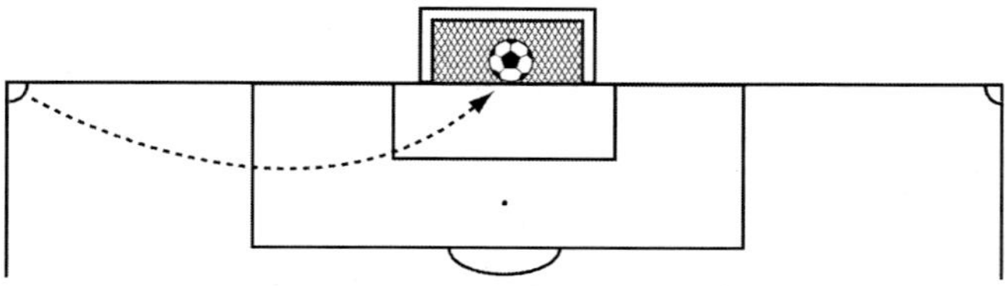

- 원리의 명칭 : _____
- 원리의 설명 : _____
  _____
  _____

40. 철봉에서 몸이 360도 회전하는 대차돌기(giant swing)를 효율적으로 하기 위해 상승할 때와 하강할 때 변형해야 하는 몸의 동작과 그 이유를 각각 1줄로 설명하시오. [4점]

'07. 기출

- 상승할 때 변형해야 하는 몸의 동작 : _____
  이유 : _____
- 하강할 때 변형해야 하는 몸의 동작 : _____
  이유 : _____

41. 야구공을 멀리 칠 수 있는 방법을 근력·근 수축 속도·근 파워의 상호 관계 이론과 신체 분절의 운동량 전이 이론을 적용하여 각각 3줄 이내로 설명하시오. [4점]

'06. 기출

• 근력·근 수축 속도·근 파워의 상호 관계: _____

_____

• 신체 분절의 운동량 전이: _____

_____

42. 골프공의 딤플(공 표면에 파인 홈)은 골프공을 보다 멀리 보내기 위해 만들어진 것이다. 딤플이 만들어진 이유를 항적(wake)·표면 항력·형태 항력·전체 항력과 연관시켜 3줄 이내로 설명하시오. [3점]

'06. 기출

43. 멀리뛰기에서 신체가 도약하면 전신은 전 방향 (시계방향)의 각운동량 값을 갖고 공중으로 올라가게 된다. 공중에 떠 있는 동안 전신의 균형을 유지하기 위하여 옆의 그림과 같이 팔과 다리를 시계 방향으로 교차시켜 회전한다고 했을 때, 그 이유를 운동역학적(kinetic) 원리를 이용하여 3줄 이내로 설명하시오. [4 점]

'05. 기출

_____

_____

_____

44. 높이뛰기의 발구르기 상황에서, 후경 자세 (신체를 뒤로 기울인 상태)로 진입한 후 똑바로 일으켜 세우는 동작과 팔을 흔드는 동작은 서로 다른 방법으로 충격량을 증가시킬 수 있다. 운동역학적(kinetic) 원리를 이용하여 두가지 동작에 의해 충격량이 증가되는 이유를 각각 2 줄 이내로 기술하고, 충격량 관계식을 제시하시오. [5 점]

'05. 기출

- 후경 자세에서 일으켜 세우는 동작에 의한 증가 이유

- 팔 동작에 의한 증가 이유

- 관계식 :

45. 순발력은 최단 시간에 최대의 힘을 발휘하는 능력으로 근력과 스피드에 좌우된다. 순발력을 기르기 위한 방법에 ① 바벨이나 덤벨과 같은 기구를 이용하여 신체 각 부위의 근육에 부하를 주어 운동하는 방법과 ② 체중을 이용하여 연속적으로 점프하며 신장성 반사근 수축에 의해 근육의 힘을 기르는 운동 방법 등이 있다. ①, ②에 알맞은 훈련 방법을 쓰시오. [2 점]

'04. 기출

①   ②

46. 피겨 스케이팅 선수가 빙판 위에 서서 회전하고 있다. 이 선수는 ① 회전을 빠르게 하고자 할 때, 또는 ② 회전을 느리게 하고자 할 때, 주로 팔과 다리를 이용하여 동작을 조절한다. ①, ②를 위한 팔과 다리 동작의 변화와 회전 운동의 원리를 쓰시오. [4 점]

'04. 기출

	팔과 다리의 동작	회전운동의 원리
①		
②		

47. 중학생들의 근력을 향상시키기 위하여 체력운동을 실시하고 있다. 이 때 교사는 ㉮발휘되는 근력은 근력을 결정하는 요인에 따라 그 결과가 달라질 수 있고, ㉯근력강화를 위한 트레이닝을 실시하면 근육계에 여러 가지 변화가 나타난다는 사실을 이해해야 한다. 다음 질문에 답하시오. (총 5 점)   '03. 기출

47-1. 밑줄 친 ㉮에서 근력을 결정하는 요인을 3가지만 제시하시오. (2점)
①
②
③

47-2. 밑줄 친 ㉯에서 근력트레이닝에 따른 근육계의 변화를 4가지만 제시하시오. (3점)
①
②
③
④

48. 스포츠 상황에서 나타나는 물체의 관성에 대한 다음 질문에 답하시오.
(총 4 점)   '03. 기출

48-1. 선운동과 각운동에서 관성의 크기를 결정하는 요인을 각각 제시하시오. (2 점)
① 선운동 (1점) :
② 각운동 (1점) :

48-2. 관성의 크기에 관계없이 정지하고 있는 물체를 운동하게 하거나, 운동하고 있는 물체를 더 큰 속도로 움직이게 하기 위해서는 물체에 외력(external force)이 가해져야 한다. 물체에 외력이 가해지면 가속도가 발생하는데, 이 때 발생하는 가속도와 힘의 관계를 설명하시오. (1점)

48-3. 뉴튼의 선운동법칙 중에서 46-2번에 적용되는 법칙의 명칭을 쓰시오. (1점)

49. 인체지레와 관련된 다음 질문에 답하시오. (총 5점) '03. 기출

49-1. 지레의 3 요소인 힘, 지렛대, 축에 대응하는 인체지레의 각 요소를 쓰시오. (1점)

① 힘 :
② 지렛대 :
③ 축 :

49-2. 지레의 종류별로 힘점, 저항점(작용점), 축의 상대적 위치를 설명하시오. (3점)

① 제 1종 지레 (1점) :
② 제 2종 지레 (1점) :
③ 제 3종 지레 (1점) :

49-3. 운동을 할 때 가장 많이 나타나는 인체지레의 종류를 쓰시오. (1점)

50. 테니스 서브나 스매싱에서 공의 속도를 빠르게 하기 위해서는 팔을 어떻게 하여 스윙하는 것이 유리한지 속도, 회전반경, 각속도의 관계를 이용하여 설명하시오(단, 선체분절이나 테니스 라켓의 각속도와 길이는 열정하다고 가정). (2점) '02. 기출

51. 체육 수업내용에는 유도나 레슬링처럼 안정성을 높여야 유리한 운동도 있지만 100m 달리기의 출발 자세와 같이 불안정한 상태가 유리한 운동도 있다. 운동시 불안정성을 극대화하는 방법을 간략하게 설명하시오. (4점) '02. 기출

① 무게(체중)(1점) : _____
② 기저면 크기 (1점) : _____
③ 무게중심의 높이 (1점) : _____
④ 기저면과 무게중심선의 관계 (1점) : _____

자연과학편

중등체육임용고사 기출문제집

02

운동생리학

1. 다음은 ○○고등학교 「운동과 건강 생활」 수업에서 교사가 작성한 가람이의 체중 조절 프로그램 계획서이다. <작성 방법>에 따라 서술하시오. [4점] '17. 기출

(가) 가람이의 건강 정보

- 성별 : 남   • 나이 : 17세   • 체중 : 63.5kg   • 신장 : 160cm
- ※ 건강 검진 결과 체지방률, 총콜레스테롤, 혈압, 혈당이 정상 범위 보다 약간 높은 수준으로 판정되었음.

(나) 가람이의 프로그램 목표

- ㉠ 식이요법과 운동요법을 규칙적으로 실천하여 체지방률을 감소시킨다.
- ㉡ 규칙적인 운동을 통해 총콜레스테롤과 고밀도 지단백 콜레스테롤(HDL-C)을 모두 감소시킨다.
- ㉢ 규칙적인 운동을 통해 수축기와 이완기 혈압을 감소시킨다.
- ㉣ 규칙적인 운동을 통해 혈당농도를 감소시켜 인슐린 요구도를 증가시킨다.

(다) 가람이의 프로그램 내용 및 방법

□ 현재 에너지섭취량과 에너지소비량 분석 자료
- 1일 에너지섭취량 : 2,000kcal
  주식 500kcal × 3식 + 간식 500kcal
- 1일 에너지소비량 : 2,000kcal
  안정 시 대사량 1,500kcal + 활동 에너지소비량 500kcal
- 활동 에너지소비량 : 500kcal
  40분 걷기(5km/hr) 150kcal + 15분 달리기(8.4km/hr) 150kcal + 일상적 활동 200kcal

□ 체중조절 프로그램
- 식습관 프로그램 : 1일 간식 300kcal 줄이기, 주 4일 참여
- 운동 프로그램 : 1일 30분 달리기(8.4km/hr)로 300kcal 추가 소비하기, 주 4일 참여
- 실천 기간 : 10주

□ 체중감량 목표
- 10주 동안 감량할 무게 : (㉤   )kg

…(하략)…

─── <작성 방법> ───

- (나)의 프로그램의 목표 중에서 잘못된 2가지를 찾아 바르게 수정할 것.
- 괄호 안의 ㉤에 해당하는 값을 쓸 것(체중 1kg은 8,000kcal의 에너지에 해당한다고 가정하며, 프로그램에서 언급한 내용 이외의 변인은 무시함).

2. 다음은 ○○고등학교 「운동과 건강 생활」 수업 내용 중 운동과 순환계 관련 자료의 일부이다. 괄호 안의 ㉠에 해당하는 명칭과 ㉡에 공통으로 들어갈 명칭을 쓰시오.
[2점]
'17. 기출

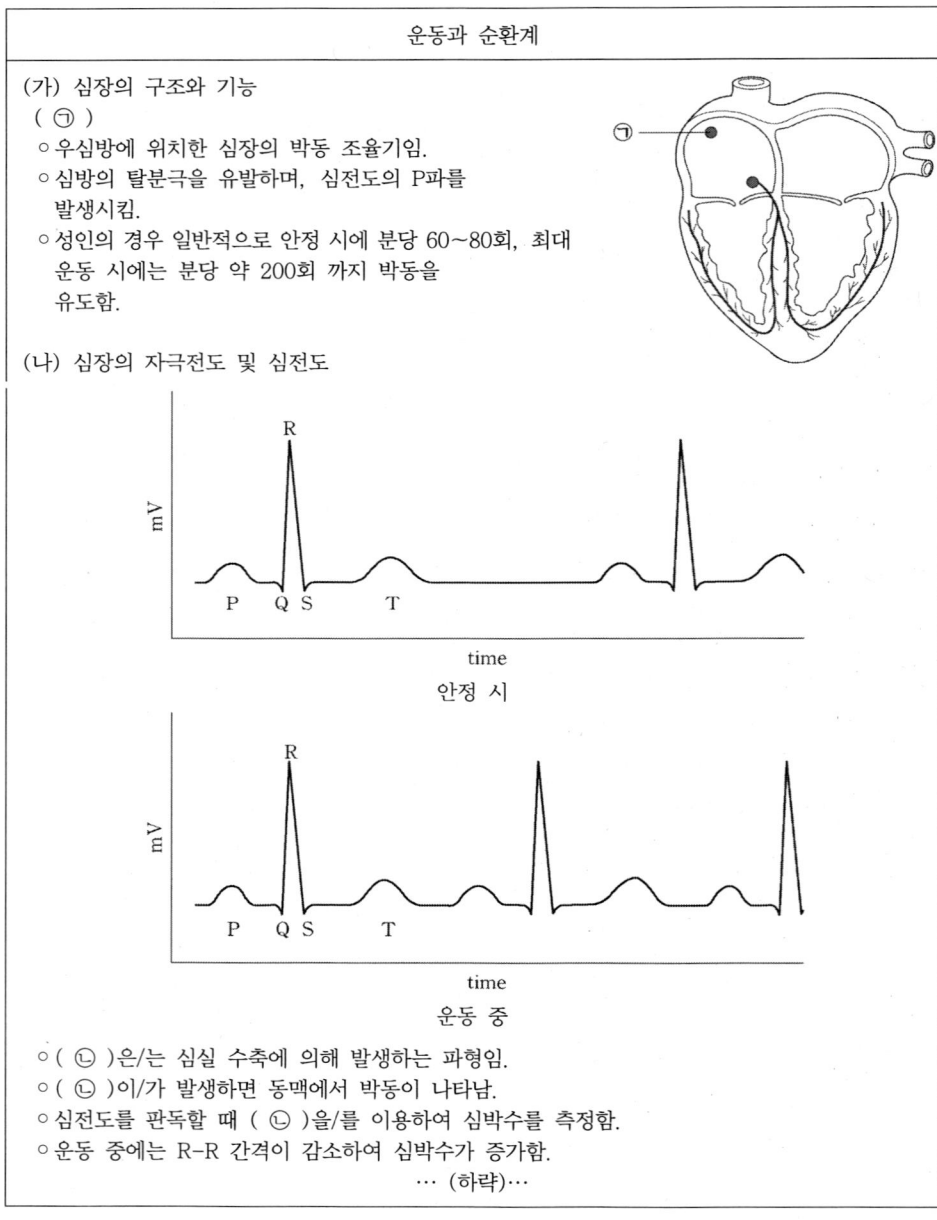

운동과 순환계

(가) 심장의 구조와 기능
(㉠)
  ○ 우심방에 위치한 심장의 박동 조율기임.
  ○ 심방의 탈분극을 유발하며, 심전도의 P파를 발생시킴.
  ○ 성인의 경우 일반적으로 안정 시에 분당 60~80회, 최대 운동 시에는 분당 약 200회 까지 박동을 유도함.

(나) 심장의 자극전도 및 심전도

안정 시

운동 중

○ (㉡)은/는 심실 수축에 의해 발생하는 파형임.
○ (㉡)이/가 발생하면 동맥에서 박동이 나타남.
○ 심전도를 판독할 때 (㉡)을/를 이용하여 심박수를 측정함.
○ 운동 중에는 R-R 간격이 감소하여 심박수가 증가함.
… (하략) …

3. 다음은 체력 운동 프로그램에 참여하고 있는 학생들과 이 교사가 나눈 대화 내용이다. <작성 방법>에 따라 순서대로 서술하시오. [4점]   '17. 기출

대 석 : 선생님, 몸짱인 찬호가 부러워요. 저도 운동을 통해 근육을 크게 만들고 싶어요.
이 교사 : 몸짱이 되려면 ㉠ 근육의 횡단 면적을 넓혀야 하는데, 이를 위해서는 강도 높은 근력 운동을 꾸준히 해야 한단다.

… (중략) …

세 형 : 선생님, 저는 근육은 좀 있는 편인데, 제자리멀리뛰기 기록이 좋지 않아요. 제자리멀리뛰기 기록을 향상시키려면 어떻게 해야 하나요?
이 교사 : 제자리멀리뛰기를 잘하려면 순발력을 향상시켜야 해. 순발력 향상을 위한 트레이닝 방법에는 여러가지가 있지만 (㉡) 트레이닝을 추천하고 싶어. 이 트레이닝의 명칭은 '측정치를 증가시킨다'는 의미를 가진 그리스어에서 왔단다. 이 트레이닝은 근육과 건의 탄성 요소를 활성화 할 수 있는 반대 방향으로의 움직임을 포함함으로써 짧은 시간 동안 폭발적인 파워를 발휘할 수 있도록 유도한 단다. 줄넘기, 연속 점프, 계단 오르기 점프, 지그재그 홉 등이 이 트레이닝에 해당하는 운동이야.

민 수 : 이 트레이닝의 특징은 뭐예요?
이 교사 : 이 트레이닝의 특징은 연속 점프를 할 때 ㉢ 양발이 지면에 접촉하는 동안 나타나는 장딴지근(비복근)의 수축 형태에서 잘 드러나지.
민 수 : 앞으로 열심히 해서 제자리멀리뛰기 기록을 높일게요.

<작성 방법>

○ 밑줄 친 ㉠과 관련 있는 2가지 기전을 제시할 것.
○ 괄호 안의 ㉡에 해당하는 명칭을 쓰고, 밑줄 친 ㉢의 형태를 순서대로 제시할 것.

4. 다음은 교육감배 학교스포츠클럽 농구대회 출전을 준비하는 상황에서 체육 교사 간에 나눈 대화이다. 괄호 안의 ㉠, ㉡에 해당하는 용어를 순서대로 쓰시오. [2점] '16. 기출

> 채 교사 : 송 선생님! 다음 경기에서 우리 팀이 불리할 것 같아요.
> 송 교사 : 무슨 일이 있었나요?
> 채 교사 : 좋은 성적을 내려고 어제 방과 후에 평소보다 강도 높게 연습을 시켰더니 우리 아이들 대다수가 오늘 오후부터 근육에 통증을 호소하네요. 통증의 원인은 무엇인가요?
> 송 교사 : 통증의 원인은 근육 내의 결체조직과 근 단백질의 (㉠), 히스타민 유리 등과 이에 수반되는 (㉡) 반응 때문입니다. 이런 통증을 지연성 근통증이라고 합니다.

5. 다음은 학교 홈페이지의 읽기 학습 자료로 제작 중인 내용의 일부이다. 밑줄 친 ㉠의 과정에서 최종적으로 생기는 물질 2가지를 쓰고, ㉡에서 젖산이 제거되는 경로를 (가), (나)에 해당하는 용어를 포함하여 서술하시오. [4점] '16. 기출

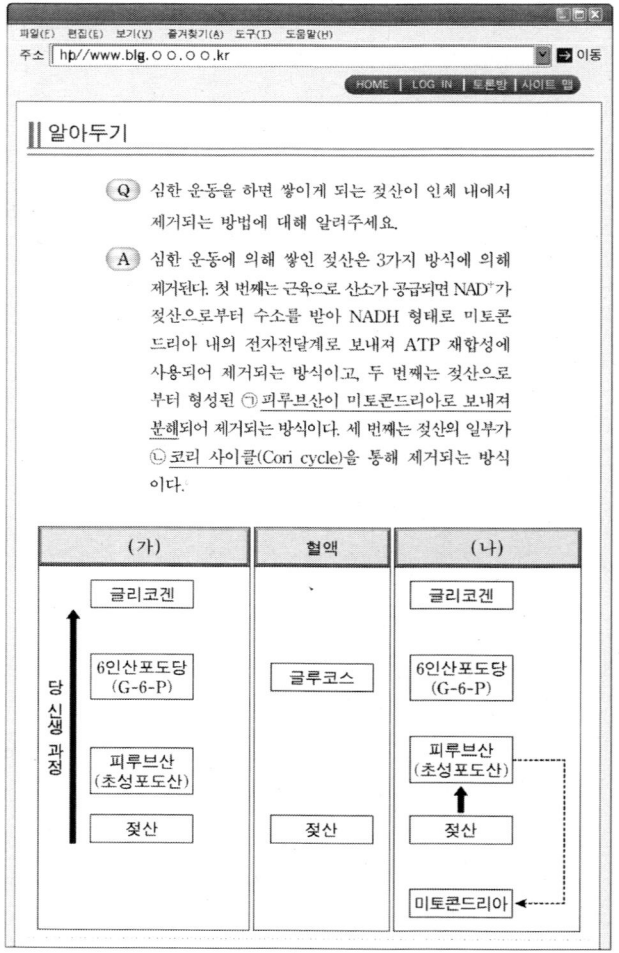

6. 다음은 운동과 비만에 대한 체육 수업 상황이다. 부신수질에서 분비되는 호르몬 중 밑줄 친 ㉠의 변화를 일으키는 주요 호르몬 2가지를 쓰고, ㉡의 이유를 서술하시오. [4점]

'16. 기출

> 체육 교사: 오늘은 운동을 통한 비만 예방 및 해소 방법을 알아보겠습니다. 우선, 퀴즈 하나를 내겠습니다. 비만은 체지방이 인체에 과도하게 축적된 경우를 말하는데, 그럼 체지방을 줄이는 데에 효과적인 운동은 어떤 것이 있나요?
> 학   생: 오래 걷기나 장거리달리기요.
> 체육 교사: 네, 맞습니다. 중강도 심폐지구력 운동은 ㉠ 유리지방산의 활동을 증대시켜 체지방을 줄이는 데 도움이 된다고 알려져 있어요.
> 학   생: 선생님, 심폐지구력이 체지방을 감소시키는 데 반해 근육 운동은 체지방을 줄이는 데 도움이 안 된다고 하던데요?
> 체육 교사: 그렇지 않아요. 근육을 키우는 ㉡ 저항성 트레이닝도 체지방을 줄이는 데 도움이 됩니다.

7. 다음은 김 교사와 수민이가 운동 프로그램 구성에 대해 나눈 대화 내용이다. 괄호 안의 ㉠에 들어가야 할 운동 처방의 요소 3가지를 쓰고, <표 1>에서 음영으로 처리된 ㉡의 의미를 서술하시오. 괄호 안의 ㉢, ㉣에 해당하는 값과 풀이 과정을 각각 순서대로 쓰시오. (단, 소수점 첫째 자리에서 반올림함.) [5점]

'15. 기출

> 김 교사: 효과적인 운동을 하기 위해서는 운동 처방의 원리를 적용하는 것이 중요해요.
> 수   민: 운동 프로그램을 구성할 때 고려해야 할 운동 처방의 요소에는 어떤 것이 있나요?
> 김 교사: 운동 처방의 요소에는 운동 강도, 운동량, 운동 단계 진행, (㉠)의 6가지가 있습니다.
> 수   민: 선생님, 웨이트 트레이닝을 하려고 하는데, 중량 설정을 어떻게 하는 것이 좋은 가요?
> 김 교사: 우선 최대 근력(1RM)을 알아야 합니다. 그러나 최대 근력은 직접 측정하기 어렵습니다. 따라서 <표 1>을 이용하면 최대 근력을 추정할 수 있습니다.
> 수   민: 제가 어제 벤치 프레스에서 40kg의 중량을 최대 8회까지 반복했습니다. 저의 벤치 프레스 최대 근력(1RM)은 얼마가 되나요?
> 김 교사: <표 1>의 관계를 적용하면 수민이의 최대 근력(1RM)은 (㉢)kg이 됩니다.
> 수   민: 만약 제가 벤치 프레스를 8~12RM으로 하려면 중량은 어느 정도로 하는 것이 좋을까요?
> 김 교사: 수민이는 (㉣)~40kg의 중량으로 운동하는 것이 좋습니다. 약간의 차이는 발생 할 수 있지만 다른 동작에서도 이 원리를 활용하여 중량을 결정할 수 있습니다.

<표 1> 최대 근력(1RM)의 백분율과 반복 횟수의 관계

최대 근력(1RM) 백분율	반복 횟수
100	1
95	2
93	3
90	4
87	5
85	6
83	7
80	8
77	9
75	10
73	11
70	12

- 이 표의 수치는 연령과 근육군에 따라 약간의 차이가 발생할 수 있음.
- 참고 문헌에 따른 백분율 차이는 무시함(±0.5~2%).

8. 다음은 학생들에게 운동과 근육계의 관계에 대해 형성 평가를 한 내용이다. 괄호 안의 ㉠, ㉡에 해당하는 답을 순서대로 쓰시오. [2점]

'15. 기출

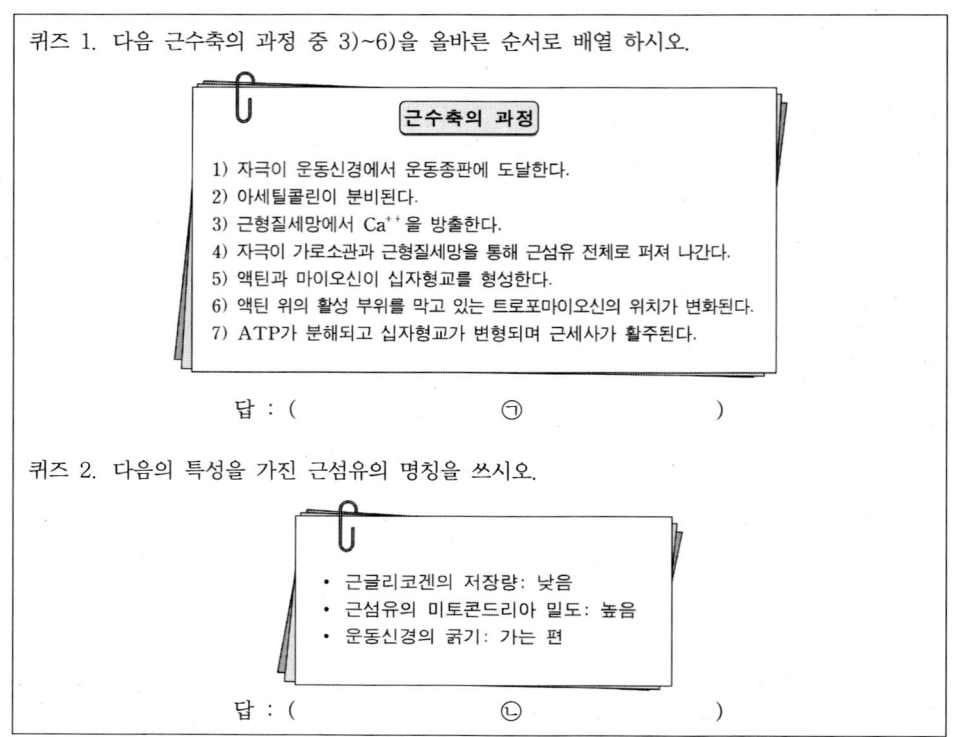

퀴즈 1. 다음 근수축의 과정 중 3)~6)을 올바른 순서로 배열 하시오.

근수축의 과정
1) 자극이 운동신경에서 운동종판에 도달한다.
2) 아세틸콜린이 분비된다.
3) 근형질세망에서 Ca^{++}을 방출한다.
4) 자극이 가로소관과 근형질세망을 통해 근섬유 전체로 퍼져 나간다.
5) 액틴과 마이오신이 십자형교를 형성한다.
6) 액틴 위의 활성 부위를 막고 있는 트로포마이오신의 위치가 변화된다.
7) ATP가 분해되고 십자형교가 변형되며 근세사가 활주된다.

답 : (㉠   )

퀴즈 2. 다음의 특성을 가진 근섬유의 명칭을 쓰시오.

• 근글리코겐의 저장량: 낮음
• 근섬유의 미토콘드리아 밀도: 높음
• 운동신경의 굵기: 가는 편

답 : (㉡   )

9. 다음은 ○○중학교 체육 교과 협의회 회의록이다. 괄호 안의 ㉠에 해당하는 회귀식과 ㉡에 해당하는 에너지 소비량의 추정 결과를 순서대로 쓰시오. [2점]   '15. 기출

	○○ 중학교 체육 교과 협의회 회의록
	2014. ○○. ○○.
안 건	축구 종목의 블록 타임 수업의 진행 여부 결정을 위한 연구 결과 토의
배 경	• 지난 교과 협의에서 최○○ 선생님께서 축구 종목을 진행하기에 45분 수업 시간이 짧다는 의견과 함께 90분 블록 타임 수업을 제안하였음. • 박○○ 선생님은 90분 블록 타임으로 축구 종목을 진행하는 경우에 학생들의 에너지 소비량이 지나치게 높아서 다른 활동에 부정적 영향을 미칠 것이라는 의견을 개진하였음. • 이에 따라 수업 시간과 학생들의 에너지 소비량의 관계를 확인하여 축구 종목의 블록 타임 수업의 진행 여부를 결정하기로 함.
참석자	윤○○ 선생님, 조○○ 선생님, 최○○ 선생님, 추○○ 선생님, 박○○ 선생님
협의 내용	• 수업 시간(독립변수)과 에너지 소비량(종속변수)의 관계를 근거로 회귀식을 개발함. (가) 수업 시간에 따른 에너지 소비량의 회귀선 회귀분석 결과 요약 | 모형	비표준 회귀계수	유의확률
---	---	---
(상수)	100	
수업 시간	5	.001	 종속변수: 에너지 소비량 회귀식 $\hat{Y}=($ ㉠ $)$ 45분 에너지 소비량 = 325 kcal 90분 에너지 소비량 = (㉡) kcal
협의 결론	• 블록 타임 수업의 진행 여부에 대하여 다음과 같이 만장일치로 합의함.

10. 다음은 운동과 호흡·순환계에 대한 교수-학습 지도안의 일부이다. 괄호 안의 ㉠, ㉡에 해당하는 용어를 순서대로 쓰시오. [2점]   '15. 기출

단계	교수-학습 활동	시간
도입	• 전시 학습 확인 • 흡연에 따른 호흡·순환계 질환 발생사례	5분
전개	1. 호흡·순환계의 구조와 기능 　　　　　… (중략) … 2. 산소-헤모글로빈 해리 곡선의 변화 운동 중 산소-헤모글로빈 해리 곡선 변화 • 운동 중에 체온이 상승하고 (㉠)이/가 감소하며 PCO_2가 증가하면, 해리 곡선이 우측으로 이동하고 동정맥 산소차가 증가함. 결과적으로 조직에 더 많은 산소를 공급할 수 있음. 3. 심장으로의 혈액 환류 • 운동 중에 골격근이 수축할 때 (㉡)이/가 혈액 역류를 막아 심장으로의 혈액 환류를 도움. 따라서 운동 후 회복기에 정리 운동을 하는 것이 급작스러운 혈액 환류 감소를 예방함. 4. 흡연에 따른 호흡·순환계의 반응 　　　　　… (하략) …	40분

11. 다음은 김○○학생의 점진적 운동 부하 검사 결과이다. 운동 대사의 관점에서 밑줄 친 부분의 의미를 기술하고, 안정 시와 운동 시의 체순환의 혈류 추진력의 차이 값을 구한 다음, 그 차이가 혈류에 미치는 영향을 서술하시오. (단, 검사 결과에 한정하여 답하고, 차이 값은 소수점 이하 첫째 자리에서 반올림함.) [5점]   '14. 기출

운동 부하 검사 결과
성명: 김○○   연령: 16세   성별: 남
• <u>호흡 교환율(respiratory exchange ratio) = 1.20</u> • 운동 지속 시간 = 12분 • 안정 시 혈압 = 수축기 120 mmHg 　　　　　　　이완기 80 mmHg • 운동 시 혈압 = 수축기 185 mmHg 　　　　　　　이완기 85 mmHg • 우심방 압력 = 안정 시 0 mmHg 　　　　　　　운동 시 5 mmHg

※ 혈류 추진력(driving pressure) : 혈액이 순환계를 통하여 심장으로 되돌아오는 데 필요한 힘.

12. 다음 그림은 ○○고등학교 역도부 김○○ 선수가 바(bar)를 잡고 들어올리기 직전에 근력을 증가시키는 연습 장면이다. 이 상황에 적용 되는 근력 증가와 관련된 운동 생리학의 근력 조절 기전을 2가지만 쓰시오. [2점]   '14. 기출

13. 다음은 학생건강체력검사(PAPS : Physical Activity Promotion System)에 대한 정 교사와 홍 교사의 대화 내용이다. 밑줄 친 ㉠, ㉡, ㉢에 공통적으로 적용되는 운동 처방 요소를 쓰시오. [2점]

'14. 기출

> 정 교사: 학생건강체력검사에서 심폐 체력을 측정하기 위해 왕복오래달리기 검사를 실시하는데, 그 근거가 있나요?
> 홍 교사: 예, 있습니다. 왕복오래달리기 검사 결과는 산소 섭취량은 물론이고 ㉠ <u>교차개념(crossover concept)</u>, ㉡ <u>젖산역치(lactate threshold)</u>, ㉢ <u>혈중젖산축적시점(onset of blood lactate accumulation)</u> 등 운동 에너지 대사의 지표와도 연관성이 높기 때문입니다.

14. 다음은 ○○고등학교 체육 시간에 김○○이 '골격근의 글루코오스(glucose) 대사를 포함하는 에너지 대사 과정'에 대해 조사한 내용을 발표하는 장면이다. (가)~(마)에 대한 설명으로 옳은 것을 <보기>에서 고른 것은?

'13. 기출

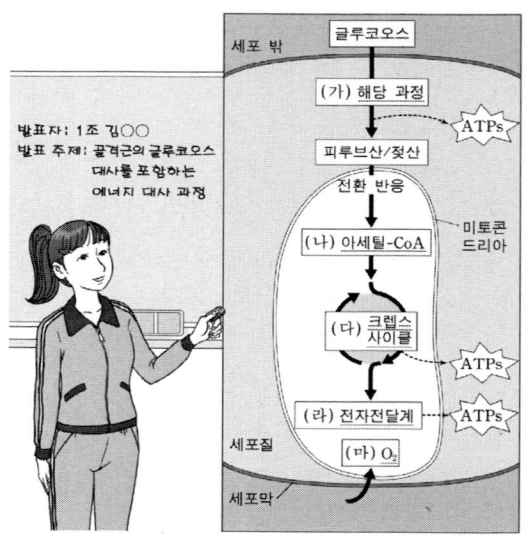

──── <보 기> ────
ㄱ. (가)에서 운동 강도는 최종산물(피루브산/젖산)을 결정하는 주요 요인 중 하나이다.
ㄴ. (나)는 탄수화물, 지방, 단백질의 분해 과정을 통하여 생성된다.
ㄷ. (다)는 기질(substrate) 수준의 에너지를 생산하는 무산소성 대사 과정이며 이것의 주요 기능은 전자를 제거하는 것이다.
ㄹ. (라)에서는 (가) 혹은 (다) 단계보다 더 적은 양의 ATP가 생성된다.
ㅁ. (마)는 전자전달계의 최종 과정에서 방출되는 수소이온(H^+)과 결합하여 물이 된다.

① ㄱ, ㄴ, ㄷ ② ㄱ, ㄴ, ㄹ ③ ㄱ, ㄴ, ㅁ
④ ㄴ, ㄷ, ㅁ ⑤ ㄷ, ㄹ, ㅁ

15. 운동 경험이 없는 일반인에 비해 우수한 마라톤 선수의 생리적 특성으로 옳은 것을 <보기>에서 고른 것은?   '13. 기출

─── <보 기> ───
(가) 인체의 산소 운반 능력과 산소 이용 능력이 더 우수하다.
(나) 혈중 젖산역치가 나타나는 상대적 운동 강도(%)가 더 낮다.
(다) 최대하 운동 강도에서 에너지 대사의 효율성이 더 높다.
(라) 지근(type Ⅰ) 섬유의 비율이 더 높다.
(마) 동일한 운동 강도의 최대하 운동 시 항정 상태(steady state)에서 심박수가 더 높다.

① (가), (나), (다) ② (가), (나), (라) ③ (가), (다), (라)
④ (나), (라), (마) ⑤ (다), (라), (마)

16. 운동과 관련된 생리학적 용어나 현상에 대한 설명으로 옳지 않은 것은?   '13. 기출

① 심폐 체력의 과학적 지표인 분당최대산소섭취량($\dot{V}O_2max$)은 점진적 운동 부하 검사를 이용하여 측정하고, 최대 심박출량과 최대 동정맥산소차($a-\bar{v}O_2diff$)에 의해 결정된다.
② 스트레칭 운동은 근방추(muscle spindle)의 민감성을 높여 관절의 가동 범위를 증가시키는 것을 목적으로 한다.
③ 웨이트 트레이닝 시 초기 근력 증가는 주로 운동 단위의 동시 발화성과 동원 능력의 향상과 같은 신경 적응 현상에 기인한다.
④ 골지건 기관(Golgi-tendon organ)은 근 수축 시 장력(tension)의 변화를 감지함으로써 과도한 장력 발생으로 인한 근 파열의 위험을 최소화하는 역할을 한다.
⑤ 훈련자가 비훈련자에 비해 최대하 운동 시 산소 소비량이 항정 상태(steady state)에 도달하는 시간이 더 빠르다.

17. 다음은 임 교사가 작성한 학교 스포츠클럽의 하키부 여학생 최○○에 대한 개인별 맞춤 훈련 지침이다. 임 교사의 지침에 따라 <보기>에 제시한 최○○의 '에너지 소비량'(가)와 '다음 날 훈련 강도'(나)로 옳은 것은? [2.5점]   '13. 기출

개인별 맞춤 훈련 지침
최○○

신체 활동 에너지 소비량을 근거로하여 에너지 소비가 많았던 다음 날은 약한 강도의 훈련을 시키며, 그렇지 않은 날은 일반 강도의 훈련을 시키고자 함.

··· (중 략) ···

개인별 신체 활동 에너지 소비량 산출 방법
- MET점수를 이용한 간접 추정
- 체계적 관찰을 통해 실제 하키 훈련 시간 측정
- 하키 훈련의 표준 운동 강도는 8MET
- * 1MET=1kcal/kg/hour로 함(3.5mℓ O_2/kg/min에서 유도됨).

개인별 다음 날의 훈련 강도 결정 방법
1. 개인별 에너지 소비량 산출
2. 팀 평균 800kcal, 표준편차 100kcal와 비교
3. 표준점수(z) +2SD 이상 : 다음 날 약한 강도로 훈련
   표준점수(z) +2SD 미만 : 다음 날 일반 강도로 훈련

― <보 기> ―

체중(kg)	하키 훈련 시간	에너지 소비량(kcal)	다음 날 훈련 강도
60	2시간	(가)	(나)

	(가)	(나)
①	880	일반 강도
②	960	약한 강도
③	960	일반 강도
④	1040	약한 강도
⑤	1040	일반 강도

18. 다음은 교사와 학생이 비만도 검사 결과를 두고 나눈 대화이다. (가)~(라)의 설명으로 옳은 것만을 <보기>에서 있는 대로 고른 것은? [1.5점]   '13. 기출

교사 : 어제 측정했던 비만도 검사 결과가 나왔습니다. 학생 : 선생님, BIA(Bioelectrical Impedance Analysis) 결과가 28로 나왔어요. 그리고 (가) BMI(Body Mass Index) 결과는 20이구요. 모두 비만도를 측정하는 방법인가요? 교사 : 네, (나) BIA 방법은 인체에 무해한 미세 전류를 이용하여 추정하며, BMI 방법은 간단한 공식으로 비만도를 평가하는 방법입니다. 학생 : 가장 정확하다고 알려져 있는 비만도 측정 방법은 어떤 것이 있나요? 교사 : (다) 수중 체중(underwater weighing) 방법이 있어요. 그러나 물속에 잠수하여야 하기 때문에 학생들을 대상으로 측정하는 것은 쉽지 않아요. 이 밖에 (라) 피부두겹(skinfold) 방법도 비만도 측정에 사용되고 있답니다. 학생 : 비만도를 측정하는 방법에도 여러가지가 있군요. 잘 알겠습니다.

─────────── <보 기> ───────────

ㄱ. (가)는 체지방률 20%를 의미한다.
ㄴ. (나)의 방법으로 측정 시에는 측정 전에 음식과 수분 섭취를 피해야 한다.
ㄷ. (다)는 아르키메데스 원리를 이용하여 신체 밀도를 추정한다.
ㄹ. (라)는 BMI 방법과 비교할 때, 검사자 간 신뢰도가 상대적으로 높다.

① ㄱ ② ㄴ, ㄷ ③ ㄷ, ㄹ
④ ㄱ, ㄴ, ㄷ ⑤ ㄴ, ㄷ, ㄹ

19. 다음은 학생건강체력검사에서 '낮음' 등급을 받은 황○○(남, 16세)이 운동 프로그램에 참여하는 동안 관찰된 심폐지구력의 변화에 대한 그래프이다. (가)~(마)에 대한 설명으로 옳은 것만을 <보기>에서 있는 대로 고른 것은? (단, 운동을 제외한 심폐지구력에 미치는 기타 요인은 고려하지 않음)   '13. 기출

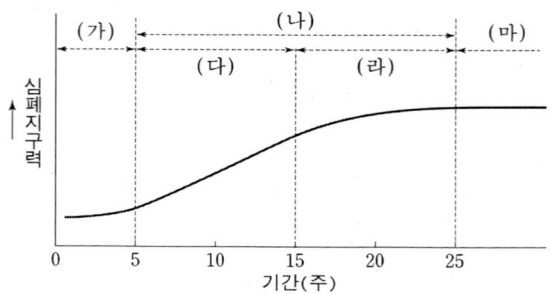

───── <보 기> ─────
ㄱ. (가)에서는 지속적인 운동참여를 위해 운동선호도를 고려하여 운동유형을 결정하는 것이 중요하다.
ㄴ. (나)는 향상단계로서 심폐지구력 향상이 비교적 느리게 일어나는 초기단계와 심폐지구력 향상이 상대적으로 빠르게 일어나는 후기단계로 구분한다.
ㄷ. (다)에서의 심폐지구력은 일반적으로 운동량에 비례하여 증가한다.
ㄹ. (라)에서는 운동시간, 운동빈도, 운동강도를 총체적으로 적절하게 고려하여 운동량을 결정하는 것이 필요하다.
ㅁ. (마)는 심폐지구력 증진의 고원현상이 나타나는 단계로서 향상된 심폐지구력 유지를 위한 전략이 필요하다.

① ㄱ, ㄴ   ② ㄱ, ㄷ, ㅁ   ③ ㄴ, ㄷ, ㄹ
④ ㄱ, ㄷ, ㄹ, ㅁ   ⑤ ㄴ, ㄷ, ㄹ, ㅁ

20. 건강 상담 일지를 참고하여 남녀 학생에게 처방한 운동프로그램으로 가장 적절한 것은? [1.5점]   '12. 기출

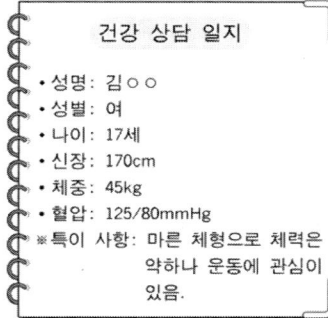

	성명	종류	강도	시간	빈도
①	최○○	줄넘기 운동	중	30분 내외	3일/주
	김○○	계단 오르기	저	30분 내외	3일/주
②	최○○	계단 오르기	중	45분 내외	5일/주
	김○○	걷기 운동	중	45분 내외	5일/주
③	최○○	근력 운동	중	60분 내외	3일/주
	김○○	줄넘기 운동	저	30분 내외	5일/주
④	최○○	근력 운동	저	60분 내외	5일/주
	김○○	계단 오르기	중	60분 내외	3일/주
⑤	최○○	걷기 운동	저	45분 내외	3일/주
	김○○	줄넘기 운동	저	30분 내외	3일/주

21. 권 교사가 작성한 가정 통신문 (가)~(마)의 내용 중 옳은 것만을 있는 대로 고른 것은?

'12. 기출

―――― ●●● 가정통신문 ●●● ――――

평소 본교 교육 발전에 대한 관심에 진심으로 감사드립니다.
환절기에 따른 감기와 식욕 부진으로 인하여 학생들의 건강이 염려됩니다. 영양소에 대한 올바른 이해를 통하여 알맞은 영양 섭취가 이루어질 수 있도록 안내하오니 많은 관심과 지도 바랍니다.
감사합니다.

영양소의 역할 및 기능

(가) 탄수화물은 운동 시 필수 에너지원이고, 근육과 간에 글리코겐 형태로 저장되며 식이 섬유소의 성분 역할을 합니다.

(나) 지방은 세포막과 신경 섬유의 필수 구성 성분이고, 인체의 주요 기관을 보호하며 체열을 보존해 주는 역할을 합니다.

(다) 단백질은 신진대사 조절에 필수적이고, 필수 아미노산의 합성에 기여하며 항산화 기능을 합니다.

(라) 비타민은 체조직의 성장 및 유지에 이용되고, 정상적인 혈액 삼투압을 유지하며 산과 염기의 평형을 위한 완충제 역할을 합니다.

(마) 무기질은 효소의 구성 성분이며 골격 형성에 관여하고, 신경 및 근육 활동을 보조하여 인체 작용을 조절해 주는 기능을 합니다.

① (가), (나) ② (다), (라) ③ (다), (마)
④ (가), (나), (마) ⑤ (나), (라), (마)

22. 김 교사가 수립한 하계 전지훈련 계획서 내용의 일부이다. 해수면 수준과 비교하여 고지 환경에서 나타나는 인체의 생리적 변화로 옳지 <u>않은</u> 것은? [2.5점] '12. 기출

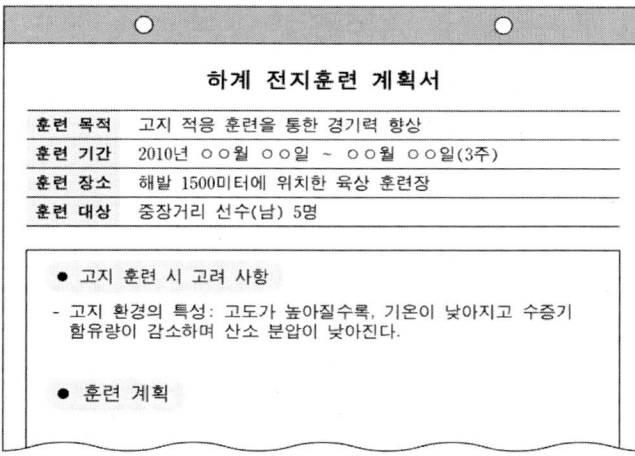

① 최대 산소 섭취량이 감소된다.
② 운동 시에 폐환기량이 증가된다.
③ 헤모글로빈의 산소 포화도가 높아진다.
④ 수분의 손실 및 땀의 증발이 증가된다.
⑤ 최대 운동 시에 최대 심박수와 최대 심박출량이 감소된다.

23. 다음은 학생건강체력검사(PAPS) 중 스텝검사(step test)를 이용하여 측정한 두 학생의 검사 자료이다. [25점]

'13. 2차

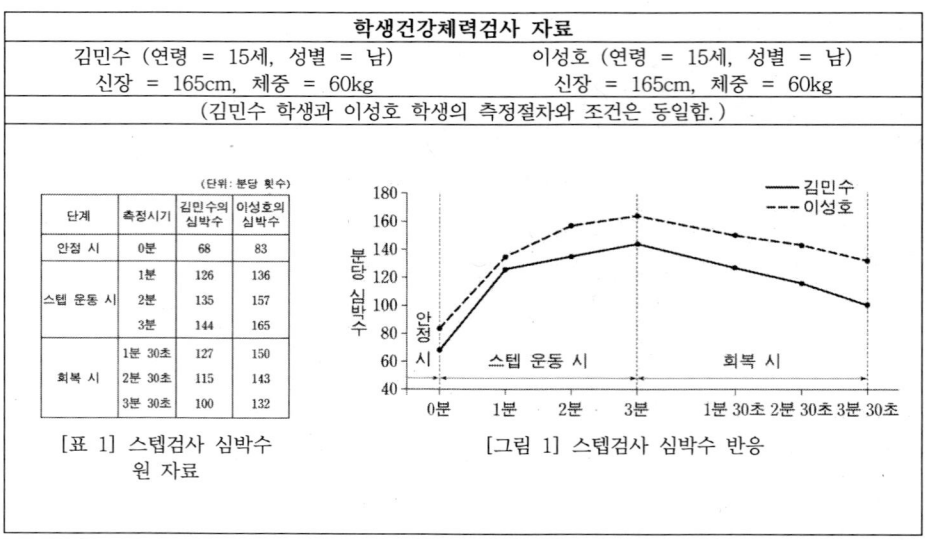

23-1. [표 1]과 [그림 1]을 보고 두 학생 중 누구의 심폐지구력 수준이 더 높은 지를 판단할수 있는 근거를 3가지만 제시하고, 스텝검사에서 심박수 반응을 심폐지구력의 지표로 사용하는 이론적 근거를 에너지대사, 순환계, 신경계, 내분비계 측면에서 각각 설명하시오. [18점]

23-2. [그림 2]는 김민수 학생의 스텝-다운(step-down) 동작을 나타낸 것이고, (A)와 (D) 시점은 정지상태이다. (A)~(B) 국면에서 역학적 에너지 변화 여부와 그 근거를 설명하고, (C)~(D) 국면에서 지면으로부터 받는 충격량을 공식과 계산 과정을 포함하여 제시하시오(단, 착지 시점인 (C)에서 양발지지 국면이 없고 수직 속도는 -1.5m/s 이다.) [7점]

[그림 2] 김민수 학생의 스텝-다운(step-down) 구분 동작

24. 송 교사는 트레이닝의 과학적 원리를 체육 수업 현장에 적용하기 위해 중학생의 운동과 체력에 관한 자료를 이용하여 <그림 1>과 <그림 2>를 완성하였다. [30점]

'10. 2차

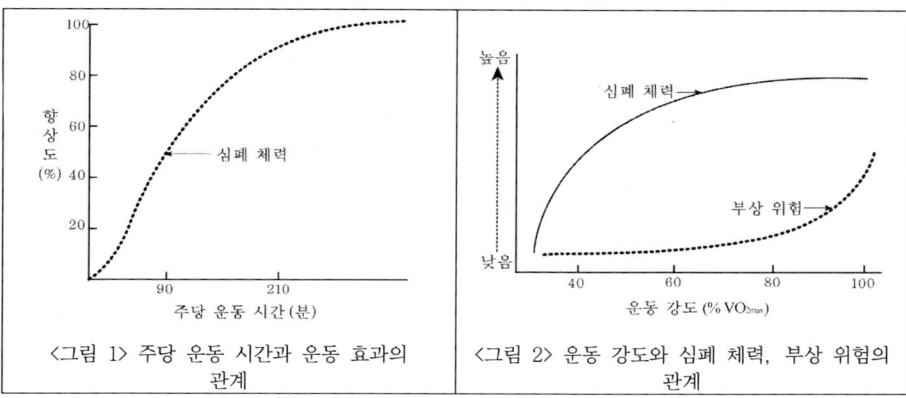

<그림 1> 주당 운동 시간과 운동 효과의 관계

<그림 2> 운동 강도와 심폐 체력, 부상 위험의 관계

그림에 제시된 자료가 의미하는 바를 운동 처방 원리에 근거하여 해석한 다음, 해석 결과를 참고하여 학생들의 심폐 체력 증진을 위한 체육 수업을 계획할 때, 인터벌 훈련(interval training)과 저강도 연속성 훈련(low-intensity continuous training) 중 더 타당한 훈련 방법으로 판단되는 1가지를 선택하여 운동 처방의 원리, 근 생리학, 운동 에너지 대사 측면에서 이유를 서술하시오. 그리고 선택한 훈련 방법을 체육 수업에 적용할 수 있도록 구체적인 학습 활동을 구상하여 근거와 함께 제시하시오 (신체 활동 선정, 학습 과제 제시, 학습 환경 구성을 포함할 것).

25. 김 교사는 체육 수업에서 중학교 2학년 학생 42명의 심폐 지구력 증진을 목적으로 개인 줄넘기, 단체 줄넘기, 달리기 인터벌 트레이닝의 3과제를 선정하여 과제식 (station) 수업을 4주간 진행하였다. 물음에 답하시오. [30점]

'09. 2차

25-1. 위의 체육 수업 상황에 적절한 모둠 편성, 시간 운영, 장비(용구) 배치, 장소 선정의 방법을 근거와 함께 기술하고, 이와 같은 과제식 수업의 장점과 단점을 각각 3개씩 진술하시오. [10점]

25-2. 위의 체육 수업에 따른 생리적 효과를 <그림 1>~<그림 3>을 보고 최대 산소 섭취량 이 변화한 이유(산소 섭취량의 결정요소를 중심으로), 4주전 전·후 젖산 반응의 변화가 주는 의미(최대하 및 최대 운동 시로 구별)와 이유, 4주전 전·후 탄수화물 대사와 지방 대사 간 상호 작용의 변화가 운동 중 혈당 조절 능력을 향상시키는 이유를 기술하시오. [20점]

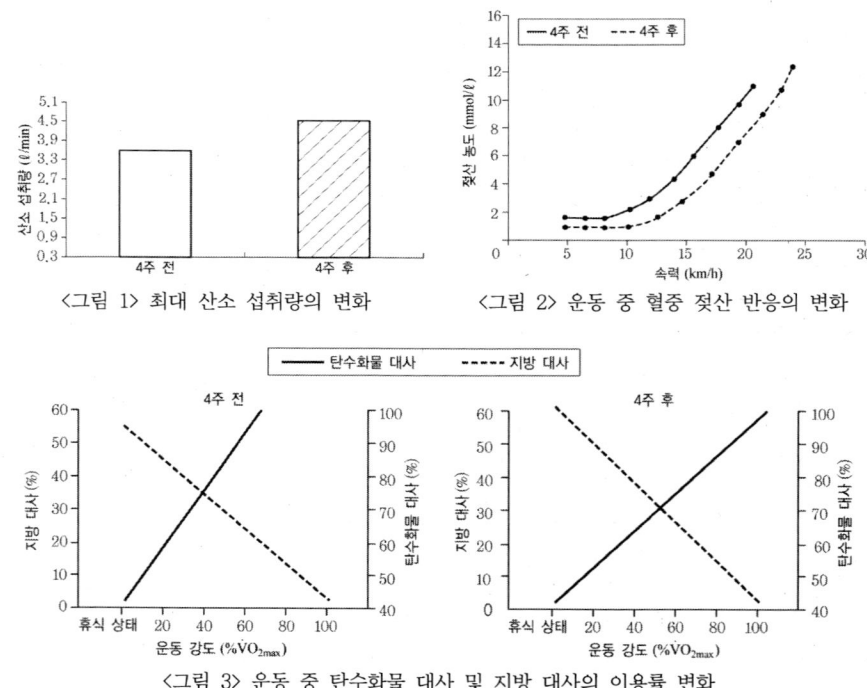

<그림 1> 최대 산소 섭취량의 변화 <그림 2> 운동 중 혈중 젖산 반응의 변화

<그림 3> 운동 중 탄수화물 대사 및 지방 대사의 이용률 변화

26. 최대 산소 섭취량의 50% 이상에서 실시하는 운동 중 체수분 조절에 관여하는 호르몬, 분비 기관, 기능을 바르게 연결한 것은?   '10. 기출

호르몬	분비 기관	기능
ㄱ. 알도스테론(aldosterone)	a. 갑상선(thyroid gland)	㉮ 나트륨(Na^+) 재흡수, 칼륨(K^+) 배출
ㄴ. 옥시토신(oxytocin)	b. 신장(kidney)	㉯ 안지오텐신(angiotensin) 활성화
ㄷ. 레닌(renin)	c. 뇌하수체(pituitary gland)	㉰ 칼슘(Ca^{++}) 배출
ㄹ. 칼시토닌(calcitonin)	d. 부신피질(adrenal cortex)	㉱ 미네랄(mineral) 재흡수
ㅁ. 코티졸(cortisol)	e. 췌장(pancreas)	㉲ 칼륨(K^+) 재흡수

① ㄱ- d - ㉮, ㄷ- b - ㉯
② ㄱ - c - ㉯, ㄷ- d - ㉰
③ ㄴ- a - ㉰, ㄹ- c - ㉱
④ ㄷ - b - ㉯, ㄹ- c - ㉲
⑤ ㄷ- e - ㉲, ㅁ- a - ㉮

27. 그림 (가)와 (나)는 유산소 트레이닝이 심혈관계 기능에 미친 영향을 나타낸 것이다. 산소 섭취량과 심박수(heart rate)의 관계 변화 및 혈압 변화를 유도한 생리적 기전에 관한 설명으로 옳지 <u>않은</u> 것은? (단, 생활 습관 및 검사 조건은 동일함) [2.5점]   '10. 기출

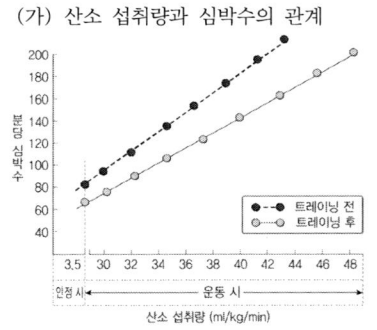
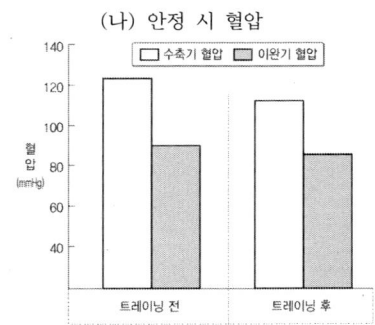

① 평균 동맥압의 증가로 인해 안정 시 심장의 1회 박출량이 증가 했다.
② 운동 심장(athletic heart)으로 인해 산소 섭취량과 심박수의 기울기가 감소하였다.
③ 부교감신경계의 활성도 증가가 안정 시 심박수를 감소시켰다.
④ 심근의 수축력 강화가 운동 중 산소 섭취량과 심박수의 기울기를 감소시켰다.
⑤ 골격근 모세혈관 수의 증가가 운동 중 산소 섭취량과 심박수의 기울기를 감소시켰다.

28. 운동과 관련된 생리학적 현상에 대한 설명 중 옳지 <u>않은</u> 것은? '10. 기출

① 마라톤 선수가 체중을 줄여야 하는 이유 중의 하나는 인체 대사의 기계적 효율성을 높이기 위함이다.
② 반복적인 스트레칭 운동은 골격근 내 근방추(muscle spindle)의 민감성을 높인다.
③ 운동 강도는 운동 중 골격근의 에너지 제공에 관여하는 탄수화물 대사와 지방대사의 비율을 결정하는 데 가장 중요한 요인이다.
④ 운동 초기 산소 결핍의 정도는 운동선수가 훈련되지 않은 학생에 비해 더 낮다.
⑤ 운동 강도가 같을 때 다리 운동은 팔 운동에 비해 심근 산소 요구량(double product)이 낮다.

29. 더운 환경에서 유산소 트레이닝을 할 때 나타나는 열 순응(heat acclimation)에 대한 설명으로 옳지 <u>않은</u> 것은? '10. 기출

① 운동 중 발한 시점이 빨라진다.
② 운동 중 발한율이 증가한다.
③ 안정 시 혈장량이 증가한다.
④ 운동 중 땀으로 배출되는 나트륨(Na^+)이 증가한다.
⑤ 근세포의 열상해단백질(heat shock proteins)이 증가한다.

30. 운동 중 근세포 및 혈액의 산-염기 조절에 관여하는 완충계(buffering systems)에 관한 설명으로 옳은 것은? [1.5점] '10. 기출

① 운동 시 호흡 작용은 산-염기 조절과는 무관하다.
② 중탄산염 완충계(bicarbonate buffer)는 혈액에만 있다.
③ 인산염 완충계(phosphate buffer)는 혈액 내에 가장 많이 분포 한다.
④ 헤모글로빈은 운동 중 산-염기 조절에 가장 중요한 이차 방어선 이다.
⑤ 호흡 보상 작용(respiratory compensation)은 산-염기 조절의 이차 방어선이다.

31. 운동 중 혈당의 항상성 유지 및 근수축의 에너지원 공급과 관련하여 다음 변인들의 혈중변화와 그에 따른 지방조직에서의 역할에 대한 설명으로 옳지 <u>않은</u> 것은?

'09. 기출

	변인	혈중변화	지방조직에서의 역할
①	카테콜아민 (catecholamine)	증가	중성지방의 가수분해 촉진
②	인슐린 (insulin)	감소	지방조직으로의 혈당유입 억제
③	글루카곤 (glucagon)	증가	중성지방의 가수분해 촉진 및 지방조직으로의 혈당유입 억제
④	성장호르몬 (growth hormone)	증가	중성지방의 가수분해 촉진 및 지방조직으로의 혈당유입 억제
⑤	젖산 (lactic acid)	감소	중성지방의 가수분해를 통해 생성된 지방산이 중성지방으로 재합성 촉진

32. 그림을 참조하여 <보기>에 제시된 골격근의 수축 단계를 순서대로 바르게 배열한 것은?

'09. 기출

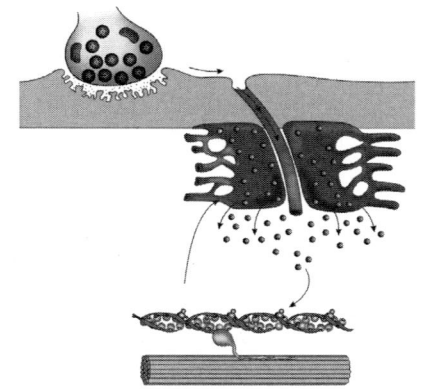

―――― <보 기> ――――

ㄱ. 활동전위(action potential)가 가로세관(transverse tubule)을 따라 전도 → 근질세망(sarcoplasmic reticulum)으로부터 칼슘 방출
ㄴ. 미오신 십자형가교(myosin cross-bridge)가 액틴결합부위(actin-binding site)와 강한 결합 → 근수축
ㄷ. 칼슘이 트로포닌(troponin)에 결합 → 액틴결합부위 노출
ㄹ. 운동신경의 활동전위가 운동신경말단(motor end plate)으로 전도 → 연접간격(synaptic cleft)으로부터 아세틸콜린(acetylcholine) 방출 → 근세포막 활동전위 생성
ㅁ. 트로포닌으로부터 칼슘 분리 및 제거 → 근이완

① ㄴ-ㄷ-ㄱ-ㄹ-ㅁ ② ㄹ-ㄱ-ㄷ-ㄴ-ㅁ ③ ㄹ-ㄴ-ㄷ-ㄱ-ㅁ
④ ㅁ-ㄱ-ㄹ-ㄷ-ㄴ ⑤ ㅁ-ㄹ-ㄱ-ㄷ-ㄴ

33. 출수(체중 70kg)가 체중 조절의 목적으로 다음과 같이 걷기 운동을 실시할 때 순 에너지소모량(net energy expenditure)을 바르게 계산한 것은? [2.5점] '09. 기출

○ 운동강도 = 6 METs
• MET = 대사당량(metabolic equivalent)
• 1 MET = 3.5 ml/kg/min
○ 운동지속시간 = 30분
○ 산소 1ℓ의 에너지 당량 = 5 kcal

※ 순 산소소모량(net $\dot{V}O_2$) = 총 산소소모량(gross $\dot{V}O_2$) − 안정 시 산소소모량(resting $\dot{V}O_2$)

① 150 kcal ② 184 kcal ③ 245 kcal
④ 280 kcal ⑤ 300 kcal

34. 운동 시 증가하는 골격근의 산소요구량을 충족시키는 데 기여하는 요인으로 옳지 <u>않</u>은 것은? '09. 기출

① 심박수 증가 및 심근의 수축력 증가
② 골격근의 소(세)동맥혈관 저항 감소
③ 심장으로 환류(귀환)하는 정맥혈액량 증가
④ 동맥과 정맥혈액의 산소분압(농도) 차이 증가
⑤ 골격근의 모세혈관을 지배하는 교감신경계 활성도 증가

35. 격렬한 운동 직후 정리 운동을 실시하는 이유로 옳지 <u>않은</u> 것은? [1.5점] '11. 기출

① 현기증이 일어나는 것을 예방한다.
② 혈압이 급격히 낮아지는 것을 예방한다.
③ 심박출량이 급격히 감소하는 것을 예방한다.
④ 혈중 젖산이 급격히 감소하는 것을 예방한다.
⑤ 정맥혈 회귀(venous return)의 양이 급격히 감소하는 것을 예방한다.

36. 그림은 영희가 건강 증진을 위해 체계적인 운동 프로그램에 참여하기 전에 받은 건강 검진 결과이다. 이 결과에 대한 해석으로 옳지 <u>않은</u> 것은? (단, 제시된 기준치에 근거하여 특정 신체 상태를 판단함.) '11. 기출

건강 검진표			
성 명	김영희	날 짜	2010년 10월 23일
항목		측정치	기준치
신체질량지수(BMI)		27	<25
체지방률(%)		25	<30
총콜레스테롤(mg/dl)		245	<200
수축기 혈압(mmHg)		140	<120
이완기 혈압(mmHg)		82	<80
안정 시 혈당(mg/dl)		89	<100
최대산소섭취량(ml/kg/min)		40	>32
칼슘(mg/dl)		5	>8.5

① 영희는 당뇨병 상태이므로 빠르게 걷기 운동을 하는 것이 좋다.
② 영희는 심폐지구력이 우수해 고강도의 유산소 운동을 해도 무방하다.
③ 영희는 고혈압 상태이므로 과도한 저항성 운동을 피하는 것이 좋다.
④ 영희는 골다공증의 가능성이 있기 때문에 접촉성 운동(contact sports)을 피하는 것이 좋다.
⑤ 영희는 비만은 아니지만 과체중 상태와 고콜레스테롤지혈증 상태이므로 유산소 운동을 하는 것이 좋다.

37. 고온(예 : 30℃)에서 땀을 흘리며 일정한 강도로 장시간에 걸쳐 최대하운동을 할 때 나타나는 생리적 반응으로 옳지 <u>않은</u> 것은? '11. 기출

① 활동근에 공급되는 혈류량이 감소되고 지구력이 떨어진다.
② 저온(예 : 15℃)에서 운동할 때와 비교하여 심박출량에 차이가 없다.
③ 뇌하수체 후엽이 자극되어 항이뇨 호르몬(ADH)의 분비가 증가 된다.
④ 저온(예 : 15℃)에서 운동할 때와 비교하여 혈중 젖산 농도가 증가된다.
⑤ 피부로 보내는 혈류량을 증가시키기 위하여 심박수와 일회 박출량이 점차 증가된다.

38. 최대산소섭취량($\dot{V}O_2max$)의 측정을 위하여 실시한 점증적 최대운동부하검사가 피검자의 최대 수준까지 수행되었는지 여부를 판단하기 위한 기준으로 옳지 <u>않은</u> 것은? (단, 실제 상황에서 수치는 다소 다를 수 있음.) '11. 기출

① 일회박출량이 80 ml 이상인 경우
② 호흡교환율(RER)이 1.10 이상인 경우
③ 혈중 젖산 농도가 8 mmol/L 이상인 경우
④ 심박수가 최대심박수의 85% 이상인 경우
⑤ 보그(C. Borg)의 6~20 스케일 운동자각도(RPE)가 19 이상인 경우

39. 그림은 저, 중, 고강도로 운동할 때 나타나는 환기량의 변화를 보여 준다. 운동 중 2~4분 사이에 운동강도별로 환기량의 차이가 나타나는 적절한 이유를 <보기>에서 고른 것은?

'11. 기출

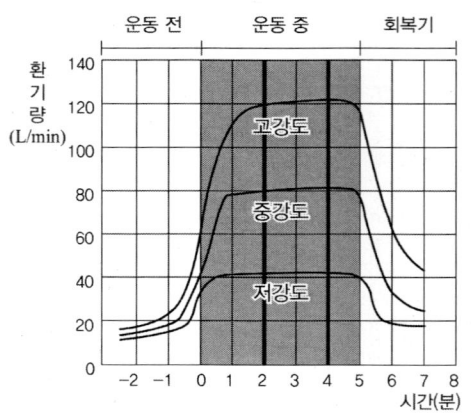

―――― < 보 기 > ――――
ㄱ. 뇌척수액과 동맥혈 내 H^+ 농도의 차이
ㄴ. 뇌척수액과 동맥혈 내 CO_2 농도의 차이
ㄷ. 대뇌 피질의 수의적 활성화 정도의 차이
ㄹ. 칼륨과 카테콜라민(catecholamine) 농도의 차이
ㅁ. 활동적인 근육으로부터 오는 고유감각적 피드백(proprioceptive feedback)의 차이

① ㄱ, ㄴ   ② ㄱ, ㄷ   ③ ㄴ, ㅁ
④ ㄷ, ㄹ   ⑤ ㄹ, ㅁ

40. 그림은 체중 50 kg인 사람이 30분간 일정한 강도로 달리기 운동을 실시할 때 나타난 산소소비량의 변화이다. 이에 대한 설명으로 옳은 것은? (단, 산소 1 L의 에너지 당량은 5 kcal로 가정함.)

'11. 기출

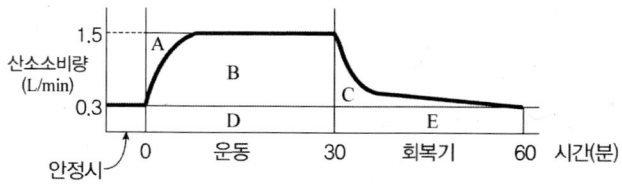

① D 부분과 E 부분의 에너지소비량은 다르다.
② 운동 중 순에너지소비량(net energy expenditure)은 180 kcal이다.
③ C 부분은 운동 중에 생긴 체온 및 에피네프린의 변화와 관계없다.
④ 운동 중 항정 상태(steady state)의 산소소비량은 24 ml/kg/min이다.
⑤ A 부분에서는 주로 유산소적인 경로를 통하여 ATP가 공급된다.

41. 다음 글을 읽고 물음에 답하시오.

> <상황 1> 철수는 육상 경기에서 400m를 전력으로 질주하고 난 뒤 심한 피로감을 느꼈다.
> <상황 2> 민수는 하프 마라톤에 참가하여 1시간 30분 동안 열심히 달리다가 극심한 피로감을 느껴 중도에 포기하였다.
> <상황 3> 영수는 높은 산에서 5시간 동안 열심히 걸어 내려왔다. 못할 정도로 다리에 매우 심한 통증을 느꼈다. 그날은 별로 아프지 않았는데, 다음 날부터 이틀 동안 걷지 못할 정도로 다리에 매우 심한 통증을 느꼈다.

위의 <상황 1>과 <상황 2>에서 피로가 나타난 가장 중요한 원인을 각각 1줄로 설명하시오. 그리고 <상황 3>에서 나타난 통증의 명칭을 쓰고, 이 통증을 일으킨 근 수축의 종류를 구체적으로 쓰시오. [4점]

'08. 기출

- <상황 1>의 피로 원인: _____
- <상황 2>의 피로 원인: _____
- <상황 3>의 통증 명칭: _____
- 통증을 일으킨 근 수축의 종류: _____

42. 탄수화물과 지방은 운동 중에 사용되는 주요 에너지원이다. 운동 강도가 탄수화물과 지방의 사용에 미치는 영향을 1줄로 설명 하시오. 그리고 아래에 제시된 화학식을 참고하여 탄수화물과 지방의 P/O 비율(산소 1분자당 에너지의 생성 비율)의 계산식과 값을 쓰고, 그 값을 토대로 두가지 에너지원의 효율성을 1줄로 비교하여 설명하시오. [3점]

'08. 기출

| 탄수화물 + $6O_2$ → $6CO_2$ + $6H_2O$ + 38ATP | 지방산 + $23O_2$ → $16CO_2$ + $16H_2O$ + 130ATP |

- 운동 강도의 영향: _____
- P/O 비율 계산식과 값(소수점 1자리까지): _____
- 효율성 비교: _____

43. 운동 처방의 기본 요소에는 운동 시간, 운동 빈도, 운동 강도, 운동 형태, 운동 기간이 있다. 이 요소 중 운동 시간과 운동 빈도의 정의를 각각 1줄로 설명하고, %HRmax와 같이 운동 강도를 나타내는 지표 2가지만 쓰시오. [4점]   '07. 기출

- 운동 시간(duration)의 정의 : _____
- 운동 빈도(frequency)의 정의 : _____
- 운동 강도(intensity)를 나타내는 지표 : ① _____
                                                     ② _____

44. 다음과 같이 바벨을 올릴 때(그림 1)와 내릴 때(그림 2) 수축하는 견관절(shoulder joint)의 주동근 명칭을 쓰고, 그 주동근의 근 수축 특성을 등장성(isotonic) 근 수축 형태 중에서 골라 각각 쓰시오. [4점]   '07. 기출

<그림 1> 바벨을 올릴 때

<그림 2> 바벨을 내릴 때

	주동근의 명칭	근 수축 특성
• 바벨을 올릴 때(그림 1)	_____	_____
• 바벨을 내릴 때(그림 2)	_____	_____

45. 팔굽혀펴기에서 팔을 펴는 동작(그림 ㉮)을 할 때와 팔을 굽히는 동작(그림 ㉯)을 할 때, 주관절(elbow joint)의 운동 형태·근 수축 형태·주동근을 쓰고, 각 동작의 근 수축 형태의 특성과 그 특성이 서로 다른 이유를 각각 1줄로 쓰시오. [5점]   '06. 기출

〈그림 ㉮〉 팔을 펴는 동작   〈그림 ㉯〉 팔을 굽히는 동작

	주관절 운동 형태	근 수축 특성	주동근
• 팔을 펴는 동작 (그림 ㉮)			
• 팔을 굽히는 동작 (그림 ㉯)			
• 근 수축 형태의 특성			
• 특성이 서로 다른 이유			

46. 체중 70kg, 나이 15세인 남학생이 러닝머신에서 다음과 같이 달리기 운동을 하였다. 이 학생의 총 운동량과 운동강도 2가지를 계산 과정과 함께 쓰시오. [3점]   '06. 기출

- 러닝머신 속도 : 6km/hr(100m/min)
- 러닝머신 경사도 : 10%
- 운동 시간 : 30분
- 운동 시 항정상태 심박수 : 150
- 안정 시 심박수 : 70

구분	계산 과정		답
• 총 운동량			(kpm)
• 운동 강도	①		(kpm/min)
	②		(%HRmax)

47. 다음은 유산소성 운동 트레이닝의 효과를 알아보기 위한 실험설계를 개괄적으로 제시한 것이다.

> 1. 사전검사
>   1) 최대운동부하검사 실시
>   2) 최대하운동부하검사 실시 : $\dot{V}O_2max$의 65 % (속도 : 4.0mph ; 경사도 : 2%)로 60분간 트레드밀에서 달리기
> 2. 운동 트레이닝 : 1년, 달리기, $\dot{V}O_2max$의 60~80% (점증), 40분/회, 주 4회
> 3. 사후검사
>   1) 최대운동부하검사를 사전검사와 동일한 방법으로 실시
>   2) 최대하운동부하검사도 사전검사와 동일한 방법으로 실시 : 트레드밀의 속도와 경사도를 4.0mph와 2%로 설정

사전검사와 비교해 볼 때 아래의 변인들이 사후검사 시점을 기준으로 하여 어떻게 변할 것인지 일반적인 경향을 고려하여 증가, 불변, 감소 중의 하나로 답하시오. [6점]

'05. 기출

- 안정 시 근육내 지방 저장량 :
- 최대하운동부하검사 40분 시점에서의 글루카곤 분비량 :
- 최대운동부하검사 직후의 혈중 젖산농도 :
- 최대운동부하검사 완료 시점에서의 심박수 :
- 최대하운동부하검사 후 회복기 중 초과 산소소비량 :
- 최대하운동부하검사 45분 시점에서의 근글리코겐 저장량 :

48. 운동 중에 나타나는 정맥혈 회귀(venous return)의 증가는 심근 수축력의 증가와 함께 일회박출량을 증가시키는 요인이다. 운동 중에 정맥혈 회귀가 증가되는 주요 요인으로 정맥 주위 골격근의 수축과 정맥 자체의 수축 이외에 한가지가 더 있다. 이 한가지 요인이 운동 중에 정맥혈 회귀를 증가시키는 기전을 3줄 이내로 기술하시오. [3점]

'05. 기출

49. 김교사는 몸에 저장된 포도당(glucose)이 에너지원으로 사용되는 과정을 설명하여 운동 중 근수축과 인체의 생리적 변화에 대해 학생들을 지도하고자 한다. 다음 질문에 답하시오. [총 5점]

'04. 기출

49-1. 영희는 포도당이 어떻게 근수축에 필요한 에너지로 변하는지 질문하였다. 이에 김교사는 포도당 1분자가 에너지로 변화되는 유산소 과정에서 ①_____을(를) 통해 36 ATP 로, ②_____을(를) 통해 2 ATP로 총 38 ATP(아데노신삼인산염)가 생성된다고 설명하였다. ①, ②에 알맞은 과정의 명칭을 쓰시오. [2점]

　　　　　① 　　　　　　　　　　　　　　②

49-2. 김교사는 인체가 운동 중에도 항상 안정된 생리적 상태를 유지하려는 경향에 대하여 학생들에게 이해시키기 위해 운동 중의 혈장 포도당에 대하여 예를 들어 설명하였다. 운동 중 혈장 내의 포도당을 일정하게 조절하는 호르몬과 그 분비 기관을 각각 3가지만 쓰시오. (3점)

	분비 기관	분비 호르몬
①		
②		
③		

50. 다음 글을 읽고 물음에 답하시오. [총6점]　　　　　　　　　　'04. 기출

> 운동을 즐기지 않았던 철수는 2년 전부터 체육교사의 권유로 배드민턴 동아리에 가입하여 운동을 하고 있다. 시작할 당시 친구인 영수와 최선을 다해 시합을 하였지만 승리는 커녕 철수는 터질 듯이 심장이 뛰고, 가쁜 숨을 몰아 쉬며, 빨리 지치게 되었다. 이후 철수는 체육교사의 지도를 받아 규칙적이고 지속적으로 배드민턴을 연습한 결과 영수와 시합을 하여도 대등한 경기를 펼칠 수 있게 되었으며, 힘은 들지만 여러 차례의 경기를 견딜 수 있는 체력을 갖게 되었다.

50-1. 배드민턴을 하면서 철수의 심장은 지구성 운동에 적합한 스포츠 심장이 되었다고 할 수 있다. 철수의 심장 변화를 형태와 기능의 측면에서 설명하고, 철수가 지구성 운동이 아닌 저항성 운동을 했을 경우 나타날 수 있는 심장의 변화를 쓰시오. (3점)

① 형태 (1점) :
② 기능 (1점) :
③ 저항성 운동에 의한 심장의 변화(1점) :

50-2. 철수가 격렬한 운동으로 심장이 터질 듯한 느낌을 받은 것은 혈류량을 증가하기 위한 심혈관의 반응 때문이라 할 수 있다. 인체는 운동시 혈류량 증가를 위해 혈압이 상승하면 혈류에 대한 저항을 감소시켜 동적항정상태(動的恒定狀態)를 이루려고 한다. 이 때 혈류에 영향을 미치는 저항 요인을 3가지만 쓰시오. (3점)

①
②
③

51. 전신지구력을 향상시키기 위하여 오래달리기를 지도할 때, 체육교사는 목표심박수를 이용하여 운동강도를 설정한다. 체력수준이 낮은 18세 여학생을 대상으로 50% 운동강도의 전신지구성 운동을 시키려고 한다. 다음 질문에 답하시오. [총4점]

'03. 기출

51-1. 최대심박수를 구하시오. (1점)　　　　　　　　　　　　　　　　　(회/ 분)

51-2. 최대예비심박수(maximal heart rate reserve)를 구하시오. 단, 안정시 심박수는 분당 70회이다. (1점)　　　　　　　　　　　　　　　　　　　(회/ 분)

51-3. 목표심박수 계산 과정을 제시하고 목표심박수를 구하시오. (2점)

① 계산 과정 (1점) :
② 목표심박수 (1점) : (회/ 분)

52. 오른쪽 그림은 유산소운동을 실시할 때의 단계별 환기량 변화를 나타내고 있다. 그림에서 A단계의 환기량 변화를 <u>최대하 운동시</u>와 최대 운동시로 구분하여 비교하시오. [4점]   '03. 기출

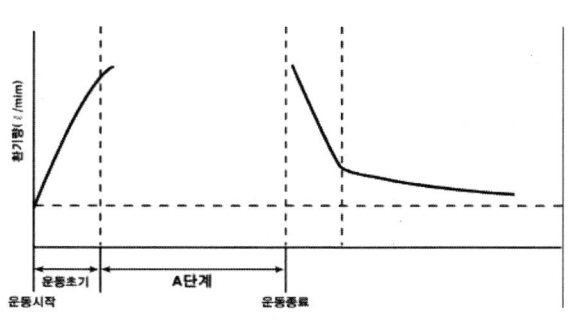

53. 장기간 운동을 계속하면 동일한 강도의 운동을 하더라도 힘들지 않게 된다. 이는 신체의 각 기관 및 기관계들이 운동에 적응한 결과로 체력이 향상되었음을 의미한다. 장기간 유산소(지구력)운동이 순환계에 미치는 효과를 안정시와 최대하 운동시로 구분하여 다음 각 항목별로 '증가', '감소'로 제시하시오. [6점]   '02. 기출

○ 안정시 (3점)
① 심박수: _____
② 1회 박출량: _____
③ 좌심실 크기: _____
④ 헤모글로빈수: _____

○ 최대하 운동시 (3점)
① 심박수: _____
② 1회 박출량: _____
③ 활동근당 혈류량: _____
④ 동정맥산소차: _____

자연과학편

중등체육임용고사 기출문제집

03

체육측정평가

1. 다음의 (가)는 ○○고등학교 학생건강체력평가 결과이고, (나)는 표준정규분포곡선과 표준정규분포표의 일부이다. (나)를 근거로 김민수 학생의 오래달리기-걷기와 제자리멀리뛰기 기록이 상위 몇 %인지를 각각 산출하여 순서대로 쓰시오(단, 소수점 이하 둘째 자리까지 제시함). [2점]   '17. 기출

(가) 학생건강체력평가 결과

성명 \ 체력평가 항목	오래달리기-걷기(초)	제자리멀리뛰기(cm)	…
이철수	405	235	…
김민수	350	260	…
박영수	360	250	…
⋮	⋮	⋮	…
전체평균 ± 표준편차	400 ± 50	242 ± 10	…

※ 각 체력평가 항목 결과는 표준정규분포를 가정함.

(나) 표준정규분포곡선과 표준정규분포표

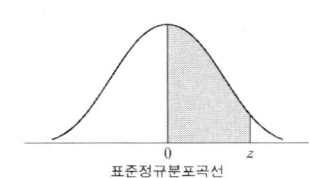
표준정규분포곡선

※ 표준정규분포표의 면적비율(%)은 표준정규분포곡선에서 0부터 z까지의 면적비율(%)을 나타냄.

표준정규분포표

z	면적비율(%)	z	면적비율(%)
⋮	⋮	0.00	0.00
-2.00	47.72	0.10	3.98
-1.90	47.13	0.20	7.93
-1.80	46.41	0.30	11.79
-1.70	45.54	0.40	15.54
-1.60	44.52	0.50	19.15
-1.50	43.32	0.60	22.57
-1.40	41.92	0.70	25.80
-1.30	40.32	0.80	28.81
-1.20	38.49	0.90	31.59
-1.10	36.43	1.00	34.13
-1.00	34.13	1.10	36.43
-0.90	31.59	1.20	38.49
-0.80	28.81	1.30	40.32
-0.70	25.80	1.40	41.92
-0.60	22.57	1.50	43.32
-0.50	19.15	1.60	44.52
-0.40	15.54	1.70	45.54
-0.30	11.79	1.80	46.41
-0.20	7.93	1.90	47.13
-0.10	3.98	2.00	47.72
0.00	0.00	⋮	⋮

2. 다음은 ○○중학교의 체육지필고사 결과를 토대로 문항을 분석한 결과의 일부이다. 괄호 안의 ㉠, ㉡에 해당하는 용어를 순서대로 쓰시오. [2점]   '17. 기출

(가) 문항특성곡선 그래프

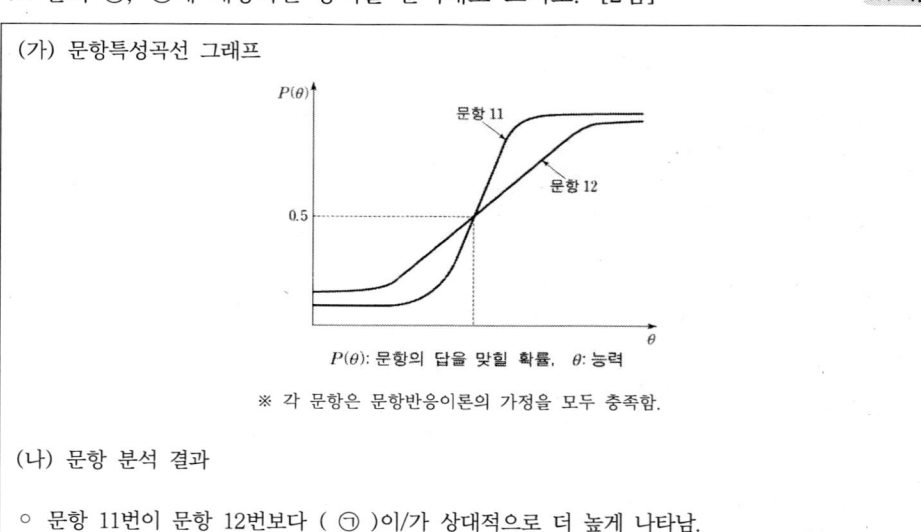

※ 각 문항은 문항반응이론의 가정을 모두 충족함.

(나) 문항 분석 결과

○ 문항 11번이 문항 12번보다 (㉠)이/가 상대적으로 더 높게 나타남.
○ (㉠) 이외의 문항 모수인 문항난이도와 (㉡)을/를 고려하여 추가 분석할 필요가 있음.

3. 다음의 (가)는 체육 교사가 남녀 학생 간 체육수업 만족도의 차이를 조사한 결과이고, (나)는 x^2 분포표의 일부이다. <작성 방법>에 따라 순서대로 서술하시오. [4점]

'17. 기출

(가) 성별에 따른 체육수업 만족도

성별 만족 여부	남학생	여학생	전 체
만 족	75명	60명	135명
불만족	25명	40명	65명
전 체	100명	100명	200명

x^2(chi-square)값 = 5.13   자유도(df : degree of freedom) = 1

(나) 분포표

유의수준 (α) 자유도(df)	α = 0.10	α = 0.05	α = 0.01
1	2.71	3.84	6.63
2	4.61	5.99	9.21
3	6.25	7.81	11.34
⋮	⋮	⋮	⋮

※ 각 셀에 들어 있는 값은 유의수준(α)에 해당하는 x^2값을 나타냄.

──────────── <작성 방법> ────────────

○ 유의수준 1%에서 검정통계량과 임계값을 제시하고, 이에 근거하여 통계적 의사결정을 기술할 것.
○ 유의수준 5%에서 검정통계량과 임계값을 제시하고, 이에 근거하여 통계적 의사결정을 기술할 것.

4. 다음은 걷기 운동의 효과를 분석하기 위한 체육 수업 컨설팅 내용이다. 괄호 안의 ㉠, ㉡에 해당하는 명칭을 순서대로 쓰시오. [2점]   '16. 기출

> **체육 수업 컨설팅**
>
> 수석 교사: 이번 걷기 운동 프로그램이 학생들의 체지방 감량에 미친 효과는 어떻게 알아보나요?
> 초임 교사: 그 효과를 알아보기 위해 1일 평균 걸음 수와 체지방 감량 정도를 측정했습니다. 그런데 <측정 결과표>에 나타난 것과 같이 극단값이 존재해서 1일 평균 걸음 수 순위와 체지방 감량 순위 간의 상관을 분석하는 것이 좋을 것 같습니다. 지난 번에 체중과 신장 간의 관계 분석에 이용했던 (㉠)상관분석을 적용하면 어떨까요?
> 수석 교사: 분석은 가능하지만, 이 경우는 (㉡)상관분석을 하는 것이 더 적절합니다.

<측정 결과표>

번호	1일 평균 걸음 수	체지방 감량 정도 (g)
1	7,200	300
2	5,000	800
3	4,500	600
4	6,700	500
5	3,800	100
6	9,900	1,400
7	6,600	400
8	4,200	200
9	7,100	700
10	7,000	600

5. 다음은 1학기 창작댄스와 농구 실기 평가에 대한 체육 교사 간의 대화 내용이다. <작성 방법>에 따라 서술하시오. [4점]   '16. 기출

> 강 교사: 선생님, 이번에 평가한 창작댄스의 동료 평가 결과를 확인했는데 문제가 많아요.
> 황 교사: 어떻게 평가하셨죠?
> 강 교사: 저는 학생들을 A, B, C의 세 모둠으로 나눠 한 모둠을 다른 두 개의 모둠이 평가하도록 했어요. 예를 들어 A 모둠이 창작댄스를 발표할 때 B 모둠과 C 모둠이 동시에 A 모둠의 작품을 평가하도록 했어요.
> 황 교사: 그런데 평가 결과에 어떤 문제가 있었나요?
> 강 교사: 네. A 모둠에 대한 B 모둠과 C 모둠의 평가가 너무 달라 점수 차이가 컸어요. 학생들은 공정하지 않다며 동료 평가에 대한 불만이 컸어요.
> … (중략)…
> 강 교사: 선생님! 지난번에 실시한 농구 평가도 문제가 있었어요. 선생님은 저와 다르게 농구의 전술 이해도를 슛 성공률로 평가하셨더라고요?
> 황 교사: 슛을 잘하면 전술을 잘 이해하고 있다고 볼 수 있는 거 아닌가요? 저는 전술 이해도를 경기 중에 평가하기 어려워서 슛 성공률로 평가했어요.
> 강 교사: 저는 그렇게 생각하지 않아요. 전술 이해도는 경기 중에 학생들의 의사 결정, 공간 활용, 의사소통 여부를 평가하는 것이 더 적절하다고 보거든요.

―――――― <작성 방법> ――――――
○ 대화 내용에 근거하여 신뢰도 측면의 문제점을 찾고 해결 방안을 제시할 것.
○ 대화 내용에 근거하여 타당도 측면의 문제점을 찾고 해결 방안을 제시할 것.

6. 다음은 체육 중점 고등학교의 체육 기말 평가에 대한 최 교사와 정 교사의 대화이다. 괄호 안의 ㉠, ㉡에 해당하는 명칭을 순서대로 쓰시오. [2점]   '16. 기출

최 교사: 이번 학기 학생들의 총점 분포도가 지나치게 오른쪽으로 편중되어 나타났어요. 시험이 너무 쉬웠나 봐요. 이 경우 어떤 지수를 집중경향(central tendency)치로 선택해야 하나요?

정 교사: 그림과 같은 분포의 경우에는 (㉠)을/를 집중경향치로 선택하는 것이 더 적합해요.

최 교사: 분포의 퍼진 정도를 나타내는 분산도(variability)는 지난 학기와 같이 표준편차를 사용하려는데, 적절할까요?

정 교사: 아닙니다. 이번 학기처럼 성적이 그림과 같은 분포일 경우는 (㉡)을/를 사용하는 것이 더 적절합니다.

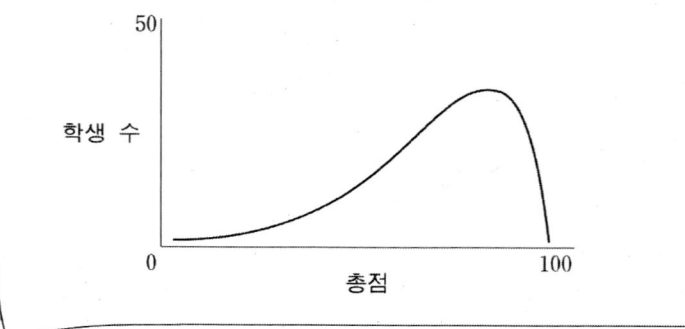

7. 다음은 두 교사 간의 e-메일 대화 내용이다. 괄호 안의 ㉠, ㉡에 해당하는 용어를 순서대로 쓰고, 밑줄 친 ㉢에 해당하는 이유와 ㉣에 해당하는 단점을 기술하시오. [5점]

'15. 기출

| 답장 | 전체답장 | 전달 | X삭제 | 스팸신고 | 목록 | 위 | 아래

| 제　목 | 학생 평가와 관련하여 상의를 드립니다. |

김 선생님 안녕하세요?

낮에 학교에서 말씀드렸던 대로 학생 평가와 관련하여 두 가지 상의드릴 내용이 있습니다.

첫 번째는 학생들의 체력 평가를 위해 체지방을 측정하는데, 측정할 때마다 값이 달라 당황스럽습니다. 같은 학생을 동일한 방법으로 2회 반복하여 측정하였음에도 두 값에 차이가 있습니다. 제가 무엇을 잘못하고 있는 것인지요?

두 번째는 내년 신입생에게 시행할 수영 실기 평가 방법에 관한 내용입니다. 올해는 자유형 25m 수행에 대한 성취도만을 평가하였습니다. 그런데 지체 장애를 가지고 있는 2반의 최○○을 포함한 일부 학생들이 수업에 매우 적극적으로 참여하였지만, 과거에 수영을 배워 본 경험이 없었기 때문에 완주하지 못하여 좋은 평가를 받지 못했습니다. 그래서 내년 신입생부터는 향상도를 평가에 반영하는 것이 어떤지 의견을 드립니다.

올해 발령받은 후 처음 시행하는 학생 평가라서 모르는 것이 많습니다. 잘 가르쳐 주십시오.

┗ 답장

최 선생님 학교 일들이 재미있지요?

첫 번째, 체지방을 측정할 때마다 다른 값이 나오는 것은 당연한 일입니다. 선생님 잘못이 아니라 측정오차가 원인이지요. 고전검사 이론에 따르면 관찰 점수는 (㉠)와/과 오차 점수의 합이고, 신뢰도는 전체 관찰 점수 분산 중에서 (㉡)이/가 차지하는 비율로 설명할 수 있습니다. 따라서 측정오차 때문에 측정할 때마다 값이 달라지는 것이지요. 다음 주에 재검사 신뢰도를 확인해 봅시다.

두 번째, 향상도를 반영한 평가는 학생들의 학습 동기를 고취할 수 있다는 점에서 매력적이라고 생각합니다. 그러나 ㉢향상도 평가는 숙련자에게 불리할 수 있으며, ㉣향상도를 평가에 중요하게 반영한다는 사실을 학생들이 사전에 인지할 경우 단점도 있을 수 있습니다.

계속 의논하면서 더 좋은 학생 평가 방법을 만들어 봅시다.

8. 다음은 전국 학교스포츠클럽 창작 댄스 대회 심사 결과이다. 제시된 '표준정상분포곡선 수표'에 근거하여 심사위원 A와 B가 부여한 개인 점수의 백분위 차이를 구하시오. (단, 소수점 이하 둘째 자리까지 제시함.) [2점]

'14. 기출

전국 학교스포츠클럽 창작 댄스 대회
이○○ 심사 결과(정상분포를 가정)

(단위:점)

구분	전체 평균 ± 표준편차	개인 점수
심사위원 A	42±5	51
심사위원 B	67±4	65

표준정상분포곡선 수표

Z	면적 비율	Z	면적 비율
0.0	0.00	1.1	36.43
0.1	3.98	1.2	38.49
0.2	7.93	1.3	40.32
0.3	11.79	1.4	41.92
0.4	15.54	1.5	43.32
0.5	19.15	1.6	44.52
0.6	22.57	1.7	45.54
0.7	25.80	1.8	46.41
0.8	28.81	1.9	47.13
0.9	31.59	2.0	47.72
1.0	34.13	이하생략	

면적 비율 = 분포의 평균(Z=0)으로부터 산출된 Z점수까지의 면적 비율(%)

9. 다음은 김 교사가 학생들의 '건강 생활 습관'을 분석한 결과이다. 괄호 안의 ㉠에 해당하는 용어와 ㉡에 해당하는 값(수치)을 차례대로 쓰시오. [2점]　'14. 기출

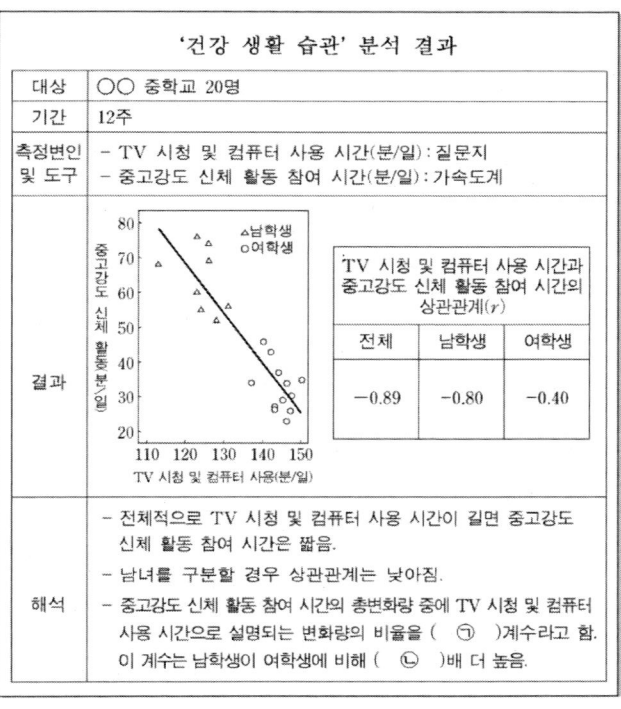

10. 다음은 김 교사가 시행한 학생 간 동료 평가의 예비 검사 결과이다. 모둠별 동료평가 결과 (가)~(라)의 학생 간 평가 일치도를 높은 순서부터 정렬한 것으로 옳은 것은?

'13. 기출

학생 간 동료 평가를 위한 예비 검사

- 목적: 축구 슛 동작의 학생 간 동료 평가가 일관성 있게 이루어질 수 있는지를 확인하고자 함.
- 방법:
  1. 각 모둠별 두 명의 학생이 50명의 학생을 대상으로 축구 슛 동작을 '잘함'과 '미흡함'으로 구분하여 평가
  2. 두 학생 간 평가 결과를 2×2 분할표를 이용하여 일치도 산출
- 모둠별 동료 평가 결과:

(가) A모둠 평가 결과

		학생 1의 평가	
		잘함	미흡함
학생 2의 평가	잘함	21	8
	미흡함	2	19

(나) B모둠 평가 결과

		학생 3의 평가	
		잘함	미흡함
학생 4의 평가	잘함	8	15
	미흡함	22	5

(다) C모둠 평가 결과

		학생 5의 평가	
		잘함	미흡함
학생 6의 평가	잘함	11	13
	미흡함	14	12

(라) D모둠 평가 결과

		학생 7의 평가	
		잘함	미흡함
학생 8의 평가	잘함	18	8
	미흡함	10	14

① (가) > (나) > (라) > (다)   ② (가) > (라) > (다) > (나)
③ (나) > (다) > (라) > (가)   ④ (다) > (라) > (나) > (가)
⑤ (라) > (다) > (가) > (나)

11. 다음은 김 교사와 류 교사가 ○○중학교 '학교 스포츠클럽의 교육적 효과'를 검증하기 위해 나눈 대화이다. (가)~(마)에 대한 설명으로 옳은 것만을 <보기>에서 있는 대로 고른 것은?   '13. 기출

> 김 교사: 학교 스포츠클럽이 활성화되니 학생들 얼굴이 밝아 보여서 좋아요.
> 류 교사: 그럼요, 학교는 학생들이 신체 활동을 할 수 있는 좋은 공간이잖아요.
> 김 교사: 체육 활동이 성적뿐만 아니라 인성에도 좋은 영향을 미친다는데 우리 학교도 확인해 보면 좋을 것 같아요.
> 류 교사: 좋은 생각이네요. 우선 (가) <u>현재 학교 스포츠클럽에 참가하는 학생들과 참가하지 않는 학생들을 두 집단으로 구분하여 자료를 수집하는 것이</u> 어떨까요?
> 김 교사: 한 집단에 30명씩 배정하도록 하죠. 인성은 어떻게 측정할 수 있죠?
> 류 교사: (나) <u>5점 리커트(Likert) 척도</u>로 구성되어 있는 인성 검사 도구가 저에게 있어요.
> 김 교사: 그럼 (다) <u>연구 가설</u>은 '학교 스포츠클럽의 참가 여부에 따라 인성은 차이가 있을 것이다.'로 하면 되겠네요.
> 류 교사: (라) <u>유의도 수준</u>은 5%로 설정하여 검증하면 될 것 같아요. 분석 방법은 어떻게 할까요?
> 김 교사: (마) <u>두 집단 간 인성 차이를 분석할 수 있는 방법</u>을 적용하면 될 듯합니다. 좋은 프로젝트가 되겠군요.

─────────────< 보 기 >─────────────
ㄱ. (가)는 단순 무선 배정을 계획하고 있다.
ㄴ. (나)는 비율 척도이므로 가감승제가 가능하다.
ㄷ. (다)는 양방 검증의 가설을 수립하고 있다.
ㄹ. (라)는 제1종 오류 수준을 의미한다.
ㅁ. (마)는 종속(또는 대응) 표본(paired sample) t-검정을 적용하여 분석한다.

① ㄷ, ㄹ ② ㄹ, ㅁ ③ ㄱ, ㄴ, ㄷ
④ ㄴ, ㄷ, ㄹ ⑤ ㄷ, ㄹ, ㅁ

12. 교사와 김○○이 학교 스포츠클럽 농구팀의 코트 위치별 득점을 주제로 나눈 대화이다. <보기>의 그래프에 대한 김○○의 분석으로 옳지 <u>않은</u> 것은? '13. 기출

교 사: 그동안 우리 팀 전적이 어떻게 되니?
김○○: 20게임 치렀는데 13승 7패입니다. 그런데 우리 팀의 득점이 주로 어느 위치에서 이루어졌는지 알 수 있나요?
교 사: 그럼, 알 수 있지. 코트의 득점 위치를 구분해서 x축에 위치별 득점을, y축에 전체 득점을 놓고 위치별 득점과 전체 득점 간의 상관계수를 산출하면 알 수 있어.
김○○: 코트를 좌측과 우측으로 나누고 득점을 2점과 3점으로 구분해서 분석하겠습니다.

─〈보 기〉─

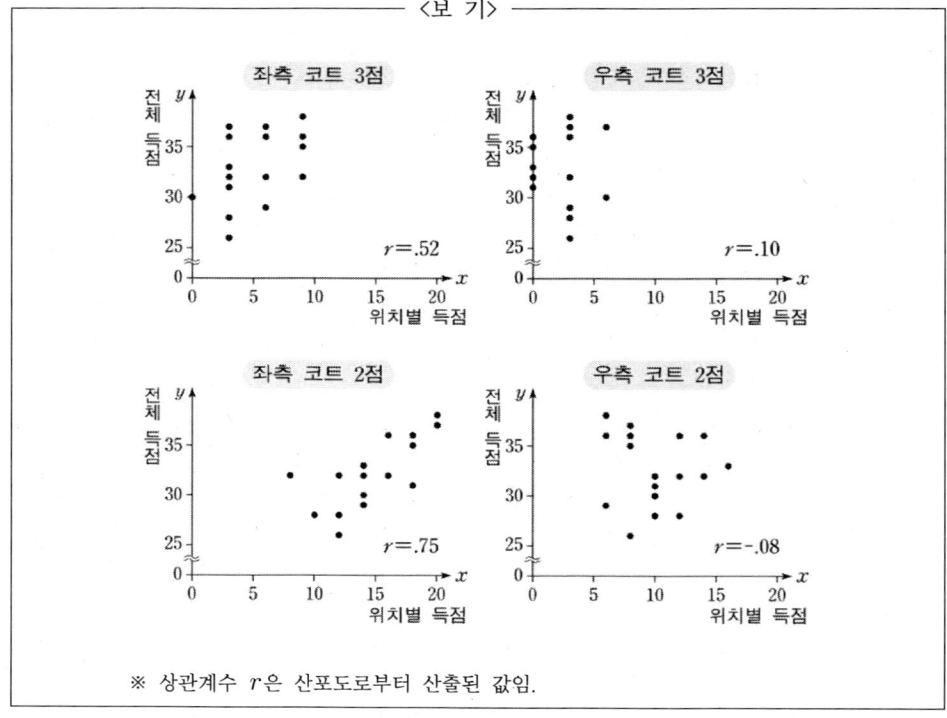

※ 상관계수 r은 산포도로부터 산출된 값임.

① 좌측 코트 3점 득점과 전체 득점은 52% 관련되어 있다.
② 좌측 코트 3점 득점은 전체 득점과 정적 상관이 있다.
③ 좌측 코트 2점 득점이 네 개의 코트 중에서 전체 득점과 상관이 가장 높다.
④ 좌측 코트 2점 득점이 많을수록 전체 득점이 많은 경향이 있다.
⑤ 우측 코트 2점 득점과 우측 코트 3점 득점은 전체 득점과 상관이 매우 낮다.

13. 한국중학교 체육 교과 협의록의 일부이다. (가)와 (나)에 알맞은 검증방법을 <보기>와 옳게 연결한 것은? '12. 기출

```
체육 교과 협의록                    참석자 : 김 교사, 이 교사, 박 교사

• 배경
  - 학생들의 건강 개선을 위한 신체 활동 기초 자료를 확보하고자 함.
  - 보행 계수기(만보기)를 착용시켜 자료를 수집하고자 함.
• 안건
  - 보행 계수기 구입건 및 타당도 분석 방법 토의
• 논의 결과
  - 보행 계수기의 타당도를 확인한 후, 일괄 구매하기로 결정함.
  - 내용 타당도, (가)공인 타당도, (나)예언 타당도 측면에서 검증함.
```

―――― <보 기> ――――
ㄱ. 보행 계수기를 새로운 상황에서 적용할 때 일반화할 수 있는 근거를 확보하기 위하여 메타적 분석을 적용함. 측정 조건, 유형, 시기 등에서 도구의 타당도를 확인함.
ㄴ. 관련 분야의 전문가 의견을 구하여 보행 계수기의 측정 원리가 중학생들의 신체 활동량을 측정하려는 목적에 적합한지를 검토함.
ㄷ. 동일 시점에서 수집한 보행 계수기 자료와 준거 검사로서 호흡 가스 분석기 자료의 상관을 통해 보행 계수기가 신체 활동량을 측정하기에 타당한지를 확인함.
ㄹ. 학생들의 보행수와 신체 활동 에너지 소비량 간의 높은 상관 계수를 바탕으로 보행수 자료를 수집하여 신체 활동 에너지 소비량을 추정함.

	(가)	(나)		(가)	(나)
①	ㄱ	ㄴ	②	ㄱ	ㄹ
③	ㄴ	ㄱ	④	ㄷ	ㄱ
⑤	ㄷ	ㄹ			

14. <보기>의 대화 내용에 비추어 보고서에 나타난 두 학생의 '(가)훌륭한 스포츠 행동'에 관한 기록이 서로 다른 이유로 옳은 것은?

'12. 기출

모둠 활동 보고서
〈모둠명:스마트〉   모둠장: 최○○

모둠 활동 내용
'울트라 모둠'과 '2PM짱 모둠'이 농구 경기를 하는데 기록을 포함한 모든 운영을 우리 모둠이 맡음.

〈창환이의 기록지〉

이름	득점	반칙	(가)훌륭한 스포츠 행동
은정	2	0	3회
정남	0	1	1회
혜리	1	0	3회
은혜	0	1	2회

〈재흥이의 기록지〉

이름	득점	반칙	(가)훌륭한 스포츠 행동
은정	2	0	1회
정남	0	1	1회
혜리	1	0	0회
은혜	0	1	1회

───〈보 기〉───

창환 : 재흥아! 네가 기록한 '훌륭한 스포츠 행동'의 횟수가 나랑 완전히 다르네! 난 정확하게 기록했는데 왜 이럴까?
재흥 : 넌 '훌륭한 스포츠 행동'이 뭐라고 생각하니?
창환 : 우리 팀, 상대 팀 할 것 없이 모든 선수들을 격려하고 배려하는 행동으로 보고, 그때마다 기록했어.
재흥 : 난 경기 중에 넘어진 상대 선수를 일으켜 세워 주는 것과 같이 상대 팀에게 스포츠맨십을 발휘하는 행동으로 봤는데…….

① 두 학생이 변인을 질적으로 기록하고 있기 때문이다.
② 두 학생이 서로 다른 리커트 척도를 사용하고 있기 때문이다.
③ 두 학생이 변인을 서로 다르게 정의하고 있기 때문이다.
④ 두 학생이 서로 다른 측정 척도를 사용하고 있기 때문이다.
⑤ 두 학생 간 높은 객관도 수준에서 변인을 기록하고 있기 때문이다.

15. 다음은 김 교사가 제안하는 여자 축구팀 선발 원칙이다. 김 교사의 원칙에 따라 <보기>에 제시한 학생들의 선발 여부를 옳게 결정한 것은? [2.5점]   '12. 기출

<축구팀 선발 원칙>
☑ 체력 검사 항목으로 심폐 지구력과 민첩성을 선정
☑ 왕복 오래달리기, 사이드 스텝 검사 실시

모집단 특성	평균	표준편차
왕복 오래달리기(회)	55	5
사이드 스텝(회)	34	3

(단, 정상 분포를 가정함.)

"두 검사에서 모두 상위 2.5% 이상에 해당하는 학생을 선발합니다."

―<보 기>―

개인 측정 결과	은희	지숙	유리	은혜
왕복 오래달리기(회)	68	66	67	70
사이드 스텝(회)	44	41	47	42

① 은희, 지숙, 유리, 은혜 모두 선발
② 은희, 유리, 은혜는 선발, 지숙은 탈락
③ 은혜와 은희는 선발, 유리와 지숙은 탈락
④ 유리와 은희는 선발, 은혜와 지숙은 탈락
⑤ 유리와 은혜는 선발, 은희와 지숙은 탈락

16. 다음은 중학생 2명이 400m 달리기와 10km 마라톤에 참가한 상황이다. [30점]

'11. 2차

─── <상황 1> ───

○ 박미선 학생은 육상 대회의 400m 달리기 경기에서 전력을 다하여 달렸다. 달리기 직후 근육 피로를 느꼈으며 이틀이 지난 후, 그 통증이 최고조에 도달하였다.

─── <보 기> ───

○ 강조상 학생은 10 km 마라톤 경기에서 최선을 다해 달렸다. 달릴수록 전신 피로감은 높아져 갔으며 완주 후에는 근육 피로와 함께 탈진 상태에 이르렀다. 마라톤 경기를 마친 후에도 근육 통증은 지속되었으며, 이틀이 지난 후, 그 통증이 최고조에 도달하였다.

─── <보 기> ───

○ 최 교사는 근육 피로가 쌓이면 400 m를 달릴 때 무릎을 당기는 순간 무릎 각도가 커질 것으로 생각하고, 박미선 학생의 무릎 각도의 차이가 나타나는 시점 확인을 위해 100m, 150m, 300m 지점의 중간 질주에서 시간 간격을 두고 무릎 각도를 20회 측정하였다.

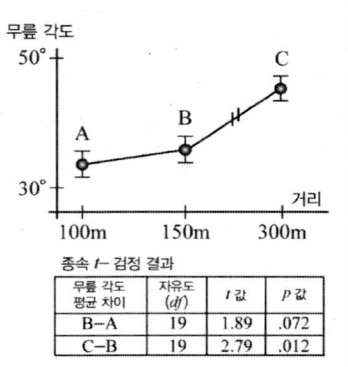

종속 t-검정 결과

무릎 각도 평균 차이	자유도 (df)	t값	p값
B−A	19	1.89	.072
C−B	19	2.79	.012

16-1. <상황 1>과 <상황 2>의 운동에서 동원되는 주에너지 시스템을 비교하여 설명하고, <상황 1>과 <상황 2>에서 경기 종료 이틀 후 공통적으로 나타나는 근통증의 발생 과정을 설명하시오. 또한 최대 운동후 근육 피로에 관한 재검사(test-retest) 신뢰도를 확인하려고 할 때 가장 중요하게 고려해야 할 요인을 <상황 1> 또는 <상황 2>와 연관시켜 기술하시오. [18점]

16-2. <상황 1>과 <상황 2>의 중간 질주에서 무릎을 당기는 순간의 다리 동작을 비교할 때, <상황 1>에서 무릎 관절의 각도를 더 좁혀야 하는 이유를 운동 역학적 원리로 설명하시오. 그리고 <상황 3>에서 '100m와 150m 지점의 중간 질주에서 무릎 각도의 차이'가 통계적으로 유의미한지를 확인하기 위한 영가설, 대립가설, 유의도 수준을 설정하고 t-검정 결과를 해석하시오. [12점]

17. 그래프는 김 교사와 정 교사가 3회에 걸쳐 실시한 체육 지필 평가의 결과를 보여 준다. 김 교사 시험의 난이도와 변별도를 정 교사 시험과 비교한 것으로 옳은 것은? (단, 4집단 간 표준편차와 모든 평가 시기 전 두 교사의 학생 간 학습 능력은 동일함.)

'11. 기출

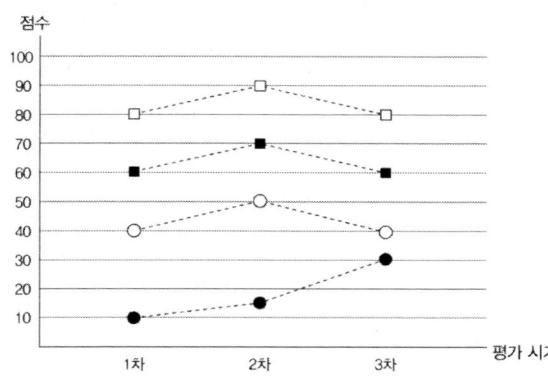

① 김 교사 시험이 항상 더 어렵다.
② 김 교사 시험의 변별력이 항상 더 작다.
③ 1차 시험에서 김 교사 시험이 더 어렵다.
④ 2차 시험에서 김 교사 시험의 변별력이 더 크다.
⑤ 3차 시험에서 김 교사 시험의 변별력이 더 크다.

18. 그림은 체육교사가 농구 수업에서 사용한 과제 카드이다. 이 카드에 근거하여 평가 내용을 바르게 선택한 교사는?   '11. 기출

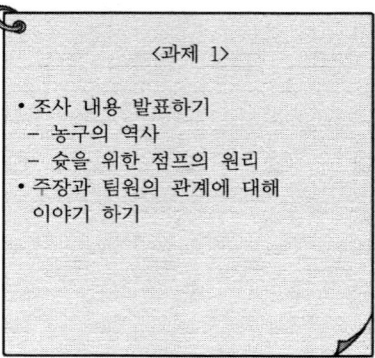
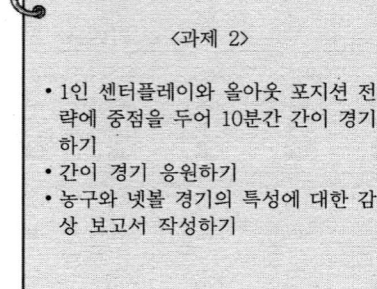

교사 \ 평가 내용	농구의 과학적 원리	농구 경기의 전략	경기 감상 능력	경기 분석 능력	리더십과 팔로우십
① 김 교사	○	○	○	○	○
② 박 교사	×	○	○	○	×
③ 이 교사	○	○	○	×	×
④ 최 교사	○	○	○	×	○
⑤ 유 교사	○	○	×	○	○

※ 평가 내용의 선택: ○, 비선택: ×

19. 다음은 배구 수업에서 평가를 받은 학생들의 대화이다. 대화를 토대로 철수의 선생님이 실시한 평가의 문제점을 바르게 지적한 것은? [2.5점]   '11. 기출

> 영 희: 난 이번 체육 시험에서 생각보다 높은 점수를 받아서 기분이 좋아. 선생님이 3월에 나누어 주신 평가 기준 봤지? 배구 경기에 대한 이해, 기본 기능, 경기 능력이 평가 내용에 포함되었더라.
> 철 수: 그 기준은 나도 알지. 그런데 난 수업 중 시합을 할 때는 패스와 서브를 모두 성공했는데, 지난 월요일과 수요일 수업 중 시험에서는 서브 15개 중에 8개만 성공했어. 15개가 최고 점수 기준인데 공이 정해진 구역을 7번이나 벗어나 버렸어. 그래서 점수가 낮아.
> 영 희: 저런, 속상했겠다. 넌 경기를 참 잘하는데 시험 때는 실력 발휘를 제대로 못했구나.
> 철 수: 응. 실수를 많이 했어. 어제 수업 시간 중 시합에서도 패스와 서브 실력을 제대로 발휘했는데 점수에 반영 되지 않아 아쉬워. 다음 수업 중 시험에서는 서브를 꼭 최소한 13개 이상 성공해서 높은 점수를 받고 싶어.

① 형성 평가를 실시하지 않고 총괄 평가를 실시하였다.
② 양적 평가를 실시하지 않고 질적 평가를 실시하였다.
③ 평가 계획표를 미리 작성하지 않고 실기 평가를 실시하였다.
④ 준거 지향 평가를 실시하지 않고 규준 지향 평가를 실시하였다.
⑤ 실기 수행 능력의 실제성을 고려하지 않고 평가를 실시하였다.

20. 다음은 김 교사가 36명을 무선(random)으로 선정한 후 제자리 멀리뛰기를 실시하여 얻은 결과이다. 성별과 운동 참여 여부가 기록에 미치는 영향을 알아보기 위하여 실시하는 통계분석에 대한 설명으로 옳은 것은? (단, 변량분석을 위한 기본 가정들이 모두 충족되었음.)   '11. 기출

(단위 : cm)

	운동 참여	운동 비참여
남학생	230, 205, 240, 220, 198, 260, 235, 238, 215	201, 198, 176, 185, 192, 220, 195, 198, 190
여학생	180, 169, 202, 178, 182, 185, 185, 178, 190	160, 172, 154, 168, 172, 152, 164, 158, 162

① 독립변인의 요인(factor)은 4개이다.
② 종속변인의 척도 수준은 서열척도이다.
③ 분석을 위하여 모수(parametric) 통계기법을 이용한다.
④ 평균 차이 검증을 위하여 기술통계(descriptive statistics)를 실시한다.
⑤ 독립변인의 상호 작용 효과를 일원변량분석(one-way ANOVA)으로 검증한다.

21. 다음은 홍 교사가 작성한 평가 일지 중 일부이다. 2007년 개정 체육과 교육과정의 평가 방향에 의거할 때, 홍교사의 고민을 해결할 수 있는 방안만을 <보기>에서 모두 고른 것은? [1.5점]

'11. 기출

```
2011년 5월 12일    야구   7/15차시   2학년 10반

 야구 수업에서 학생들이 자신의 포지션에 대한 역할 수행을
하는데 있어서 어느 정도의 책임감을 가지고 있는지 평가하는
것은 어렵다. 출석여부, 복장 상태, 수업 준비물을 체크리스트로
평가하는 기존 방식만으로는 한계를 느낀다. 자신의 포지션별
역할에 대한 책임감을 바르게 이해하고, 이를 어떻게 실천하고
있는지 좀 더 다양하게 평가하려면 무엇을 고려해야 할지 고민
이다.
```

─── <보 기> ───
ㄱ. 책임감의 실천 태도를 평가하기 위해 상호 평가를 추가한다.
ㄴ. 책임감의 실천 과정을 스스로 평가하기 위한 자기 평가지를 추가한다.
ㄷ. 책임감의 실천 결과를 평가하기 위해 보고서를 추가한다.
ㄹ. 포지션별 역할 수행에 대한 이해력을 평가하기 위해 지필 검사를 추가한다.

① ㄱ, ㄴ 　② ㄱ, ㄷ 　③ ㄱ, ㄴ, ㄹ
④ ㄴ, ㄷ, ㄹ 　⑤ ㄱ, ㄴ, ㄷ, ㄹ

22. <보기>는 체육 측정에서 얻어진 자료에 관한 설명이다. 척도(scale)의 속성을 바르게 적용한 것을 고른 것은?   '10. 기출

―――――――――――― <보 기> ――――――――――――
ㄱ. 50 m달리기에서 1등과 5등의 달리기 능력 차이는 11등과 15등의 차이와 같다.
ㄴ. 표준화된 시합불안검사에서 25점과 20점의 차이는 15점과 10점의 차이와 같다.
ㄷ. 오래달리기걷기 기록이 5분에서 4분 30초로 줄면 기록이 10% 단축된 것이다.
ㄹ. 축구 포지션을 공격 1, 수비 2로 코딩했을 때 포지션의 평균은 1.5이다.

① ㄱ, ㄴ   ② ㄱ, ㄷ   ③ ㄴ, ㄷ
④ ㄴ, ㄹ   ⑤ ㄷ, ㄹ

23. 다음은 한 학생의 3 종목 체력 점수를 학급 평균과 비교한 자료이다. 이 자료를 <u>잘못</u> 해석한 것은?   '10. 기출

종목	기록	학급 평균	표준편차	T점수
오래달리기걷기(초)	510	510	120	50
앉아윗몸앞으로굽히기(cm)	15	12	6	55
제자리멀리뛰기(cm)	260	210	50	60

① 3 종목 중 상대적으로 잘한 종목은 제자리멀리뛰기이다.
② 백분위 점수로는 제자리멀리뛰기가 가장 높다.
③ 이 학생의 3 종목 체력 점수는 학급에서 중간 이상이다.
④ Z점수로 가장 높은 점수를 받은 종목은 제자리멀리뛰기이다.
⑤ 학급의 학생 중 55%가 이 학생보다 앉아윗몸앞으로굽히기를 더 잘한다.

24. 다음은 중학교 남자 선수와 일반 학생을 무선 표집하여 높이 뛰기 도약 시 신체 중심의 가속도를 비교한 자료이다. (가)는 두 집단의 차이를 알아보기 위해 유의수준 5%에서 t-검정을 한 결과이며, (나)는 가속도와 시간의 관계를 나타낸 것이다. 이에 대한 설명으로 옳지 않은 것은? (단, 두 집단의 신장과 몸의 질량은 동일하다고 가정함)

'10. 기출

(가)

집단	평균	표준편차	t값	p
선수(n=10)	48.0	2.49	7.963	0.001
일반 학생(n=10)	29.2	10.92		

(나)

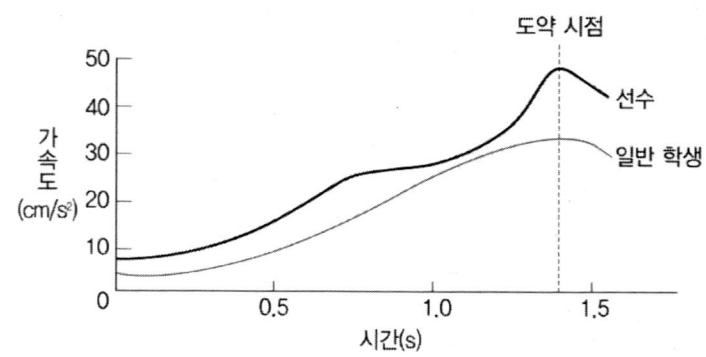

※ 도약 시 가속도 변화(각 집단 1인)

① 두 집단의 가속도는 통계적으로 유의한 차이가 있다.
② 가속도가 증가하면 파워도 증가한다.
③ 두 집단 간 t-검정은 동분산 가정의 성립 여부에 따라 t값이 달라질 수 있다.
④ 가속도에 대한 양측검정의 대립가설은 "두 집단의 가속도는 차이가 있다"이다.
⑤ (가)의 결과를 얻기 위한 올바른 통계 기법은 대응표본 t-검정(paired t-test)이다.

25. 다음은 김 교사가 실시한 체육과 평가의 일부와 평가에 대한 학생들의 문제 제기 내용이다. 여기에 나타난 학생 평가의 문제점을 가장 잘 지적한 것은?   '09. 기출

교수학습 목표	체조의 매트운동 단원에서 회전운동의 과학적 원리를 이해할 수 있다.
교수학습 활동	○ 교사는 체육교과서에 있는 내용을 요약 및 정리하여 유인물을 제작하고 학생들에게 배포하였다. 요약한 유인물의 내용은 수업시간에 다루지 않았다. ○ 학생은 교사가 배부한 유인물을 토대로 스스로 공부하여 시험을 준비하였다.
평가	5지 선다형 지필평가
문제제기 내용	"유인물에 요약되어 있어도 선생님께서 가르쳐주지 않아서 문제를 잘 풀지 못했습니다. 왜 지필평가는 수업시간에 가르쳐 주지 않고 매번 유인물만 외워서 시험을 치러야 하나요?"

① 과제 중심의 수행 평가 방법을 적용하여야 한다.
② 선다형 지필평가로 회전운동의 과학적 원리를 평가하는 것은 타당도가 떨어진다.
③ 이론수업에서 다루지 않은 내용을 평가하는 것은 평가의 타당도를 저하시킨다.
④ 유인물의 내용을 지필평가에서 다루지 않을 때는 평가의 신뢰도가 저하된다.
⑤ 학교에서 이론수업이 정상적으로 이루어지지 않는 것은 교사의 전문성 결여 때문이다.

26. 그림은 학생들의 성취도에 대한 교사들의 평가 결과이다. 평가 내용, 대상의 조건이 동일한 것으로 가정할 때 이에 대한 해석으로 옳지 <u>않은</u> 것은?   '09. 기출

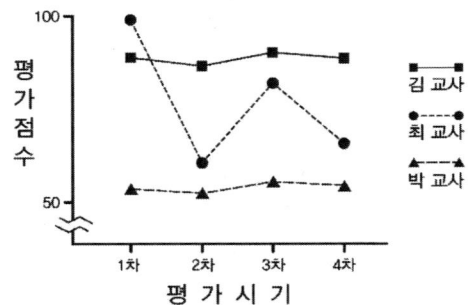

① 최 교사는 편파적 판정을 내릴 가능성이 높다.
② 박 교사는 성적을 낮게 부여하는 경향이 있다.
③ 김 교사와 박 교사는 평가의 일관성을 보여주고 있다.
④ 김 교사는 비교적 타당도가 높은 평가를 하고 있다.
⑤ 김 교사와 박 교사가 동일한 학년을 평가한다면 객관도 문제가 발생할 수 있다.

27. 그림은 과체중 및 비만의 평가와 체중조절 방법을 소개하는 지침서이다. 여기에 들어갈 내용으로 타당성이 낮은 것을 <보기>에서 모두 고른 것은?   '09. 기출

― <보 기> ―
ㄱ. 체질량지수 기준표
ㄴ. 심박수-산소섭취량 간 열량 환산표
ㄷ. 허리-엉덩이 비율 기준표
ㄹ. 왕복달리기 평가 기준표
ㅁ. 식품 열량 환산표
ㅂ. 전신반응 평가 기준표
ㅅ. 배근력 평가 기준표

① ㄴ, ㅂ, ㅅ
② ㄹ, ㅂ, ㅅ
③ ㄱ, ㄴ, ㄷ, ㅁ
④ ㄷ, ㄹ, ㅂ, ㅅ
⑤ ㄴ, ㄷ, ㄹ, ㅁ, ㅅ

28. 다음은 농구 수업에서 학생들이 게임을 할 때 보여 주는 기술과 전술에 대한 의사 결정 정도를 평가하기 위한 도구이다. 교사가 평가 준거(criterion) 요소를 결정할 때 가장 중요하게 고려해야 할 것은? [2.5점]   '09. 기출

평가 준거 학생	공격		방어		패스		의사결정	
	효과적	비효과적	효과적	비효과적	효과적	비효과적	적절	부적절
철수	√√√	√	√√√	√	√√√√	√	√√√√	√
현식	√		√√	√	√√	√		√
영철	√√√√	√√	√√√	√√	√√√	√√	√√√	√√
⋮	⋮	⋮	⋮	⋮	⋮	⋮	⋮	⋮

① 전술게임모형에서 제시하고 있는 준거
② 기존에 개발된 게임수행평가도구(GPAI)
③ 측정의 신뢰도를 높일 수 있는 평가 내용
④ 교사가 수업에서 학생들에게 지도할 내용
⑤ 개인차를 확실히 구분 지을 수 있는 상대평가 내용

29. 다음은 김 교사가 학기 초에 실시한 운동 기능 진단 검사의 결과이다.

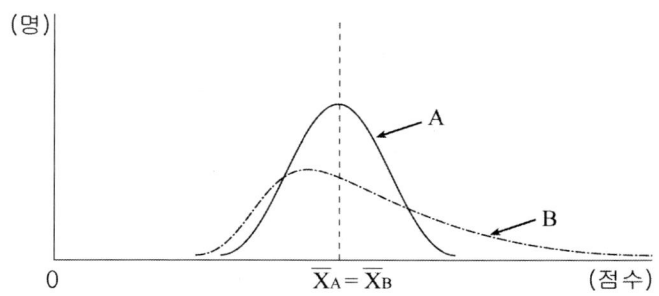

A와 B 학급의 검사 결과를 평균치, 표준편차, 편포를 이용하여 1줄로 비교 설명하시오. 그리고 이 결과를 토대로 수준별 수업이 더 필요한 학급을 쓰고, 그 이유를 1줄로 설명하시오. [3점]

- 검사 결과 비교: _____
- 수준별 수업이 필요한 학급: _____
- 수준별 수업이 필요한 이유: _____

30. 다음은 3명의 교사가 학생들의 한국 무용 능력을 검사한 결과표이다. (단, 교사 3명은 서로 모르는 관계였고, 검사 시행 당일 간단한 평가 지침을 전달받고 검사에 임하였다.)

검사자 학생	박 교사	이 교사	최 교사
홍○○	45	35	57
이○○	56	55	43
김○○	35	56	46
⋮	⋮	⋮	⋮
⋮	⋮	⋮	⋮
정○○	34	32	54
박 교사와 이 교사의 검사 결과 상관 계수(r) = 0.25			
이 교사와 최 교사의 검사 결과 상관 계수(r) = 0.24			
박 교사와 최 교사의 검사 결과 상관 계수(r) = 0.18			

위의 결과를 토대로 이 검사에서 나타난 문제점을 1줄로 쓰고, 이와 같은 문제를 예방하기 위한 방법을 평가 기준과 검사자 측면에서 각각 1줄로 설명하시오. [3점] '08. 기출

• 문제점 _____
• 예방법 ① 평가 기준 측면: _____
   ② 검사자 측면: _____

31. 홍 교사와 최 교사는 배드민턴 수업을 실시하고, 학기 말에 다음과 같이 평가하였다.

홍 교사	평가 목적	• 학생들의 학습 목표 달성 여부를 파악하고, 이를 기초로 지도법을 개선하고자 한다.
	평가 방법	• 학습 목표에 비추어 교사가 작성한 평가 기준표에 따라 평가하였다. • 평가 기준 이상의 학생은 '성공'으로, 평가 기준 이하의 학생은 '실패'로 판정하였다.
최 교사	평가 목적	• 학생들의 운동 기능을 서열화하여 학업 성취도를 제고하고, 학급 대표 5명을 선발하고자 한다.
	평가 방법	• 전체 학생들을 대상으로 리그전을 실시하여 승률로 평가하였다. • 상위 5명을 학급 대표로 선발하였다.

홍 교사와 최 교사가 사용한 검사법의 명칭을 참조 준거에 따라 구분하여 쓰시오. 그리고 교육관과 학생들의 관계 측면에서, 2가지 검사법의 특징을 비교하여 각각 1줄로 설명하시오. [4점]   '08. 기출

• 홍 교사의 검사법: _____
• 최 교사의 검사법: _____
• 교육관 비교: 홍 교사 - _____ 최 교사 - _____
• 학생들의 관계 비교: 홍 교사 - _____ 최 교사 - _____

32. 다음은 강 교사가 '협동 학습 모형'을 활용하여 배구 단원을 지도한 후 작성한 단원 평가 결과표이다.

단 원 평 가 결 과 표

○학년 ○반

번호	평가내용 성명	지필 평가	수행평가				합계
		경기 규칙	패스 성공 횟수	스파이크 자세	출석	복장	
1	최○○	15	26	27	8	9	85
2	박○○	20	20	24	7	8	79

협동 학습 모형을 활용한 배구 단원에서 우선으로 고려해야 하는 평가 영역을 블룸(Bloom)의 목표 영역에 근거하여 쓰고, 이 모형과 관련하여 강 교사가 실시한 평가의 문제점을 위의 평가 결과표에서 찾아 2줄 이내로 설명하시오. 그리고 이 문제점과 관련된 타당도의 명칭을 쓰고, 이를 개선하기 위하여 평가 계획 시 작성해야 할 양식의 명칭을 쓰시오. [4점]

'08. 기출

- 평가 영역: _____
- 강 교사가 실시한 평가의 문제점: _____

- 타당도의 명칭: _____
- 평가 계획 시 작성해야 할 양식의 명칭: _____

33. 다음은 핸드볼 스탠딩 슛의 정확성을 평가하는 모습이다(단, 공과 목표물의 크기, 평가 횟수는 동일함).

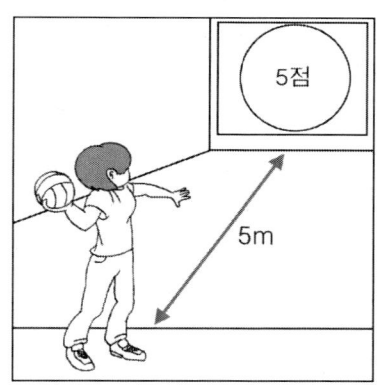
<그림 1> 손 교사의 평가 도구

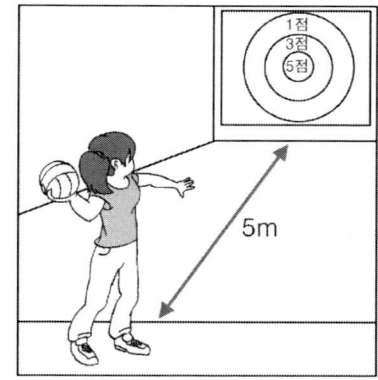
<그림 2> 유 교사의 평가 도구

손 교사와 유 교사가 사용한 평가 도구(목표물)의 차이점을 1줄로 쓰고, 손 교사의 평가 도구와 비교하여 유 교사가 사용한 평가 도구의 장점과 이 장점을 가장 잘 설명하는 평가 도구의 양호도 명칭을 쓰시오. [3점]   '07. 기출

- 두 평가 도구(목표물)의 차이점: _____
- 유 교사가 사용한 평가 도구의 장점: _____
       양호도 명칭: _____

34. 다음은 정 교사가 수립한 농구 단원 계획서(표 1)와 실제로 평가한 내용(표 2)이다.

<표 1> 정 교사의 단원 계획서

단원 목표	•레이업 슛의 방법을 이해할 수 있다. •레이업 슛을 정확하게 할 수 있다. •농구 경기를 통해 협동심을 기를 수 있다.	
중 략		
평가 내용 및 기준	레이업 슛	상	달려온 속도를 효율적으로 이용하고 레이업 슛을 성공한다.
		중	달려온 속도를 효율적으로 이용하지 못하고 레이업 슛을 성공한다.
		하	달려온 속도를 효율적으로 이용하지 못하고 레이업 슛을 성공하지 못 한다.

<표 2> 정 교사가 실제로 평가한 내용

평가 내용 및 기준	체스트 패스	상	무릎과 팔 동작이 정확하고 상대방에게 정확하게 패스한다.
		중	무릎과 팔 동작이 정확하나 상대방에게 부정확하게 패스한다.
		하	무릎과 팔 동작이 부정확하고 상대방에게 부정확하게 패스한다.

정 교사의 단원 계획서를 보고 정 교사가 실제로 평가한 내용의 문제점을 평가의 원리에 근거하여 3가지만 쓰시오. [3점]   '07. 기출

① _____
② _____
③ _____

35. 다음은 박 교사가 상호 평가를 활용하여 작성한 평가 결과표이다.

<표 1> 2005년도 탈춤 동작 평가 결과표

상호 평가자 평가 대상자	박○○	이○○	오○○	합계 점수	평균점수
최○○	8	10	6	8 +10 + 6 = 24	8점
유○○	4	6	8	4 + 6 + 8 = 18	6점
박○○	7	10	10	7 +10 +10 = 27	9점
이 하 생 략					

<표 2> 2006년도 탈춤 동작 평가 결과표

상호 평가자 평가 대상자	유○○	김○○	오○○	정○○	박○○	합계 점수	평균점수
홍○○	8	10	8	6	8	8 + 8 + 8 = 24	8점
고○○	4	6	7	8	9	6 + 7 + 8 = 21	7점
송○○	9	6	10	8	10	9 + 10 + 8 = 27	9점
이 하 생 략							

박 교사가 2006년도에 새롭게 도입한 평가 방법(또는 전략)을 2가지 쓰고, 박 교사가 이 방법(또는 전략)을 활용한 이유를 1줄로 설명하시오. [3점]   '07. 기출

• 평가 방법(전략): ① _____
　　　　　　　　　② _____
• 이유: _____

36. 다음은 김 교사가 2005년도와 2006년도에 실행한 농구 실기 평가이다.

<표 1> 2005년도 실기 평가

실기 평가 종목	평가 날짜	세부 평가 내용
농구	7 / 10	농구 자유투 성공 횟수

<표 2> 2006년도 실기 평가

실기 평가 종목	평가 날짜	세부 평가 내용
농구	6/ 5	체스트 패스와 바운드 패스의 동작과 정확도 1차 평가
	6/ 13	체스트 패스와 바운드 패스의 동작과 정확도 2차 평가
	6/ 20	자유투와 레이업 슛 동작과 성공 횟수 1차 평가
	6/ 27	자유투와 레이업 슛 동작과 성공 횟수 2차 평가
	7/ 3	농구 간이 게임에서의 패스와 슛 능력 평가
	7/ 10	농구 경기 수행 능력 평가

2005년도의 실기 평가와 비교하여 김 교사가 2006년도에 실행한 실기 평가의 특징과 장점을 각각 2가지씩 쓰시오. [2점]   '07. 기출

• 특징 ① _____
　　　② _____
• 장점 ① _____
　　　② _____

37. 체력 검사에서 상체(팔과 어깨 부위)의 근지구력을 측정할 때, 남학생(턱걸이)과 여학생(오래매달리기)의 검사 항목이 다른 이유를 2줄 이내로 설명하시오. [3점]

'06. 기출

38. 김 교사는 축구 기능 평정 척도(항목별 10점)를 제작하고, 타당도를 확인하기 위해 실험 설계법을 적용하여 다음과 같은 자료를 얻었다.

기능 검사 요인과 항목		실험 집단 (우수군) 합 점수 평균	비교 집단 (일반군) 합 점수 평균	평균의 동일성에 대한 t 검정		
				t	자유도	유의확률
드리블	•20m 직선 주로 스피드 드리블 •20m 지그재그 드리블(왼발, 오른발) •5m 방향 전환 드리블	24.37점	15.37점	12.29	58	.000
패스	•1 : 1 런닝 패스 •롱킥 패스 •논스톱 패스	17.97점	17.87점	.11	58	.911
슈팅	•20m 슈팅 •터닝 슛 •헤딩 슛	23.40점	14.70점	7.03	58	.000

위의 자료 분석 결과를 설명하고, 평정 척도 평가(분석 결과 해석)와 항목 수정 방향을 각각 2줄 이내로 쓰시오. [4점]

'06. 기출

• 분석결과: _____

• 평정 척도 평가(분석 결과 해석): _____

• 항목 수정 방향: _____

39. 박 교사는 중학교 2학년 농구 단원 평가 항목으로, 교사의 패스에 의한 레이업 슛 검사를 선정하였다. 검사 자체 영역, 검사 환경 영역에서 신뢰도에 영향을 미치는 요인 1가지와 그 이유를 1줄로 쓰시오. [3점] '06. 기출

영 역	요 인
수행자(학생)	개인의 능력, 소질, 동기, 검사일 컨디션, 사전 경험, 검사에 대한 기억, 피로 등
검사 자체(속성)	( )
검사 환경(조건)	( )
검사자(평가자)	검사에 대한 이해력, 친숙도, 검사 경험, 검사자 수 등

○ 검사 자체(속성)
  • 요인 : _____
  • 이유 : _____

○ 검사 환경(조건)
  • 요인 : _____
  • 이유 : _____

40. 다음 그림은 두 집단 ㉮, ㉯를 대상으로 얻은 윗몸일으키기 검사의 점수분포를 제시한 것이다. 이 때 두 분포는 점선을 중심으로 좌우 대칭이다. 두 집단간 윗몸일으키기 수준의 공통점과 차이점을 집중경향치(central tendency)와 변산도치(variability)의 관점에서 3줄 이내로 설명하시오. [2점] '05. 기출

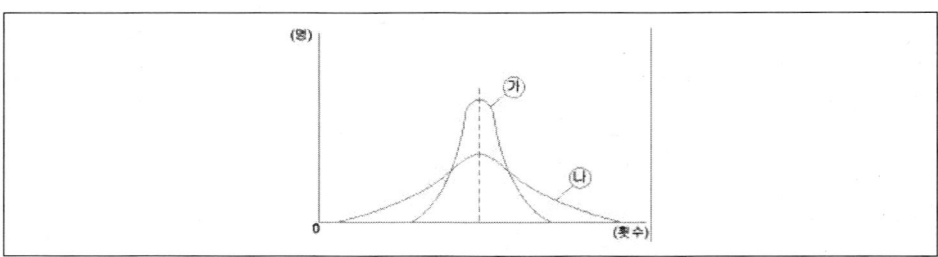

41. 50m 달리기 검사 중 다음과 같은 상황에서 오차들이 발생하였다. 각 오차들이 검사도구(50m 달리기)가 갖추어야할 도구적 특성에 미친 영향을 각각 1줄 이내로 설명하시오. [3점] '05. 기출

오차 상황 1	일부 학생들이 달릴 때 뒷바람이 강하게 불었다.
오차 상황 2	50m 달리기 검사를 모두 마친 후 실제 거리를 확인한 결과 49m 로 밝혀졌다.
오차 상황 3	기록 측정자인 교사가 일부 학생들이 골인 지점을 통과할 때 초시계를 조금 늦게 눌렀다.

• 오차 1의 영향 :

• 오차 2의 영향 :

• 오차 3의 영향 :

42. 김 교사는 수행평가를 적용하기 위하여 전통적인 배드민턴 쇼트서브 검사방법 (가)에 새로운 절차를 추가하여 검사방법 (나)를 개발하였다. (나)에 반영된 절차 ⓐ, ⓑ의 의미를 각각 1줄 이내로 설명하고, 이 의미들이 공통적으로 가지는 수행평가적 특징을 2가지만 2줄 이내로 기술하시오. [4점]

'05. 기출

(가) 전통적인 배드민턴 쇼트서브 검사
- A 서브 구역에서 B서브 구역으로 5회 쇼트서브를 실시한다.
- 서브가 네트를 넘지 못하면 0점으로 처리한다.
- 셔틀콕이 떨어진 지점에 해당하는 점수를 합산하여 배드민턴 기능 점수로 활용한다.

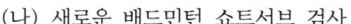

(나) 새로운 배드민턴 쇼트서브 검사
- A 서브 구역에서 B서브 구역으로 5회 쇼트서브를 실시한다.
- 서브가 네트를 넘지 못하면 0점으로 처리한다.
- ⓐ 보조선 (네트에서 50cm)과 네트 사이로 통과한 서브만 유효한 것으로 간주하고 보조선에 닿거나 위로 넘어가면 0점으로 처리한다.
- ⓑ 5점 지역에 가까운 미스지역(C지역)은 실패일지라도 1점을 부여한다.
- 셔틀콕이 떨어진 지점에 해당하는 점수를 합산하여 배드민턴 기능 점수로 활용한다.

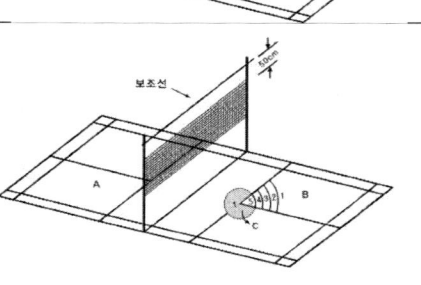

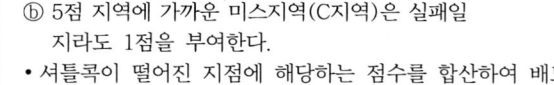

- ⓐ의 의미 :

- ⓑ의 의미 :

- 수행평가적 특징 :

43. 체육수업 중에 학생이 학습하는 과정을 관찰하면서 수행평가를 하고자 한다. 다음 질문에 답하시오. [총 4점]
'04. 기출

43-1. 측정하고자 하는 대상의 속성이나 능력을 의미하는 변인은 그 형태나 특성에 따라 4 가지 척도로 분류된다. 척도의 종류를 제시하고 척도에 따른 변인 (변수)의 예를 빈칸에 1가지만 쓰시오. (2점)

	척도의 종류	변인(변수)의 예
①		
②		
③		
④		

43-2. 체육수업에서 실시되는 수행평가에서는 다양한 평가기법을 사용하여 종합적인 평가가 이루어지도록 해야 한다. 평가기법을 평가주체에 따라 분류할 경우 ① ____와(과) ② ____로(으로) 구분할 수 있다. ①, ②에 알맞은 평가기법을 쓰시오. (2 점)

① ②

44. 정교사는 실제성(authenticity)을 강조하는 수행평가를 통해 학생들의 농구경기능력을 평가하고자 한다. 정교사 가 실시하고자 하는 44-1~44-4번 평가의 실제성을 AAHPERD 종합농구기능검사와 비교하여 '높다', '낮다'로 답하시오. (총 4점)
'03. 기출

AAHPERD 종합농구기능검사
슈팅검사, 패스검사, 드리블검사, 방어능력검사 등으로 구성된 종합농구기능검사

44-1. 10회 자유투 성공률을 평가한다. (1점)

44-2. 교사가 농구시합 중의 경기능력을 평가한다. (1점)

44-3. 동료 학생이 농구시합 중의 경기능력을 평가한다. (1점)

44-4. 12미터 떨어진 벽의 표적지를 향해 농구공을 던지는 과제를 이용하여 패스의 정확성을 평가한다. (1점)

45. 학생체력왕을 선발하기 위하여 1600미터달리기, 팔굽혀펴기, 제자리멀리뛰기, 50미터달리기, 앉아윗몸앞으로굽히기의 5개 항목으로 구성된 체력검사를 실시하였다. 5개 항목의 측정치를 합산하여 종합체력점수를 산출하려고 한다. 다음 질문에 답하시오. (총 4점) '03. 기출

45-1. 측정치의 원점수를 직접 합산할 수 없는 이유를 설명하시오. (2점)

45-2. 각 항목의 측정치를 합산하기 위한 가장 합리적인 방법을 쓰시오. (2점)

46. 운동능력보다는 건강을 강조하는 건강관련체력검사를 개발하고자 한다. 다음 질문에 답하시오. (총 4점) '03. 기출

46-1. 최우선적으로 포함시켜야 할 체력 요인을 1가지만 쓰시오. (1점)

46-2. 각 검사항목과 준거검사의 상관계수로 추정하는 타당도의 명칭을 쓰시오. (1점)

46-3. 건강관련체력검사의 결과를 사용하여 개인의 건강상태를 평가하고자 한다. 준거에 따른 분류에 기초하여 가장 타당한 평가방법을 쓰시오. (2점)

47. 윤교사는 2원분류표를 이용하여 체계적으로 축구 단원을 평가하고자 한다. 다음과 같이 2원분류표를 작성할 때 ①, ②에 해당하는 차원의 명칭을 쓰시오. (총 2점)

'03. 기출

① ／ ②		지식	기능	태도
축구	드리블	%	%	%
	패스	%	%	%
	슛	%	%	%
	경기	%	%	%

①
②

48. 검사도구의 양호도를 나타내는 두 가지 기준은 신뢰도와 타당도이다. 신뢰도의 개념을 설명하고, 체력검사에서 사용할 수 있는 가장 적절한 신뢰도 추정법의 명칭과 그 방법을 설명하시오. (4점)

'02. 기출

① 신뢰도의 개념(2점): _____

② 신뢰도 추정법의 명칭(1점): _____
③ 신뢰도 추정법에 대한 설명(1점): _____

49. 학교체육평가의 새로운 경향인 준거지향검사(절대평가)는 규준지향검사(상대평가)가 갖는 교육적 문제점을 극복할 수 있는 장점을 가지고 있다. 규준지향검사와 비교하여 준거지향검사의 장점을 2가지만 설명하시오. (4점)

'02. 기출

①

②

중등체육
임용고사
기출문제집

인문과학편

04 체육교수법
05 체육교육과정
06 스포츠심리학 및 운동학습
07 스포츠사회학
08 체육사·철학
09 보건

인문과학편

중등체육임용고사 기출문제집

04

체육교수법

1. 다음의 (가)는 박 교사가 동작 도전 단원을 지도하며 기록한 수업 반성 일지이고, (나)는 전통 표현 단원에서 메츨러(M. Metzler)의 동료 교수 모형을 적용하여 작성한 단원 계획서의 일부이다. <작성 방법>에 따라 논술하시오. [10점]   '17 기출

(가) 박 교사의 수업 반성 일지

> 2016년 ○월 ○일
> 마루 운동은 학생들이 어렵고 익숙하지 않은 동작을 배워야 하기 때문에 교사의 세심한 지도가 필요하다. 그래서 나는 ㉠ 직접 교수 모형의 방식으로 모든 학생들에게 개별 지도를 충실하게 하려고 노력했지만, 단원을 마칠 때까지 개별적인 지도가 잘 이루어지지 않았다. 학생 수가 너무 많아 나 혼자 모든 학생을 일일이 지도하는 것이 생각보다 힘들었다. 전통 표현 단원에서는 이를 해결할 수 있는 방법을 찾아야 하는데….

(나) 전통 표현 단원 계획서의 일부

> <단원 계획서>
>
> ○ 영역: 표현(전통 표현)   ○ 신체 활동: 우리나라의 전통 무용(탈춤)
> ○ 대상: 1학년   ○ 총시수: 12차시   ○ 장소: 무용실
> ○ 교수·학습 방법
>   1) 내용 선정: 교사가 학습 내용과 평가 기준 목록을 전달하면, 개인교사(tutor)는 학습 과제의 순서를 정한다.
>   2) 수업 운영: 교사가 운영 계획과 수업 규칙을 정하고, 개인교사는 연습 장소를 정하고 학습자를 안내한다.
>   3) 참여 형태: ㉡ 학생들이 개인교사, 학습자의 역할을 할 수 있도록 2인 1조로 짝을 구성하며, 인원이 짝수가 안 될 때는 3인 1조로 구성한다.
>   4) 학습 진도: 교사가 학습자의 연습 시작과 지속 시간을 결정한다.
>   5) 상호 작용: ㉢ 교사는 개인교사와 상호 작용하며, 개인교사와 학습자의 상호 작용을 관리한다.
> … (하략) …

──── <작성 방법> ────

○ 서론, 본론, 결론의 형식을 갖추되, 본론은 다음 4가지를 포함하여 논술하고, 서론과 결론은 본론과 연계성을 갖도록 제시할 것.
○ 밑줄 친 ㉠을 해결할 수 있는 동료 교수 모형의 장점을 제시할 것.
○ 단원 계획서의 '교수·학습 방법'에서 메츨러(M. Metzler)의 동료 교수 모형의 수업 주도성 특성과 다른 2가지를 찾아 바르게 제시할 것.
○ 밑줄 친 ㉡처럼 짝을 만들 때, 링크(J. Rink)가 제시한 또래 교수(peer teaching) 전략에서 과제 전달 효과를 높이기 위해 주로 활용하는 짝 구성 방법을 쓰고, 모스턴(M. Mosston)의 상호 학습형 스타일에서 짝과의 의사소통 발달을 위해 수업 초기에 활용하는 짝 구성 방법과 사회적 발달을 촉진하기 위해 활용하는 짝 구성 방법을 각각 제시할 것.
○ 밑줄 친 ㉢의 방식 2가지를 수업의 주도성을 고려하여 구체적으로 제시할 것.

2. 다음은 영역형 경쟁 단원 농구 수업에서 최 교사와 학생들이 나눈 대화 내용이다. 메츨러(M. Metzler)가 제시한 분류에 근거하여, 밑줄 친 ㉠에 해당하는 질문의 유형을 쓰고, 밑줄 친 ㉡에 해당 하는 피드백의 유형을 제공자 차원에서 쓰시오. [2점]   '17 기출

> 최 교사 : 이번 시간에는 농구의 공격법 중의 하나인 속공을 배우겠습니다. 속공은 상대팀이 수비 대형을 갖추기 전에 빠르게 공격하는 것을 의미합니다. 속공을 할 때 공을 가진 선수는 기본적으로 무엇을 해야 할까요?
> 은　영 : 자기 팀 선수의 위치와 상대팀 선수의 위치를 확인해야 합니다.
> 최 교사 : ㉠ 그러면 수비 리바운드를 잡은 후 속공하는 방법에는 어떤 것들이 있을까요?
> 성　훈 : 긴 패스로 연결하여 골밑 슛을 하거나, 빠른 드리블로 돌파하여 레이업 슛을 할 수도 있습니다.
> 최 교사 : 그렇습니다. 빠른 공격을 위해서는 긴 패스나 드리블 돌파로 슛까지 연결할 수 있습니다. 그러면 지금부터 긴 패스를 받아 레이업 슛으로 연결하는 속공법을 연습해 보겠습니다.
> … (중략) …
> 최 교사 : ㉡ (경희의 레이업 슛 동작을 관찰한 후) 슛을 할 때 팔꿈치가 많이 굽혀지는구나. 팔꿈치를 쭉 펴면서 다시 한 번 슛을 해 보자.
> 경　희 : 선생님, 팔꿈치를 쭉 펴니까 골이 더 잘 들어가요.

3. 다음은 김 교사가 그리핀(L. Griffin), 미첼(S. Mitchell), 오슬린(J. Oslin)의 게임 수행 평가도구(GPAI)를 활용하여 학생들의 축구 경기 수행 능력을 평가한 결과이다. 밑줄 친 ㉠, ㉡의 순위별 학생 이름을 순서대로 각각 쓰시오. [2점]   '17 기출

축구 경기 수행 능력 평가표

이름\구분	의사 결정		기술 실행		보조	
	적절함	부적절함	효율적임	비효율적임	적절함	부적절함
민서	///	//	///	/	///	//
선욱	////	///	//	///	///	///
정민	///	/	///	////	////	////

※ '/'과 '−'는 횟수를 의미함.

순위표

구분\순위	1위	2위	3위
㉠ 게임 참여 점수			
㉡ 게임 수행 점수			

4. 다음은 체육 교사들의 대화이다. 모형 중심 체육 수업 관점에 근거하여 <작성 방법>에 따라 박 교사와 정 교사의 교수·학습 방법 설계의 문제점과 해결 방안을 논하시오. [10점]

'16 기출

> 김 교사 : 축구 수업에서 체육 수업 모형을 하나 선택해서 적용 해 보려 합니다. 선생님들의 생각은 어떠세요?
>
> 박 교사 : 뭘 그렇게 복잡하게 가르치려 해요. 축구 수업을 하는 순서는 대개 정해져 있어요. 드리블, 패스, 슛 등과 같은 기초 기능을 순서대로 가르치고, 학생들의 기능 수준이 어느 정도 되면 경기하는 식으로 수업을 전개하면 돼요. 그리고 한 차시 수업에서는 시범을 정확하게 보이고, 학생들을 연습시키면 돼요. 저는 이를 다른 수업에도 적용하고 있어요. 선생님도 이런 방식으로 수업해 보세요. 몇 번 가르치다 보면, '아! 이렇게 가르치면 어떤 종목에도 적용할 수 있겠구나!' 하는 자신만의 노하우가 생길 거예요.
>
> 정 교사 : 저는 교수 전략만 잘 세우면 된다고 봐요. 한 차시 수업은 발문이나 과제 제시, 과제 연습과 피드백, 학습자 관리, 평가 등으로 구성되는데, 교수 전략은 각각의 수업 활동에서 교사와 학생이 수행해야 하는 역할을 명확히 해 줘요. 단원의 계획보다는 한 차시 수업에서 상황에 맞는 교수 전략들을 그때그때 사용해도 수업 목표를 달성할 수 있어요.
>
> … (하략) …

───── <작성 방법> ─────

○ 체육 수업 모형의 개념을 제시할 것.
○ 박 교사와 정 교사의 문제점을 각각 1가지씩 순서대로 제시 할 것.
○ 각각의 문제점에 대한 해결 방안을 제시할 것.

5. 다음은 김 교사가 작성한 체육 수업에 대한 반성 일지와 행동 계약서이다. 괄호 안의 ㉠에 해당하는 행동계약서의 구성 요소와 ㉡에 누락된 내용을 순서대로 쓰시오.
[2점]

'16 기출

체육 수업 반성 일지

요즘 3반 학생들의 수업 방해 행동이 부쩍 늘었다. 학기 초에 체육복을 잘 착용하고 과제 활동 중에는 잡담 및 장난을 금지하기로 규칙을 정했으나 잘 지켜지지 않았다. 수업 중 과제 활동 장소로 이동할 때에는 잡담하느라 이동 시간이 늘었다. 학생들의 수업 방해 행동을 바로잡으려고 노력했으나 뜻대로 되지 않았다. … (중략)… 수업 방해 행동을 해결하기 위해서 박 교사에게 조언을 구했다. 박 교사는 수반성(contingency)을 활용하여 '행동계약서'를 작성해 보라고 하였다. 김 교사는 박 교사의 조언에 따라 3반 수업에서 사용할 행동계약서를 작성하였다.

〈행동계약서〉

○ 3반 학생들과 김○○ 교사는 다음 계획을 4주 동안 진행하는 것에 동의합니다.
○ 3반 학생들은 다음과 같이 행동합니다.
• 모든 과제 활동에 열심히 참가합니다.
• 수업에 참여할 때 체육복을 항상 착용합니다.
• 과제 활동을 위해 이동할 때 잡담하지 않고 빠르게 이동합니다.

─────── (㉠)체계 ───────

○ 김○○ 교사는 다음과 같이 수행합니다.
• 3반 학생들이 위의 3가지를 잘 수행할 경우 스티커를 줍니다.
• 4주간 모은 스티커가 10장이 넘은 학생은 게시판에 우수 학생으로 게시합니다.
• 우수 학생이 속한 모둠에게는 점심시간에 체육관 및 교구 우선 사용권을 줍니다.

㉡
교사 : 김○○ (서명)
교감 : 황○○ (서명)

6. 다음은 체육 수업에서 사용한 모스톤(M. Mosston)의 교수 스타일 과제 활동지이다. 밑줄 친 ㉠, ㉡의 명칭을 순서대로 쓰고, 아래 과제 활동지에 근거하여 두 스타일의 공통점과 차이점을 각각 1가지씩 서술하시오. [5점]   '16 기출

과제 활동지

- 학   급 : 3학년 1반
- 성   명 : 김○○
- 날   짜 : 2015년 ○월 ○일
- 학습 주제 : 웨이트 트레이닝
- ■ 스타일 : ㉠
- ■ 과제 활동지 번호 : 5
- 학생유의사항 : 선생님이 제시한 과제를 1회 시기에 20번씩 3회 연습할 것. 자신의 과제 수행과 수행 기준을 비교할 것. 수행 성취 여부를 ○, △, ×로 기록할 것.

과제설명	팔굽혀펴기: 두 팔을 벌려 엎드리고 팔을 굽혀 가슴이 바닥에 닿을 정도로 내려갔다 올라온다.		
목표	20번씩 3회		
1회 시기	20번	성취	○
2회 시기	20번	성취	○
3회 시기	20번	성취	×
피드백 (자기 평가)	2회 시기까지 정확한 자세 실시, 3회 시기는 자세가 부정확함.		

… (하략) …

과제 활동지

- 학   급 : 3학년 4반
- 성   명 : 박○○
- 날   짜 : 2015년 ○월 ○일
- 학습 주제 : 웨이트 트레이닝
- ■ 스타일 : ㉡
- ■ 과제 활동지 번호 : 9
- 학생유의사항 : 선생님이 제시한 과제에 대해서 시작 수준을 자유롭게 선택함. 자신의 과제 수행과 수행 기준을 비교함. 동일 수준의 반복 또는 다른 수준 과제로 이동할 수 있음. 수행 성취 여부를 ○, △, ×로 기록할 것.

과제설명	팔굽혀펴기: 두 팔을 벌려 엎드리고 팔을 굽혀 가슴이 바닥에 닿을 정도로 내려갔다 올라온다.			
요소	무릎과 다리의 위치	1회 시기	2회 시기	3회 시기
수준1	무릎 대고 20번			
수준2	무릎 펴고 20번	○		
수준3	한 발 들고 20번		○	○
피드백 (자기 평가)	수준 2에서 과제를 시작했음. 수준 3까지 성공했고, 자세는 양호했음.			

… (하략) …

7. 다음은 전술 게임 모형 중심의 중학교 축구 단원의 계획서이다. 트로페(R. Thorpe), 벙커(D. Bunker), 알몬드(L. Almond)가 고안한 전술 게임 모형(또는 이해 중심 게임 수업 모형)에 근거하여 <작성 방법>에 따라 서술하시오. [4점] '16 기출

단원 계획서		
차시	전술 문제	학습 활동
1	○ 게임 분류 확인 ○ 주요 전술과 기술	• 축구 관련 동영상 시청 • 게임 분류 체계 및 축구 특징 확인 • 모둠 편성 후 주요 전술과 기술 목록화
… (중략) …		
7	○ 소유권 유지	• 게임 형식 - 3대 1 소유권 유지 게임 - 골키퍼 없음, 드리블 금지, 소극적 수비 • 게임 이해 - 공의 소유권을 유지하기 위해 어떻게 움직여야 하는가? • (㉠) - 2대 1 패스 연습, 소극적 수비 - 3대 1 패스 연습, 소극적 수비 • (㉡) - 3대 2 소유권 유지 게임 - 골키퍼 없음, 드리블 금지, 적극적 수비
… (중략) …		
16	○ 정식 게임	• 11대 11 정식 축구 경기

─── <작성 방법> ───

○ 괄호 안의 ㉠에 해당하는 수업 단계의 명칭을 쓰고, 과제 구조 측면에서 그 특징을 제시할 것.
○ 괄호 안의 ㉡에 해당하는 수업 단계의 명칭을 쓰고, 과제 구조 측면에서 그 특징을 제시할 것.

8. 다음은 유 교사의 배구 수업에 대한 일화 기록지이다. 밑줄 친 ㉠에 해당하는 예방적 수업 운영 활동을 쓰고, ㉡과 같이 운동 기능이나 과제의 중요한 특징을 전달하기 위하여 사용하는 단어나 구를 일컫는 용어를 제시하시오. [2점] '16 기출

체육 수업 일화 기록지

일시 : 2015년 ○월 ○일(월) 3교시
관찰 : 박 ○○교사

2학년 1반 3교시 수업이 시작됐다. 유 교사는 배구 3차시 오버핸드 패스 수업임을 알렸다. ㉠ 학생들은 학기 초에 연습한 대로 정해진 집합 장소와 위치에 모였다. 교사는 빈자리를 확인하며 신속히 출석을 확인하였고, 체육복 미착용 학생은 복장 점검표에 표시하였다. 유 교사는 '네트를 사이에 두고 파트너와 오버핸드 패스 하기'라는 학습 과제를 제시하고 설명했다. 특히, 손을 이마 위로 올리는 동작은 '이마', 손을 삼각형으로 만드는 동작은 '삼각', 공을 받는 동작은 '당겨', 공을 내보낼 때 스냅을 사용하는 동작은 '튕겨'로 설명하였다. 그리고 학생들이 빈손으로 오버핸드 패스 동작을 ㉡ '이마', '삼각', '당겨', '튕겨'의 순으로 쉽게 익힐 수 있도록 구령을 붙여 재인식시켰다.

9. 다음은 ○○중학교 1학년 3반 체육 수업의 일화 기록지이다. 시덴탑 (D. Siedentop)의 학습자 관리 전략에 근거하여 밑줄 친 ㉠, ㉡에 해당하는 전략의 명칭을 순서대로 쓰시오. [2점] '15 기출

> ○○ 중학교 1학년 3반 체육 수업 일화 기록지
>
> 일시: 2014년 ○월○일 수요일 5교시
> 관찰자: 수석 교사
>
> 수업 초반에는 학생들이 모둠별로 즐겁게 탈춤 동작을 연습하였다. 한창 수업이 진행되는 중에 갑자기 3명의 학생들이 과제에 참여하지 않고 장난을 치기 시작했다. 김 교사는 눈짓으로 주의를 주었지만 학생들은 개의치 않았고, 심지어 다른 모둠의 연습까지 방해했다. 이에 김 교사는 학생들을 불러 한 번 더 주의를 주었다. 하지만 학생들은 잠시 수업에 참여하는 듯하다가 다시 방해 행동을 계속했다.
>
> 한참을 고민한 김 교사는 원활한 수업을 진행하기 위해 학습자 관리 전략을 적용했다. 우선 ㉠ 김 교사는 수업 방해 행동을 한 3명의 학생들을 연습에 참여 시키지 않고 10분간 수업 장소로부터 떨어진 곳에서 수업 참관을 하게 했다. 그리고 앞으로 ㉡ 수업 방해 행동을 할 때마다 기록하고, 누적 기록이 3회가 되면 이들이 좋아하는 농구 스포츠클럽 대회 출전을 금지하기로 했다. 10분 후 학생들이 연습 장소로 돌아와 과제에 열심히 참여하자 김 교사는 학생들을 칭찬 하고 격려해 주었다.

10. (가)는 홍 교사가 동료 교사와 체육 수업에 대해 나눈 대화 내용이고, (나)는 홍 교사의 배구 수업 진행 장면이다. <보기>의 지시에 따라 서술하시오. [5점] '15 기출

(가) 홍 교사가 동료 교사와 체육 수업에 대해 나눈 대화

> 홍 교사 : 그동안 저의 체육 수업은 학생들의 다양한 특성을 제대로 반영하지 못한 것 같습니다. 나름대로 학생들의 운동 기능이나 체력, 성차를 고려하여 수업을 하려고 했지만 모든 학생들에게 고른 기회를 주지는 못한 것 같습니다.
> 정 교사 : 학생들이 학습 유형을 선택하여 연습을 하도록 하면 어때요? 다양한 학습 스테이션을 활용해서요.
> 홍 교사 : 좋은 생각입니다. 제가 다음 주부터 배구 수업을 하려고 하는데요. 학생들의 학습 유형을 어떻게 알아볼 수 있을까요?
> 정 교사 : 학생들에게 배구를 배웠던 경험과 선호하는 학습 방식에 대해 사전에 설문 조사를 해 보는 것은 어떨까요?

(나) 홍 교사의 수업 진행 장면

> 홍 교사 : 지난 시간 리시브에 이어 오늘부터 서브를 배우겠습니다. 앞으로 2주간 ㉠ 언더핸드 서브부터 시작해서 플랫 서브, 좀 더 잘하는 학생들은 스파이크 서브까지 배우겠습니다. 지금부터 언더핸드 서브에 대해 설명을 하겠습니다.
> ⋯ (중략) ⋯
> 자! 그러면 이제부터 학습 스테이션으로 이동할 겁니다. 지난주에 설문 조사를 한 내용을 바탕으로 선생님이 서브를 다양하게 학습할 수 있도록 3가지 학습 스테이션을 구성해 보았어요. 선생님이 신호를 하면 자신이 선택한 학습 스테이션으로 이동하여 연습하면 됩니다. 특히, 신체 운동형 학습 스테이션을 선택한 학생은 ㉡ 개인별로 체육관 벽으로부터 2미터 떨어진 곳에서 벽에다 소프트 발리볼을 가지고 언더핸드 서브를 넣는 연습부터 하세요. 어느 정도 동작에 익숙해지면 거리를 5미터로 늘리고, 마지막에는 배구공을 가지고 연습하세요. 자! 지금부터 연습을 시작해 봅시다.

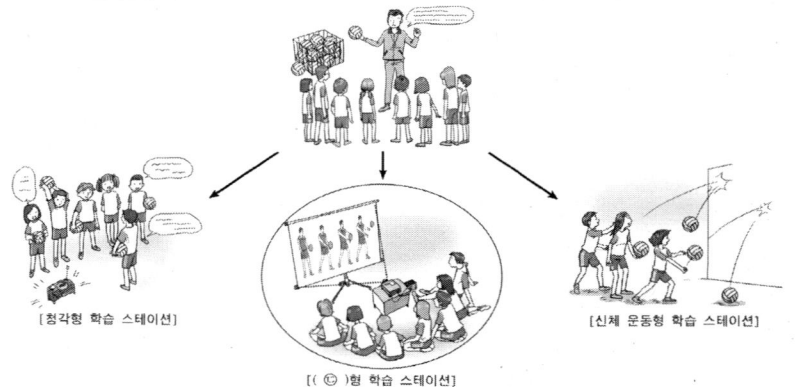

―― <보 기> ――

1) 링크(J. Rink)의 학습 내용의 발달(content development) 과정에 근거하여 밑줄 친 ㉠, ㉡에 해당하는 확대 과제 유형을 순서대로 쓰시오.
2) 바비와 스와싱(W. Barbe & R. Swassing)의 학습 유형 분류에 근거하여 괄호 안의 ㉢에 해당하는 용어를 쓰시오.
3) (가)와 (나)에 나타난 홍 교사의 교수·학습 방법의 의미를 2009 개정 교육과정에 따른 체육과 교육과정의 '교수·학습 운영 계획'에 근거하여 2가지만 서술하시오.

11. 다음은 학교스포츠클럽 농구반 지도교사인 박 교사와 선배 교사인 최 교사가 농구반 주장인 현우에 대해 나눈 대화 내용이다. <보기>의 지시에 따라 서술하시오. [10점]

'15 기출

> 박 교사 : 최 선생님, 요즘에 현우가 연습할 때는 잘하다가 시합에 들어가면 결정적인 실수를 종종 하곤 하는데요, 특히 작년 결승전 경기에서 마지막 자유투 2개를 어이없이 실패해서 진 후, 경기가 잘 풀리지 않으면 소리를 지르고 팀원들에게 짜증을 내기도 합니다. 최근에는 연습 시간에도 늦고, 팀원들과도 싸우는 일이 많아졌습니다.
> 최 교사 : 현우가 실전에서 제 실력을 잘 발휘할 수 있도록 먼저 상담을 해 보는 것은 어떨까요? 경기가 잘 풀릴 때를 상상해 보고, 자신의 모습이 머릿속에 잘 그려지는지 물어보세요. 가능하면 자세하게 그 순간의 상황과 기분 등을 설명해 보도록 하고요.
> 박 교사 : 머릿속으로 자신의 성공 장면을 떠올린다고요? 그게 잘될까요?
> 최 교사 : 처음부터 잘되기는 어렵죠. 자신에게 익숙한 장면부터 차근차근 그리는 연습을 하다 보면 점점 뚜렷한 상을 그릴 수 있게 될 겁니다. 머릿속에 자신이 원하는 상을 그릴 수 있는 기술을 심상(imagery)이라고 하죠. 예전에는 시각만을 강조했는데, 최근에는 ㉠ <u>운동감각</u>, 청각, 촉각 등 다른 감각 영역까지 포괄하는 개념으로 발전했습니다.
> 박 교사 : 그렇군요.
> 최 교사 : 그리고 자유투와 같은 폐쇄 기능 기술은 ㉡ <u>프리샷 루틴(pre-shot routine)</u>을 만들어 평소에 반복연습을 시키면 결정적인 순간에 잘 흔들리지 않아요. 프리샷 루틴 안에 조금 전에 말씀드린 성공적인 수행을 떠올리는 심상을 연결하면 더 좋고요.
> 박 교사 : 네, 아주 좋을 것 같습니다. 최 선생님께서 좀 더 구체적으로 가르쳐 주시면 감사하겠습니다. 그리고 현우가 연습 시간에 늦고, 다른 팀원들과 다투면서 주장으로서의 책임감도 많이 부족한데, 어떻게 지도하면 좋을까요?
> 최 교사 : 농구반 연습을 할 때 현우가 책임감을 기를 수 있도록 헬리슨(D. Hellison)의 개인적·사회적 책임감 모형을 적용해 보면 어떨까요?
> 박 교사 : 아! 네, 그렇군요. 이 모형의 주제인 ㉢ <u>통합</u>, ㉣ <u>전이</u>, ㉤ <u>권한 위임</u>을 활용하면, 책임감을 기르는 구체적인 지도 방법을 계획할 수 있을 것 같습니다.

─── <보 기> ───

1) 박 교사가 현우에게 심상을 활용하여 농구의 자유투를 지도할 때 밑줄 친 ㉠을 활용하는 사례를 1가지만 제시하고, 밑줄 친 ㉡에 해당 하는 2가지 구성 요소의 명칭과 의미를 각각 서술하시오.
2) 밑줄 친 ㉢, ㉣, ㉤의 개념과 농구반 활동에서 이를 적용할 수 있는 구체적인 지도 방법을 순서대로 서술하시오. (단, 농구반 활동 중에 연습은 '직접 체험 활동' 상황으로 제한함.)

12. 다음은 서 교사가 작성한 영역형 경쟁 스포츠 활동 단원 계획서의 일부이다. <보기>의 지시에 따라 서술하시오. [10점] *'15 기출*

영역형 경쟁 스포츠 활동 단원 계획서

(가) 단원 목표
- 영역형 경쟁 스포츠 활동의 변천 과정과 역사적 의미를 이해한다.
- 영역형 경쟁 스포츠 활동의 경기 방법과 유형별 경기 기능, 전략을 이해하고 창의적으로 적용한다.
- 영역형 경쟁 스포츠 활동의 경기 유형, 인물, 사건 등을 감상하며 비교 분석을 한다.
- 영역형 경쟁 스포츠 활동에 참여하면서 규칙을 준수하고 정정당당하게 경기에 임하는 페어플레이 정신을 기른다.

(나) 학생의 학습 유형 특성

구분	경쟁적 > 협력적	회피적 > 참여적	의존적 > 독립적
특성	• 다른 친구들보다 잘하고자 하는 마음이 강함. • 서로 겨루고 시합하는 것을 좋아함.	• 축구 활동을 하고자 하는 의지가 낮음. • 다른 친구들과 함께 참여하는 것을 꺼려함.	• 수업 과정에서 주로 교사의 지시에 의존하여 활동함. • 자신감이 부족한 편임.

(다) 단원 교수·학습 내용(신체 활동 : 축구)

차시	교수·학습 내용
1	영역형 경쟁 스포츠 활동의 변천 과정과 역사적 의미 이해
2	패스의 기능 연습
…	
5	수준별 드리블(제자리, 지그재그, 이동) 선택과 연습
6	슛 동작을 동료끼리 관찰하고 평가하기
…	
11	공격 시 상대에 대한 다양한 전략 만들기
12	팀별 리그전
…	

―――――― <작성 방법> ――――――

1) 모스턴(M. Mosston)이 주장한 다양한 수업 스펙트럼(교수 스타일)이 필요한 이유 3가지와 각 이유에 해당하는 내용을 단원 계획서에서 찾아 각각 서술하시오. (단, 다양한 수업 스펙트럼이 필요한 이유 중에 '개인 스타일의 주장'은 제외하며, 이유를 구체적으로 제시하되 교수 스타일의 역할을 포함하여 쓸 것.)
2) 라이크먼과 그레이샤(S. Reichman & A. Grasha)가 제시한 학습 선호 분류 차원(dimension)을 근거로 단원 계획서의 (나)처럼 학습 유형을 구분하는 기준을 각각 서술하시오. (단, '의존적/독립적' 유형 구분의 기준은 제외함.)

13. 다음은 A 교육청과 B 교육청에서 실시한 연수의 형태와 내용을 비교한 표이다. 슐만 (L. Shulman)이 분류한 교사 지식을 근거로 밑줄 친 ㉠, ㉡, ㉢에 해당하는 지식의 명칭을 순서대로 쓰고, 메츨러(M. Metzler)가 구분한 명제적, 절차적, 상황적 지식 중에서 이 연수를 통해 체육 교사가 얻을 수 있는 지식을 A 교육청과 B 교육청을 비교하여 서술하시오. [5점]   '15 기출

주관 연수 형태			A 교육청		B 교육청
			체육 교과의 직무 연수		체육 교과의 직무 연수
연수 내용	이 론 강 의		○2009 개정 교육과정: 총론, 각론 ○청소년 특성과 상담: 개념, 종류, 사례 ○체육 학습 환경: 교구, 교재 개발 ○교육과 체육 교육의 철학 : 교육 목적, 가치 ○5가지 신체 활동 영역의 내용 : 역사, 규칙, 과학적 원리 ○교수·학습 방법과 평가 : 교수 학습 전략, 수행 평가	이 론 강 의	○2009 개정 교육과정: 총론, 각론 ○청소년 특성과 상담: 개념, 종류, 사례 ○체육 학습 환경: 교구, 교재 개발 ○교육과 체육 교육의 철학 : 교육 목적, 가치 ○5가지 신체 활동 영역의 내용 : 역사, 규칙, 과학적 원리 ○교수·학습 방법과 평가 : 교수 학습 전략, 수행 평가
			○5가지 신체 활동 영역의 내용 : 웨이트 트레이닝, 육상, 배구, 댄스 스포츠, 골프 기능	실 기 실 습	○5가지 신체 활동 영역의 내용: ㉠웨이트 트레이닝, 육상, 배구, 댄스 스포츠, 골프 기능 연습
			○일반적 학습 과제 제시 방법 : 설명, 발문 ○일반적 학습 환경 유지 방법 : ㉡모둠 구성, 수업 운영, 학습자 관리 전략 ○일반적 동기 유발 방법 : 의사 소통, 동기 유발 전략 ○일반적 수업 관찰 방법 : 체계적 관찰과 피드백	수 업 실 연	○일반적 학습 과제 제시 방법 : 설명, 발문 연습 ○일반적 학습 환경 유지 방법 : 모둠 구성, 수업 운영, 학습자 관리 전략 연습 ○일반적 동기 유발 방법 : 의사 소통, 동기 유발 전략 연습 ○일반적 수업 관찰 방법: 체계적 관찰과 피드백 연습
			○체육 교수 스타일 : 개념, 특징, 의사 결정 구조, 분류 ○체육 수업 모형: 개념, 특징, 종류, 과제 구조 ○반성적 체육 수업 모형 : 개념, 특징, 순환 구조	실 제 수 업	○체육 교수 스타일 적용 : 배구 경기 규칙, 과학적 원리, 경기 방법과 같은 교과 내용과 모둠 구성, 학습자 관리, 학습 과제 제시와 같은 교수 방법을 고려 하여 수업 상황에 맞게 체육 교수 스타일로 통합하고 재구성해서 적용 ○체육 수업 모형 적용 : ㉢육상 경기 규칙, 과학적 원리, 경기 방법과 같은 교과 내용과 모둠 구성, 학습자 관리, 학습 과제 제시와 같은 교수 방법을 고려 하여 수업 상황에 맞게 체육 수업 모형으로 통합하고 재구성해서 적용 ○반성적 체육 수업 모형 적용 : 실제 수업 후 수업 비평과 함께 문제 파악-실행-관찰-반성의 순환적 전략 적용

14. 다음의 (가)는 ○○중학교 김 교사와 박 교사가 2013학년도 체육과 교육과정 운영에 대해 나눈 대화 내용이고, (나)는 박 교사가 2009 개정 교육과정에 따른 체육과 교육과정에 근거해 작성한 영역형 경쟁 활동 단원의 지도 계획서이다. (가)에서 두 교사의 대화 중 2009 개정 교육과정에 따른 체육과 교육과정에 대해 <u>잘못</u> 이해하고 있는 내용 2가지와 각각의 근거를 기술하시오. 또한 (나)의 '주요 교수·학습 활동'에서 2009 개정 교육과정에 따른 체육과 교육과정 '교수·학습의 방향'의 하위 항목 중 반영된 3가지와 각 항목별 사례 2가지씩을 찾아 함께 기술하시오. (단, 효율적 교수·학습 방법의 선정과 활용은 제외함.) [10점]   '14 기출

(가) 김 교사와 박 교사의 대화 내용

> 김 교사 : 박 선생님, 올해부터 2009 개정 교육과정에 따른 체육과 교육과정이 적용되는데요, 중학교 체육은 어디에 중점을 두고 지도를 하는 것이 좋을까요?
> 박 교사 : 아무래도 중학교 체육은 신체 활동의 기본 실천 능력을 기르는 데 초점을 맞추는 것이 중요하다고 생각합니다. 그리고 이번에 1학년은 영역형 경쟁 활동에서 농구를 가르쳐 보면 어떨까요?
> 김 교사 : 네, 좋습니다. 요즘 학생들은 준법성이 부족하니 농구를 통해 학생들에게 페어플레이 정신을 길러주고 평가했으면 합니다.
> 박 교사 : 네, 그러면 교과 협의회에서 다른 선생님들과 구체적으로 의논해 보도록 하죠. 그런데, 지난번 예비 신입생 설문 조사에서 배드민턴 종목의 선호도가 가장 높게 나타났으니 네트형 경쟁 활동도 1학년 때 함께 가르쳐도 좋지 않을까요?
> 김 교사 : 아니에요. 내용 체계를 보니까 네트형 경쟁 활동은 중학교 1학년 때는 가르치면 안 되고, 올해 1학년이 3학년이 되었을 때 가르쳐야 합니다.
> 박 교사 : 그러면, 김 선생님, 제가 영역형 경쟁 활동 지도 계획서를 작성해 보았는데요, 학생들의 학업 성취를 높이기 위해 포괄형 스타일을 우선 적용해 보는 것은 어떻게 생각하십니까?
> 김 교사 : 포괄형 스타일은 학생들이 동일 과제를 다른 수준으로 해 볼 수 있기 때문에 학생들 모두에게 평등한 학습 기회를 부여한다는 측면에서도 의미가 있다고 생각합니다.

(나) 영역형 경쟁 활동 단원 지도 계획서

대영역	경쟁 활동	중영역	영역형 경쟁	학년	1
신체 활동	농 구					
단원 목표	1. 농구의 특성과 역사적 의미를 이해할 수 있다. 2. 농구의 과학적 원리를 이해하고 운동 수행에 적용할 수 있다. 3. 농구 경기에 참여하면서 기본 기능과 경기 기능을 익힐 수 있다. 4. 농구 연습과 경기에서 페어플레이 정신을 발휘할 수 있다.				

	학습 내용	주요 교수·학습 활동
1	농구의 특성과 역사	◦ 농구의 특성과 역사적 변천 과정 이해
2~4	농구의 기본 기능 (패스, 드리블, 슛) 연습	◦ 진단 평가 후 개인별 수준에 적합한 과제 제시 ◦ 패스, 드리블, 슛 기능별 연습 ◦ 농구 슛 동작 체크리스트를 학생 스스로 작성
5	농구의 과학적 원리 이해와 적용	◦ 과학적 원리의 적용을 통한 농구 기본 기능의 분석 및 변용
6~7	농구의 기본 기능 분석과 연습	◦ 교사의 학생 개인별 기본 기능 분석과 피드백 ◦ 기본 기능 분석 결과에 대한 자기 평가와 연습
8	개인 기능 평가	◦ 개인 기본 운동 기능 검사
9~11	모둠별 리그전	◦ 3개 모둠의 리그전 및 모둠 경기 능력 평가 ◦ 페어플레이 선서식 및 경기 중 실천 능력 검사
12	총괄 평가	◦ 지필 검사

15. 다음은 표적/투기 도전 활동의 '플라잉디스크 골프' 단원 지도 계획서 이다. 괄호 안의 ㉠, ㉡에 해당하는 말을 차례대로 쓰시오. 그리고 이 단원 지도 계획서에 적용된 체육수업모형에 대해서 슬라빈 (R. Slavin)이 제시한 3가지 개념 중 그 개념이 교수·학습 활동에 잘못 적용된 1가지를 찾아 그 이유와 함께 서술하시오. [5점]

'14 기출

대영역	도전 활동	중영역	표적/투기 도전	학년	2
신체활동		플라잉디스크 골프	전체 시수		12
차 시	학습 내용		교수·학습 활동		교수 전략 (과제 구조)
1~2	○ 플라잉디스크 골프의 이해		○ 플라잉디스크 골프의 개념, 역사의 이해 ○ 플라잉디스크 골프의 경기 기능 및 방법의 이해 ○ 출석번호 순으로 5개 모둠으로 편성		
3~4	○ 플라잉디스크 골프의 기초 기능 실천 - 플라잉디스크 골프의 기초 기능 연습 및 실천		○ 기초 기능 연습 1 - 플라잉디스크 던지고 받기 연습 - 교사는 모둠별로 플라잉디스크 과제를 다르게 제시 - 모둠원은 각 모둠에 할당된 과제를 익힌 후 다른 모둠으로 가서 교수자가 되어 지도 ○ 기초 기능 연습 2 - 각 모둠의 동일 과제를 학습한 학생들끼리 모여 전문가 집단을 구성하여 연습 - 전문가 집단 모임 후 자신의 모둠으로 돌아가 학습한 내용을 모둠원에게 지도		(㉠)
5~7	○ 플라잉디스크 골프의 과학적 원리와 적용 - 플라잉디스크 골프의 과학적 원리 이해 및 운동 수행 적용		○ 플라잉디스크 골프의 과학적 원리 적용 - 플라잉디스크 비행의 과학적 원리 이해와 적용을 세부 학습 과제로 나누어 제시 - 모둠에서 학습 과제를 선정하고 모둠원들은 학습 과제의 탐구 계획 수립과 역할 분담 및 학습 조사 - 단체 프로젝트 형식으로 모둠별 조사 내용을 발표 - 각 모둠에게 사전에 성취 수준 점수를 제시한 후 평가		집단연구 (GI)
8	○ 플라잉디스크 골프 변형 경기 1 - 플라잉디스크 골프 퍼팅 경기		○ 플라잉디스크 골프 퍼팅 경기 - 플라잉디스크 골프 퍼팅 연습 후 모둠별 경기 - 플라잉디스크 골프 퍼팅 경기 결과를 각 모둠의 같은 등위끼리 즉, 1등은 1등끼리, 2등은 2등끼리 점수를 비교 - 같은 등위에서 높은 점수를 얻은 학생에게 일정한 상점 부여 - 플라잉디스크 골프 퍼팅 경기 모둠 등위 판정		(㉡)
9~11	○ 플라잉디스크 골프의 경기 기능 이해 및 실천		… (생략)…		
12	○ 플라잉디스크 골프 변형 경기 2		… (생략)…		

16. 다음은 모스턴(M. Mosston)의 체육 교수 스타일을 활용해서 김 교사와 이 교사가 제작한 창작 체조 과제 활동지이다. (가)와 (나)에 사용된 체육 교수 스타일의 명칭을 차례대로 쓰시오. [2점]

'14 기출

(가) 김 교사가 제작한 과제 활동지

> 과제 활동 : 3분 창작 체조를 개발하시오.
> (1) 과제 부여 : 움직임의 표현 요소를 적용하여 8개 이상의 움직임 동작을 연결한 3분 창작 체조를 개발한다.
> (2) 과제 활동 지침 :
>   ① 학생이 창작 체조 개발의 전체적 계획을 직접 수립하고 창작 체조 동작을 구상한다.
>   ② 창작 체조 동작의 발상을 위해 창작 체조와 관련된 '질문 만들기'를 한다.
>   ③ 창작 체조 동작 개발에 필요한 자료를 수집하고 창작 체조를 만든다.
>   ④ 창작 체조 각각의 동작을 촬영하여 스스로 부족한 점을 찾아 보완한다.
>   ⑤ 4차시에 걸쳐 지속적으로 수정하고 보완하여 창작 체조의 완성도를 높인다.

(나) 이 교사가 제작한 과제 활동지

> 과제 활동 : 3분 창작 체조를 연습한 후 보고서를 제출하시오.
> (1) 과제 부여 : 3분 창작 체조를 실시하면서 주어진 체크리스트를 작성하여 보고서로 제출한다.
> (2) 과제 활동 지침 :
>   ① 창작 체조 동작을 순서대로 연습한다.
>   ② 배부된 체크리스트에 제시된 기준은 동작의 정확성, 동작 간 연결성, 동작의 숙련도이다.
>   ③ 3분 창작 체조를 실시하며, 주어진 체크리스트에 자신의 수준을 기입하고 느낀 점을 적어 보고서로 제출한다.

17. 다음은 '신체 활동 참여 증진 프로그램'을 반영한 ○○중학교의 2014학년도 2학년 건강 활동 영역 교육 계획서의 일부이다. 2009 개정 교육과정에 따른 체육과 교육과정의 '평가의 방향' 중 '교육과정과의 연계성', '평가 방법과 평가 도구의 다양성'에 근거하여 'Ⅲ. 평가 방침 및 내용'에서 잘못된 내용을 각각 2가지씩 찾아 쓰고 그 이유를 기술하시오. 또한, <참고 자료 1>에서 밑줄 친 ㉠, ㉡의 내용을 계산된 신뢰도 계수와 성취기준 점수를 포함하여 기술하고, <참고 자료 2>에서 괄호 안의 ㉢, ㉣에 해당하는 평가 방법을 차례대로 쓰시오. [10점]

'14 기출

○○ 중학교 2학년 건강 활동 영역 교육 계획서

Ⅰ. 교육 목표
(1) 신체 활동이 건강, 체력에 미치는 영향을 이해할 수 있다.
(2) '신체 활동 참여 증진 프로그램'을 통해 학생들의 신체 활동량을 증가시킬 수 있다.
(3) 규칙적인 신체 활동을 통해 건강 체력을 기르고, 자기 주도적 신체 활동 습관을 형성할 수 있다.
(4) 다양한 신체 활동을 통해 자기 존중의 태도를 함양할 수 있다.

Ⅱ. 교육 방침
(1) 건강 활동의 '건강과 체력' 영역을 선정하고, '신체 활동 참여 증진 프로그램'을 적극적으로 활용한다.
(2) 체육 수업에서 배운 '신체 활동 참여 증진 프로그램'을 일상생활과 연계하여 실시할 수 있도록 지도한다.
(3) '일주일 5일 이상, 하루 60분 이상 누적하여 중고강도 신체 활동 참여'의 원칙을 학생들이 지속적으로 실천할 수 있도록 지도한다. (4) 학생의 신체 활동량 변화 정도를 지속적으로 관찰하고 기록한다.

Ⅲ. 평가 방침 및 내용
(1) 학생들의 '신체 활동 참여 증진 프로그램' 실천 과정 및 결과를 종합적으로 평가한다.
 (진단 평가 - 1주차, 형성 평가 - 6주차, 총괄 평가 - 12주차에 실시함.)
(2) 평가 내용·방법 및 도구

평가 내용	평가 방법 및 도구	비고
신체 활동 및 건강과 체력의 이해	○ 지필 검사	○ 진단, 형성, 총괄 평가 비교 ○ <참고 자료 1> 참조
신체 활동 습관 및 활동량	○ 신체 활동 실천 일지 ○ 청소년용 신체 활동 질문지 ○ 보행계수계(만보계) ○ 체격 검사	○ 실천 일지의 횟수와 내용의 수준 ○ 진단, 형성, 총괄 평가 비교 ○ 청소년 신체 활동 가이드라인 기준치와 비교 ○ 청소년 표준 체격 기준과 비교
식습관	○ 식사 일지 ○ 1일 평균 섭취 열량 기록지	○ 청소년 권장 열량 기준과 비교
학생건강체력검사(PAPS) 필수 요소	○ 앉아윗몸앞으로굽히기 ○ 제자리멀리뛰기 ○ 왕복오래달리기 ○ 윗몸말아올리기 ○ 눈감고외발서기 ○ 체질량지수(BMI : Body Mass Index)	○ 학생건강체력검사(PAPS : Physical Activity Promotion System) 평가기준과 비교 ○ 매 학기 초와 말에 1회씩 실시
자기 효능감	○ 자신감 검사	○ 진단, 형성, 총괄 평가 비교
구급 처치	○ 심폐소생술(CPR : Cardiopulmonary Resuscitation) 실시 능력 검사	○ 실시 절차 준수 여부
○ 참고 : 모든 검사 도구는 타당도와 신뢰도 검증 후 사용		

<참고 자료 1> '신체 활동 및 건강과 체력'에 대한 이해력 성취 기준 점수의 신뢰도 검증 예시

성취 기준 점수의 신뢰도 검증 결과

신뢰도 검증 절차와 측정 결과	○ 학생들의 '신체 활동 및 건강과 체력'에 대한 이해력을 측정하기 위하여 이해 능력 검사를 활용함. (총 10 문항, 10점 만점) ○ 학생들의 능력을 고려하여 성취 기준을 8점으로 설정함. ○ 이 성취 기준 점수가 학생들의 능력을 일관성 있게 분류하는지 확인하기 위해 신뢰도 검증을 실시하고자 함. ○ 10명의 학생에게 '신체 활동 및 건강과 체력'의 이해력 검사를 2차에 걸쳐 실시함. <표 1> 학생들의 '신체 활동 및 건강과 체력'에 대한 이해력 검사 결과(단위 : 점) | 구분	소영	문정	솔하	은혜	서진	채은	석중	승준	지민	강태
1차 검사	6	10	5	5	10	6	9	7	9	9
2차 검사	9	8	9	5	10	9	6	9	3	9 | ○ 얻어진 측정값을 이용하여 설정된 성취 기준 점수에 대한 신뢰도(일치도 또는 합치도) 계수를 계산함.
---	---
결과 해석	○ ㉠ 문제점 : _____. ○ ㉡ 해결 방안 : _____. (단, 신뢰도 계수는 0.80이어야 함.)

Ⅳ. 평가 결과의 활용

(1) 개인 평가 결과를 정리하여 학부모에게 통보한다. (<참고 자료 2> 참조)
(2) 학생이 신체 활동 수행계획을 수립할 수 있도록 지도한다.

<참고 자료 2> 개인 평가 결과지 예시

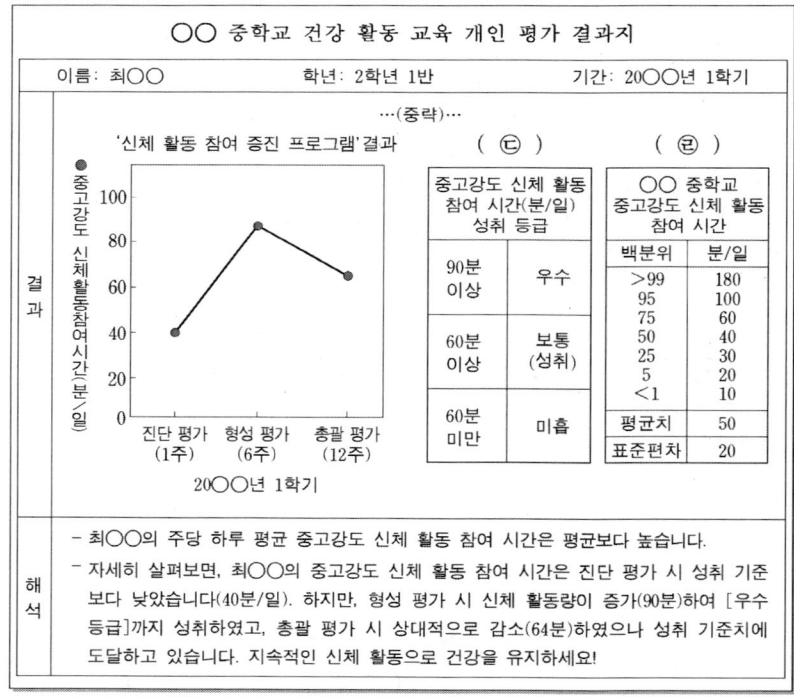

18. 다음은 체육 수업 개선을 위한 오 교사와 박 교사의 대화 내용 이다. (가)~(다) 장학의 특성에 대한 설명으로 옳은 것만을 <보기>에서 있는 대로 고른 것은? '13 기출

[A 장면]
오 교사 : 최근 국가 수준의 교육과정이 또 바뀌었는데, 무슨 말인지 도대체 이해가 되질 않는단 말이야!
박 교사 : 그렇긴 해. 그럼 (가) 장학 담당자와 상의해 보면 어때?
오 교사 : 좋은 생각이다. 고마워, 박 선생.

[B 장면]
박 교사 : 지난 주 장학 담당자는 찾아뵈었어?
오 교사 : 그래, 아주 좋은 정보를 많이 주시더라고. 일단 수업 중 내가 갖는 어려움을 먼저 극복하고, 새롭게 교육 과정을 개발해 보면 좋겠다고 하시더군. 그런데 정작 내 수업의 문제는 준비한 수업 내용을 다 끝내지도 못하고 수업종이 울려 버린다는 거야. 뭐가 잘못된 것인지······.
박 교사 : 그래? 그럼 (나) 내가 자네 수업에 들어가서 수업을 관찰하고 분석할 수 있도록 도와주면 어떨까?
오 교사 : 오! 그거 진짜 괜찮은 생각이야. 다음 주 수요일 7교시, 2학년 5반 수업이 있으니 들어와 줄 수 있겠어?
박 교사 : 언제든지!

[C 장면]
오 교사 : (혼잣말) 역시 주변의 도움을 받으니 좋군. 이제야 내 수업의 문제점이 무엇인지 알 것 같아. 내일은 (다) 수업 운영 기법에 관한 자료를 찾아보고, 내 수업에 대해 신중하게 반성해 봐야겠다.

─────────── <보 기> ───────────

ㄱ. (가)는 전문가 장학(임상 장학)으로 수업 컨설팅의 측면에서 장학 담당자와 함께 심층적인 수업 분석이 이루어진다.
ㄴ. (가)는 전문가 장학(임상 장학)으로 교수(teaching)에 문제가 있는 초임 교사만을 대상으로 장학 담당자와 비공식적으로 이루어진다.
ㄷ. (나)는 동료 장학으로 서로의 수업을 평가하고 그 결과를 행정가에게 제공하여 수업을 보완·개선하는 데 목적이 있다.
ㄹ. (나)는 동료 장학으로 교사들이 갖는 문제를 해결하고 개선하기 위해 함께 협력하는 형태이다.
ㅁ. (다)는 자기 장학으로 수업 전문성을 향상하기 위해 교사 자신의 필요와 판단에 따라 독립적으로 실시된다.
ㅂ. (다)는 자기 장학으로 수업 개선을 위해 관련 서적이나 전문 자료를 스스로 탐독하여 자기 발전의 자료로 활용된다.

① ㄱ, ㄷ, ㅁ　　② ㄱ, ㄹ, ㅁ　　③ ㄴ, ㄹ, ㅂ
④ ㄱ, ㄹ, ㅁ, ㅂ　　⑤ ㄴ, ㄷ, ㅁ, ㅂ

19. 다음은 김 교사의 체육 수업 일지 내용이다. (가)~(마)에 대한 설명으로 옳은 것만을 <보기>에서 있는 대로 고른 것은? [2.5점] '13 기출

체육 수업 일지

○○월 ○○일 수요일
　'2009 개정 교육과정에 따른 체육과 교육과정'을 적용해 수업을 해 보았다. (가) <u>가르칠 단원이 영역형 경쟁이어서 농구의 슛을 지도했다.</u> (나) <u>농구 경기 중 슛에 관한 전술의 활용 능력을 지도하기에 적합한 체육 수업 모형을 적용하였다.</u> (다) <u>체육관의 빔 프로젝터를 이용해 관련 동영상을 감상하고 슛을 연습했는데, 학생 수에 비해 농구공의 개수가 부족해서 배구공을 추가하여 활용하였다.</u>
　(라) <u>학생들에게 선생님의 수비를 피해 슛을 성공시킬 것을 목표로 제시하였더니 학생들의 수업 참여도가 높아졌다.</u> (마) <u>과제를 수행하기 전에 학생들에게 '슛을 할 때에는 손목의 스냅을 이용하는 것이 중요하다'고 강조하였다.</u>

〈보 기〉

ㄱ. (가)와 관련해 '2009 개정 교육과정에 따른 체육과 교육과정'의 영역형 경쟁 활동에서는 팀의 공동 목표를 위해 스스로의 역할에 책임을 다하는 '팀워크(teamwork)' 정신을 내용 요소로 제시하고 있다.
ㄴ. (나)의 체육 수업 모형은 '전술 게임 모형(tactical games model)'이며, 게임을 변형할 때에는 '과장성'을 배제하는 것이 중요하다.
ㄷ. (다)는 슐만(L. Shulman)의 교사 지식의 범주 중에서 '교육 환경 지식(knowledge of educational contexts)'과 관련된다.
ㄹ. (라)에는 브로피(J. Brophy)가 제안한 동기 유발 전략의 '필수 선행 조건'이 제시되어 있다.
ㅁ. (마)는 효율적인 수행을 위한 과제 핵심 정보인 '단서(cue)'를 제공한 예이다.

① ㄴ, ㄷ　　　　② ㄴ, ㅁ　　　　③ ㄱ, ㄷ, ㄹ
④ ㄷ, ㄹ, ㅁ　　⑤ ㄱ, ㄷ, ㄹ, ㅁ

20. 모스턴(M. Mosston)의 교수 스타일 중 '상호 학습형(reciprocal teaching) 스타일'에 대한 설명으로 옳은 것만을 있는 대로 고른 것은? '13 기출

(가) 기존의 지식을 재생산해 내는 능력인 '모사(reproduction)'보다 새로운 지식을 생산해 내는 능력인 '창조(production)'를 강조한다.
(나) 짝과 상호 작용하고 피드백을 주고받으며 연습하는 데 중점을 둔다.
(다) 지적 능력 수준 차를 고려하여 우수한 학생과 부진한 학생이 짝을 이루도록 한다.
(라) 교사의 계속적인 관찰이 없어도 짝과 함께 과제 활동지를 사용하여 학습을 지속할 수 있다.
(마) 과제 수행 형태의 특성상 동료 교수(peer teaching) 모형과 유사성이 있으나, 주로 일시적인 과제 구조에서 활용된다는 점에서 차이가 있다.
(바) 수행자가 동일한 오류를 반복하는 것이 보일 경우에, 교사는 학급 전체의 활동을 중지시키고 직접 시범이나 설명을 한 후에 과제 활동을 재개한다.

---

① (가), (나), (라)　　② (가), (라), (바)　　③ (나), (다), (바)
④ (나), (라), (마)　　⑤ (가), (다), (마), (바)

21. 다음은 ○○중학교에서 2009 개정 교육과정에 따른 체육과 교육과정에 근거해 작성한 체육과 평가 계획서이다. 이 계획서에 대해 권 교사와 송 교사가 나눈 대화의 (가)~(라) 중 옳은 것만을 있는 대로 고른 것은? '13 기출

영 역	영역형 경쟁-농구		평가 도구	루브릭(rubric)
평가 내용	루브릭을 활용해 농구 기본 기능(드리블, 패스) 평가			
채점 기준	수준 기능	매우 잘함 (5점)	보 통 (3점)	노력 요함 (1점)
	드리블	공을 쳐다보지 않고 손목의 스냅을 이용하여 드리블하며 공이 벗어나지 않는다.	공을 쳐다보지 않고 손목의 스냅을 이용해 드리블하나 공이 벗어난다.	공을 쳐다보고 드리블하며 공을 자주 놓친다.
	패 스	수비자의 움직임을 예측하여 정확하게 패스하고 상황에 맞게 적절한 방법으로 패스한다.	패스의 동작과 방향이 대체로 정확하나 상황에 맞는 적절한 패스를 하지 못한다.	패스가 부정확하고 상황에 맞는 적절한 방법으로 패스를 하지 못한다.

이 름	드리블(5점)	패 스(5점)	총점(10점)
김 ○○			
오 ○○			

권 교사 : 제가 '경쟁 활동' 영역의 평가를 위한 계획서를 작성해 보았습니다. 선생님께서 한번 검토해 주세요.
송 교사 : 평가 도구로 루브릭을 활용하셨군요! (가) <u>루브릭은 학생에게 학습에 대한 피드백을 제공해 주지 못하는 것이 단점이죠.</u>
권 교사 : 아 그런가요? 아무튼 저는 채점 기준 만드는 절차에 신경을 썼어요. 우선 (나) <u>평가 과제 성공 여부를 확인할 수 있는 수준을 정한 다음에 각 수준에 적합한 점수를 정했습니다.</u>
송 교사 : 그건 그렇고 이 계획서의 평가 내용은 2009 개정 교육과정에 따른 체육과 교육과정에 제시된 평가의 방향과 상반되는 것 같아요. (다) <u>2009 개정 교육과정에 따른 체육과 교육과정에 부합되게 보완하려면 농구 기능에만 편중하지 말고 가급적 다양한 평가 요소를 제시해야 할 것 같습니다.</u> 그렇지만 (라) <u>루브릭으로는 정의적 영역을 평가할 수 없습니다.</u>

① (가), (나) ② (나), (다) ③ (가), (나), (다)
④ (가), (다), (라) ⑤ (나), (다), (라)

22. 다음은 ○○중학교의 체육 교사인 김 교사와 신 교사가 수업 개선 방법에 대해 나눈 대화 내용이다. (가)~(다)에 대한 설명으로 옳은 것만을 <보기>에서 있는 대로 고른 것은?   '13 기출

> 김 교사 : 요즘 저는 체육 수업이 참 어려워요. 시간이 갈수록 어떻게 가르쳐야 잘 가르치는 것인지 잘 모르겠어요. 어떤 좋은 방법이 없을까요?
> 신 교사 : 선생님은 먼저 체육 수업 자체에 관심을 갖는 게 더 중요한 것 같아요. 저는 케미스(S. Kemmis)와 맥타가트네(R. McTaggart)의 [(가)] 을/를 활용하는데, 체육 수업 시간에 일어나는 문제점을 어떻게 인식하고 어떻게 해결할 것인지에 대한 아이디어를 얻기가 쉬웠어요. 아래 그림의 과정대로 해 보니 체육 수업이 개선되고 보람도 느껴지더군요.
>
>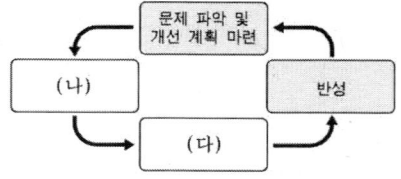

─────── <보 기> ───────

ㄱ. (가)는 문제 중심 학습(problem-based learning)으로서, 체육 수업에서의 문제 상황과 관련된 다양한 자료를 수집하여 분석, 검토하고 해결하는 과정을 교사 스스로 해 나간다.
ㄴ. (가)는 현장 개선 연구 혹은 실행 연구(action research)로서, 체육 수업에서의 문제 상황을 개선할 목적으로 동료와 협동적으로 실행하는 반성적 탐구의 형태를 지닌다.
ㄷ. (나)에서는 체육 수업에서 발생되거나 예상되는 문제점이 무엇인지를 명확히 규정한다.
ㄹ. (나)에서는 체육 수업 개선을 위한 계획이 제대로 실천 되었는지, 실행 결과가 문제 상황을 해결하였는지를 검토한다.
ㅁ. (다)에서는 비판적인 반성을 위한 자료를 수집하는 데 주력한다.
ㅂ. (다)에서는 의도하지 않은 사건들도 기록한다.

① ㄱ, ㄷ   ② ㄴ, ㄹ, ㅁ   ③ ㄴ, ㅁ, ㅂ
④ ㄱ, ㄷ, ㄹ, ㅁ ⑤ ㄴ, ㄹ, ㅁ, ㅂ

23. 다음은 2013학년도 대한중학교 1학년의 영역형 경쟁 활동 단원 계획에 대한 김 교사와 서 교사의 대화이다.

> 김 교사 : 이번 학기 영역형 경쟁 활동은 '축구'를 선택해서 교수·학습의 내용과 방법을 계획했으면 합니다.
> 서 교사 : 네. '2009개정 교육과정에 따른 체육과 교육과정'은 신체활동 가치와 함께 창의·인성을 내면화할 수 있도록 가르치는 것이 중요한데, 영역형 경쟁에서는 인성 요소로 '페어플레이'가 제시되어 있더군요.
> 김 교사 : 맞습니다. 저는 체육 수업에서 학생들이 인성을 총체적으로 알고, 느끼고, 실천하려면 (가) '2009개정 교육과정에 따른 체육과 교육과정'에서 제시된 '통합적 교수·학습 방법'을 활용하여 가르치는 것이 필요하다고 생각합니다.
> 서 교사 : 저도 같은 생각입니다. 학생들이 이런 방식으로 축구를 체계적으로 배우면 다양한 품성과 사회성을 기를 수 있다고 봅니다.
> 김 교사 : 체육 수업뿐만 아니라 방과 후 학교스포츠클럽에 참여하게 되면 그러한 효과가 더 크게 나타날 수 있을 것 같습니다. 또한 (나) 축구 클럽에서 학습한 바람직한 가치와 태도, 행동 양식을 일상생활에서 실천하도록 하는 것도 중요하겠죠.

축구 활동에서 '페어플레이'와 관련된 학습 과제와 평가 방법을 (가)의 직접 체험 활동과 간접 학습 활동별로 <조건> (1)에 따라 각각 제시하고, '2009개정 교육과정에 따른 체육과 교육과정'의 '평가 방법과 평가 도구의 다양성', '평가 기준 선정'을 근거로 '페어플레이'와 같은 내용 요소를 평가할 때 고려해야 할 사항 4가지와 그 이유를 각각 기술하시오. 또한 (나)에 영향을 미치는 변인을 스나이더(E. Snyder)의 스포츠를 통한 사회화 전이 변인과 관련하여 4가지만 제시하고, 이를 위해 학교스포츠 클럽 운영 시 체육 교사가 고려해야 할지도 전략을 <조건> (2)에 따라 제시한 변인별로 각각 사례를 들어 기술하시오. [25점]

'13. 2차

―――― < 보 기 > ――――
(1) 학습 과제에는 학습 관련 상황과 자료, 학습자 행동에 대한 서술이 포함되도록 하고, 평가 방법에는 평가 내용, 평가 도구, 평가자 행동이 포함되도록 할 것.
(2) 지도 전략은 변인과의 관련성, 전이 촉진 전략으로서의 적합성과 구체성을 고려하여 제시할 것.

24. 다음은 박 교사의 수업 개선에 대한 견해이다.

(가) 박 교사는 '2009개정 교육과정에 따른 체육과 교육과정'의 개정 취지와 방향에 공감하고, 의미 있는 교육과정의 실천을 위해 노력하는 체육 교사이다. 그는 교육과정과 관련하여 교사가 실천자이자 개발자로서의 역할을 수행해야 한다고 생각한다.

(나) 박 교사는 학교 단위의 교육과정 수립 과정에서 개발자의 역할을 수행하고자 한다. 그는 자신의 수업을 안내할 연간 지도 계획서를 체계적으로 작성하고자, '2009개정 교육과정에 따른 체육과 교육과정'을 분석하여 개발자의 역할을 수행하였다.

(다) 박 교사는 교수·학습의 계획 단계에서도 개발자의 역할을 수행하고자 한다. '2009개정 교육과정에 따른 체육과 교육과정'에서는 교수·학습의 방향으로 수준별 수업을 강조하고 있다. 박 교사는 이러한 교육과정 의도를 반영하여 구체적인 수업 구상을 하면서 개발자의 역할을 수행하고자 한다. 이에 박 교사는 ㉠ '다양한 과제 수준에 따른 수준별 수업'과 ㉡ '다양한 목표 수준에 따른 수준별 수업'의 방법을 적용하였다.

(가)에 제시된 교육과정 실천자와 개발자에 대한 의미와 역할을 설명하고, (나)의 연간 지도 계획서 작성 시 교육과정 개발자로서 박 교사의 구체적인 역할을 목표 설정, 내용 선정, 수업 시수 배정, 학습 환경 조성의 측면에서 각각 진술하시오. 또한, (다)에 제시된 수준별 수업에서 '수준'의 의미를 설명하고, 농구 슛 기능 지도 상황에서 ㉠과 ㉡에 대하여 사례를 들어 비교하시오. [20점]

'13. 2차

25. 배드민턴 수업의 학생 평가 계획 (가)~(라)에 대한 평가 방법으로 옳은 것은?

'12. 기출

(가) 학생들과의 자연스러운 대화를 통해 배드민턴 수업에 대한 학생들의 생각이나 느낌 등의 정보를 수집하여 수업 태도, 협동심, 책임감 등을 평가하고자 한다.

(나) 활동 과제를 해결하기 위해 학생이 각종 자료집을 수집, 분석, 종합하여 작성한 배드민턴 연구 보고서를 평가하고자 한다. 단, 활동 과제의 범위가 넓을 경우 모둠별 과제로 작성하게 할 예정이다.

(다) 배드민턴 실기 능력이 떨어지는 학생을 지속적, 객관적으로 살펴보기 위해서 체크 리스트와 비디오 녹화를 활용하여 평가하고자 한다.

(라) 네트형 경쟁 활동에 대한 이해 및 배드민턴 경기 능력에 대한 학생의 변화·발전 과정을 전반적으로 평가하고 학생의 자기반성 및 평가도 촉진하고자 한다.

① (가)-관찰법　　　　(다)-면접법
② (가)-면접법　　　　(다)-프로젝트법
③ (나)-포트폴리오　　(라)-프로젝트법
④ (나)-프로젝트법　　(라)-포트폴리오
⑤ (다)-면접법　　　　(라)-관찰법

26. 다음은 유교사의 배드민턴 수업을 일화 기록법에 의해 관찰한 내용이다. 데일(E. Dale)의 '경험의 원추'에 따른 설명으로 옳은 것만을 <보기>에서 있는 대로 고른 것은? [1.5점] '12. 기출

일화기록지	교사	유○○	관찰자	권○○
	수업내용	배드민턴	관찰기간	2011년 8월 ○○일~10월 ○○일

8월 ○○일 2교시 체육관
학생들이 체육관으로 들어온다. 학생들이 모둠별로 체조를 하고 유 교사 앞에 모둠별로 앉는다. 출결 확인 후 2학기 수업내용이 배드민턴이라고 알려 준다. 미리 준비한 (가) 배드민턴 경기 동영상을 학생들에게 보여 준다.

9월 ○○일 5교시 체육관
유 교사는 (나) 언더핸드 스트로크에 대해 학생들에게 설명하고 철민이를 앞으로 불러 (다) 셔틀콕을 주고받으며 언더핸드 스트로크 시범을 보인다. 철민이를 들여보낸 후 두 명씩 짝지어 언더핸드 스트로크를 연습시킨다.

10월 ○○일 2교시 체육관
학생들에게 경기 방법을 설명하고 학생들은 모둠 대항 리그 방식으로 (라) 배드민턴 경기를 한다. 모둠의 일부 학생들은 복식 경기를 하고 나머지 학생들은 관찰한다.

―――― <보 기> ――――
ㄱ. (나)는 (다)보다 구체적이므로 학생의 이해도를 높일 수 있다.
ㄴ. (라)는 학생들에게 구체적 경험을 제공하여 학습 효과를 높일 수 있다.
ㄷ. (가)는 (다)보다 학생들에게 구체적 경험을 제공하므로 이해도를 높일 수 있다.
ㄹ. 학생들에게 경기를 관람하도록 하면 (가)보다 더 구체적 경험을 제공할 수 있다.

① ㄱ, ㄴ ② ㄱ, ㄷ ③ ㄴ, ㄹ
④ ㄱ, ㄷ, ㄹ ⑤ ㄴ, ㄷ, ㄹ

27. 농구 스탠딩 슛에 대한 활동 과제를 순서 없이 나열한 것이다. 활동 과제 (가)~(마)의 종류로 옳은 것은? '12. 기출

(가) 림으로부터 5m 거리의 측면 위치에서 슛을 연습하게 한다.
(나) 림으로부터 3m 거리의 다양한 위치에서 슛을 연습하게 한다.
(다) 슛 동작의 설명과 시범을 보인 후 골 밑에서 슛을 연습하게 한다.
(라) 골대 정면 3m 지점에 수비수 한 명을 세워두고 슛을 10회 시도하여 성공 횟수를 확인하게 한다.
(마) 무릎, 팔꿈치를 순서대로 펴면서 손목 스냅을 이용하여 슛을 연습하게 한다.

① (가)-확장   (다)-정보
② (가)-세련   (라)-응용
③ (나)-확장   (라)-세련
④ (나)-세련   (마)-응용
⑤ (다)-확장   (마)-정보

28. 김 교사와 이 교사가 연수와 자기 연찬 등을 통해 수업의 전문성을 발전시킨 과정을 단계별로 나타낸 표이다. 이에 대한 〈보기〉의 설명 중 옳은 것은?   '12. 기출

	김 교사	이 교사
초기 단계	• 계획적이지 못한 수업 • 구기 종목 위주의 자율 활동	• 방임적인 수업 운영 • 학생 선호 종목 위주의 활동
발전 1단계	• 학생 개개인에게 과제 연습시간 부여 후 개별적 피드백 제공 • 학생의 질문에 대한 답변을 제공하고 학생의 수행에 관한 정보 수집 • 개인 연습 시 학생 간 대화 억제	• 목표 개념을 포함한 논리적, 계열적 질문 설계 • 연속적인 질문을 통해 학생들이 스스로 답변을 찾게 함. • 질문에 대한 해답을 말하지 않고 학습자의 반응을 기다리며 지속적 피드백 제공
발전 2단계	• 스포츠 경험을 통한 다양한 가치 학습 • 학습자의 다양한 역할 분담 및 참여 • 최소 20차시 이상의 수업 시수 권장	• 전략의 습득과 경기 상황에서의 적용 • 주요 학습 과제는 기능발달 연습, 모의 상황 연습, 게임 형식, 정식 게임으로 구성 • 게임 수행 평가 도구를 주로 활용

〈보 기〉

	발전단계	김 교사	이 교사
ㄱ	1단계	연습형 교수·학습 스타일	상호 학습형 교수·학습 스타일
ㄴ	1단계	연습형 교수·학습 스타일	유도 발견형 교수·학습 스타일
ㄷ	1단계	유도 발견형 교수·학습 스타일	상호 학습형 교수·학습 스타일
ㄹ	2단계	전술 게임 모형	스포츠 교육 모형
ㅁ	2단계	스포츠 교육 모형	전술 게임 모형
ㅂ	2단계	협동 학습 모형	전술 게임 모형

① ㄱ, ㄹ   ② ㄱ, ㅁ   ③ ㄴ, ㄹ
④ ㄴ, ㅁ   ⑤ ㄷ, ㅂ

29. 배구 수업에서 나타날 수 있는 교사의 운영 행동만을 <보기>에서 고른 것은?

'12. 기출

─── <보 기> ───
ㄱ. 2인조 1인조로 짝을 짓게 한다.
ㄴ. 짝과 함께 언더핸드 패스를 연습하게 한다.
ㄷ. 장난치는 학생은 지정 구역에 한동안 서 있도록 한다.
ㄹ. 언더핸드 패스 시 팔꿈치 동작을 수정하여 준다.
ㅁ. 배구공을 준비하는 학생과 정리하는 학생들을 지정한다.
ㅂ. 언더핸드 패스 거리를 멀리 하여 짝과 패스하도록 한다.
ㅅ. 학생들에게 배구의 언더핸드 패스에 대해 시범을 보인다.

① ㄱ, ㄴ, ㄷ   ② ㄱ, ㄷ, ㅁ   ③ ㄱ, ㄷ, ㅅ
④ ㄴ, ㄹ, ㅁ   ⑤ ㅁ, ㅂ, ㅅ

30. 김 교사의 체육 수업에 대한 수업 컨설팅 보고서이다. 효율적인 체육 수업을 위한 개선 방안의 내용으로 옳은 것만을 <보기>에서 있는 대로 고른 것은?

'12. 기출

수업 컨설팅 보고서

• 컨설팅 대상자 : 김○○
• 컨설팅 일시/장소 : 2011년 3월 ○○일 5교시/대한 고등학교 운동장
• 수업 관찰

관찰요소	소요 시간(분)	관찰 내용
수업 준비 점검(출결, 복장, 환자)	2	- 학기 초라 학습 분위기가 전반적으로 산만함. - 과제 활동 대기시간이 김. - 학생들이 비과제 행동을 많이 함. - 교구를 준비하고 정리 하는 시간이 많이 소요됨.
준비 운동	3	
과제 설명 및 시범	3	
수업 교구 준비	5	
과제 활동 참여 시간	12	
과제 활동 이동 시간	6	
과제 활동 대기 시간	7	
정리 운동	3	
학습 내용 정리 및 평가	3	
차시 예고	1	
수업 교구 정리	5	
총 수업 시간	50	

• 개선 방안

─── <보 기> ───
ㄱ. 행동 규칙의 설정 및 지속적인 상기, 규칙 준수 여부에 따른 보상이나 처벌 방안 등을 통한 지도가 필요하다.
ㄴ. 학년 또는 학기 초부터 과제 참여 형태를 효율적으로 조직한다.
ㄷ. 학습 과제에 몰두하고 과제지향적인 태도를 갖도록 하는 교수 전략을 활용한다.
ㄹ. 수업 내용의 특성에 따라 수업 시간을 통합적으로 운영한다.

① ㄷ, ㄹ   ② ㄱ, ㄴ, ㄷ   ③ ㄱ, ㄷ, ㄹ
④ ㄴ, ㄷ, ㄹ   ⑤ ㄱ, ㄴ, ㄷ, ㄹ

31. 대한 중학교 송 교사의 수업 반성 일기에 나타난 피드백의 종류로 옳지 않은 것은?

'12. 기출

> 2학년 3반 수업 내용은 축구였다. 모둠별로 축구의 인스텝 킥 연습을 실시하였다. 숫돌이 모둠의 현경이가 인스텝 킥을 정확하게 수행한 후 친구들과 손뼉을 치다가 나와 눈이 마주쳤다. (가) 나는 엄지손가락을 세워 보였다. 그러자 현경이는 좋아했다.
> (중략)
> 한편, 지수가 인스텝 킥을 실축하자 나는 다시 차 보라고 하였다. 그러나 지수는 또 실축을 하였다. 이번에는 (나) "지수야, 지금처럼 고개를 들면 안 돼!" (다) "고개와 허리를 약간 숙여 공에 시선을 고정해야 인스텝 킥이 정확해!" 라고 말해주었다. 그랬더니 지수가 이번에는 성공하였다. (라) "그래 잘했어!" 라고 지수를 칭찬하였다. 앞으로는 피드백을 줄 때 좀 더 구체적으로 제시해야겠다고 생각했다.

① (가)-긍정적, 내재적 피드백   (다)-교정적, 구체적 피드백
② (가)-일반적, 비언어적 피드백   (다)-교정적, 외재적 피드백
③ (나)-부정적, 언어적 피드백   (다)-언어적, 외재적 피드백
④ (나)-구체적, 언어적 피드백   (다)-일반적, 긍정적 피드백
⑤ (나)-외재적, 부정적 피드백   (다)-외재적, 긍정적 피드백

32. 다음은 표현 활동의 영역의 구체적인 지도 방안과 관련된 중학교 체육 교사의 대화 내용이다.

> 신 교사 : 다음 달에 선생님의 학교에서 공개수업을 한다던데, 선생님께서는 무슨 내용으로 수업을 하실지 결정하셨나요?
> 유 교사 : 아니에요. 아직도 고민이에요. 연간 계획표를 보니 창작 표현이더군요. 표현 활동이라면 일단 무용을 지도해야 하는데 솔직히 저는 무용이 많이 부담스럽거든요.
> 신 교사 : 어떤 점이 부담스러우신 건가요?
> 유 교사 : 글쎄요. 표현 활동이니까 아무래도 학생들이 무용 동작을 습득하는 게 가장 중요하잖아요. 그런데 제가 무용 동작에 자신이 없고 학생들도 무용을 기피하는 것 같거든요.
> 신 교사 : 참! 지난 여름방학 때 저와 함께 줄넘기 연수받으셨잖아요. 차라리 음악 줄넘기를 해보시는 게 어때요? 학생들도 초등학교 때부터 많이 해 온 거라서 좋아할 거고요.
> 유 교사 : 표현 활동 수업인데 그런 것을 해도 괜찮나요?
> 신 교사 : 그럼요. 저도 지난 학기에 창작 표현 수업을 음악 줄넘기를 했는데 학생들이 열심히 하고 제법 잘 하더라고요. 표현 활동 역역은 학생들이 직접 주제를 정하고, 작품을 구성해서 발표하는 기회를 갖는 게 중요하거든요. 그런 것을 하기에 음악 줄넘기가 적절하더군요.
> 유 교사 : 아! 그렇군요. 학생들이 직접 줄넘기 동작을 창안하기도 하고 발표도 하고……. 그런데 학생들이 줄넘기 동작을 창안하는 게 쉽지 않았을 것 같은데요?
> 신 교사 : 맞아요. 그것 때문에 저도 많이 고민했지요. 그래서 자료를 찾아보다가 어떤 교육과정 모형을 발견했는데, 그 모형의 개념틀이 동작을 분석적으로 이해하고 응용하도록 하는 데 도움이 되더라고요. 거기에서 수업 아이디어를 얻었죠. 그 개념틀의 요소와 차원들을 활용해서 학생들에게 시범적으로 줄넘기 동작을 몇가지 변형해 보여 주었더니, 학생들이 쉽게 줄넘기 동작의 변형 방법을 배우던데요.
> 유 교사 : 아! 그래요? 그런데 개념틀이 꽤 복잡해 보이는데, 학생들이 어려워하지 않던가요?
> 신 교사 : 물론 어려워하더군요. 그래서 개념틀의 세부적인 차원들을 모두 적용하지 못하고 원래 개념틀을 약간 수정해서 제가 보여드리는 <표 1>처럼 학생들이 이해하기 쉽게 재구성해서 적용했습니다.
>
> <표> 신교사가 활용한 개념틀(줄넘기 동작 창안의 근거)
>
> | 요소 | 신체 | 노력 | 공간 | 관계 |
> |---|---|---|---|---|
> | 차원 | 신체의 모양 | 흐름 | 방향 | 개인 및 그룹 |
>
> 유 교사 : 훌륭하시네요! 정말 많은 도움이 되었어요. 저도 당장 그 모형을 찾아보고 적용해 봐야겠습니다.

2007년 개정 체육과 교육과정의 표현 활동 영역 지도에 대해 유 교사가 잘못 이해하고 있던 2가지 사실을 제시한 후, 교육과정의 '교수·학습 방법' 항에 근거하여 수정하시오. 또한 신 교사가 줄넘기 표현 활동 수업에 적용했던 모형의 명칭을 쓰고, <표 1>에 제시되어 있는 각 '요소'별로 1가지씩 줄넘기 동작을 창안하되, 각 동작이 '차원'과 어떻게 관련 있는지 설명하시오. [20점]

'12. 2차

33. 다음은 김 교사와 철수의 수업 중 대화이다. 이 수업 장면에서 김 교사가 농구 슛 지도에 활용한 교수 스타일에 대한 설명으로 옳은 것은?   '11. 기출

> 김 교사 : 농구에서 슛을 할 때 어느 정도 높게 던져야겠니?
> 철　　수 : 골대 높이보다 조금 높게 던져야 할 것 같아요.
> 김 교사 : 그럼 앞에서 수비수가 손을 들고 있는 상황을 연상 해 봐. 이 때 슛의 높이는 어떻게 해야 할까?
> 철　　수 : 수비수가 막지 못하게 높게 던져 포물선을 그리면서 들어가도록 해야 해요.
> 김 교사 : 맞았다. 그렇다면 공이 포물선을 그리려면 공의 어느 부분에 손의 힘이 전달되어야 좋을까?
> 철　　수 : 공의 밑 부분이요.
> 김 교사 : 그래. 그럼 공이 높은 포물선을 그리는 데 도움이 되는 동작이 또 있을까?
> 철　　수 : 무릎 반동을 이용하고, 팔꿈치를 위로 올려 손목 스냅으로 백스핀을 주면 도움이 될 것 같아요.
> 김 교사 : 아주 잘했다. 이제 연습을 해 보자.

① 교사는 주도적으로 확산형 질문을 설계해야 한다.
② 학습자와의 1:1 상황보다는 집단 학습에 사용될 때 더욱 효과적이다.
③ 과제 활동 후 교사와 학생의 지속적인 상호 작용이 이루어지지 않는다.
④ 학습 내용 중 탐색할 주제를 학습자들이 사전에 알고 있는 것이 효과적이다.
⑤ 지시형 스타일처럼 모든 과제 활동 전, 중, 후에 교사가 의사 결정에 참여한다.

34. 다음은 체육 교사의 축구 지도 전문성 발달을 위해 계획하고 있는 연수 일정표이다. 슐만(L. Shulman, 1987)의 교사 지식 범주 중 이 일정표에 나타나지 않은 것은? [1.5점]   '11. 기출

연수 일정	연수 내용
1주차	축구의 교육적 목적과 가치 이해
2주차	축구 경기의 역사 이해
3주차	축구 기본 기술 지도법의 실습
4주차	축구 응용 기술 지도법의 실습
5주차	축구 공격 전술의 계획
6주차	축구 심판법의 이해
7주차	축구 시설 및 기구 관리론

① 교육 과정 지식, 내용 지식, 지도 방법 지식
② 내용 지식, 지도 방법 지식, 내용 교수법 지식
③ 교육 환경 지식, 교육 목적 지식, 내용 지식
④ 내용 교수법 지식, 교육 과정 지식, 학습자와 학습자 특성 지식
⑤ 지도 방법 지식, 교육 과정 지식, 학습자와 학습자 특성 지식

35. 다음은 내용 숙달 가치 정향을 가지고 있는 박 교사의 진술문이다. 박 교사가 자신의 가치 정향을 실현하기 위해 선택할 수 있는 교육 과정 모형, 수업 모형, 교수 스타일을 바르게 연결한 것은? [2.5점]   '11. 기출

> 저는 요즘 청소년들의 체력이 저하되고 있는 것이 안타깝습니다. 체력의 요소와 이를 증진할 수 있는 운동 방법을 정확히 아는 것이 중요한데, 요즘 청소년들은 이를 잘 모르고 있는 것 같습니다. 평소 우리 학생들이 체력 운동을 많이 힘들어하니 올해는 제가 체력 증진 프로그램 모듈을 만들어서 학생들이 스스로 운동할 수 있도록 지도하려고 합니다. 특히, 작년에는 학급 인원이 너무 많아서 학생의 체력 차이를 고려하지 못했는데, 이번에는 이를 해결할 방법을 찾아야겠습니다.

	교육과정 모형	수업 모형	교수 스타일
①	체력교육 모형	개별화지도 모형	포괄형
②	체력교육 모형	책임감지도 모형	포괄형
③	체력교육 모형	개별화지도 모형	자기설계형
④	발달단계 모형	책임감지도 모형	자기설계형
⑤	발달단계 모형	직접교수 모형	자검형

36. 다음은 초임 교사의 수업 일지이다. 이 일지에 나타난 수업 활동에 대한 설명으로 옳지 않은 것은?   '11. 기출

> 일시 : 2010년 ○월 ○일. 금요일. 3교시
>
> 학생들의 체력 증진을 위해 오늘부터 개인 줄넘기를 가르쳤다. 총 5차시를 계획했으며, 오늘 수업이 첫 차시였다. … (중략)… 학습 목표를 ㉠"5가지 줄넘기 동작 중 3가지 동작을 순서대로 각각 30회 이상씩 연속적으로 실시할 수 있다."로 설정하여
> 체력 운동의 지루함을 극복하고 학습 동기를 고취시키고자 하였다. 먼저 첫 동작인 이중뛰기에 대한 시범을 보인 다음, 이 동작에 대한 인지를 강화하기 위해 ㉡동작을 통해 연상되는 이미지에 대해 질문하였다. … (중략)…
> 수업이 진행되면서 많은 학생들이 이중뛰기 동작의 수행에 어려움을 느끼고, 좀 더 쉬운 동작인 ㉢외발뛰기를 하고 있었다. 수업 시작 후 30분이 지나자 학생들이 육체적, 심리적으로 많이 힘들어 하는 기색을 느낄 수 있었다. 이에 과제 활동을 중단하고, ㉣남은 시간 동안 어제 있었던 월드컵 결승 경기의 관람 태도에 대해 이야기를 해 주었다. 그러나 아직 수업 경험이 부족한 초임 교사인지라 수업 중 설명을 하는 데 당혹감을 느꼈다. 이러한 면을 개선하기 위해 ㉤다음 차시 때에는 수업을 촬영한 후 선배 체육 교사에게 화법에 대한 수업 지도를 받아야겠다.

① ㉠의 학습 목표는 메이거(R. Mager)의 '조건-기준-행동' 요소를 충족시킨다.
② ㉡의 질문 유형은 '확산형 질문'에 해당된다.
③ ㉢의 학습 내용은 '폐쇄 기능'에 속한다.
④ ㉣의 교수 행동은 '비기여 행동'에 속한다.
⑤ ㉤의 수업 장학은 '동료 장학'에 해당된다.

37. 다음은 정 교사의 축구 수업을 개선하기 위해 실시한 동료 장학 결과이다. 이 자료를 해석한 것으로 옳지 <u>않은</u> 것은?   '11. 기출

<동료 장학 전>

관찰 내용		시간(분)
드리블 연습	적절한 드리블	10
	부적절한 드리블	10
전략 이해		5
과제 이탈		10
대기		10
이동		5
총 50분		

⇨

<동료 장학 후>

관찰 내용		시간(분)
드리블 연습	적절한 드리블	15
	부적절한 드리블	5
전략 이해		12
과제 이탈		8
대기		6
이동		4
총 50분		

① 실제 학습 시간이 증가되었다.
② 수업 운영 시간이 감소되었다.
③ 운동 참여 시간이 증가되었다.
④ 과제 참여 시간이 증가되었다.
⑤ 동료 장학의 효과가 나타났다.

38. 다음은 유 교사의 높이뛰기 수업에 대한 관찰 기록지의 일부이다. ㉠~㉤에 대한 설명으로 옳은 것은?

'11. 기출

높이뛰기 수업 관찰 기록지

수업 교사 : 유○○   관찰 교사 : 김○○
날   짜 : 10월 20일   시   간 : 3교시

[관찰 내용]
- 높이뛰기 과제를 제시하기 위해 ㉠ 높이뛰기 동작에 대하여 시범을 보인 후 관련된 운동역학적 지식을 활용하여 설명함.
- ㉡ "동렬아, 높이뛰기를 잘하는 사람과 못하는 사람은 어떠한 차이가 있을까?"라고 학생에게 질문함.
- 운동 기능 수준에 따라 A, B, C 모둠을 편성한 후 학생들에게 연습하도록 지시함.
- 순회하면서 ㉢ "정우야, 공중동작 시 배를 내밀고 목을 당겨 활처럼 만들어야지."라는 말로 개별 피드백을 제공함.
- ㉣ "병찬아, 연습을 해야 늘지. 쉬고 있으면 어떡하니! 빨리 너희 조로 가서 연습해. 알았지?"라고 말하면서 그늘에서 쉬고 있는 학생을 조치함.
- ㉤ 병찬이가 그늘에서 나오고, 문태가 다시 그늘로 이동하려고 하자 멀리서 손을 흔들어 제지함.

---

① ㉠의 통합 전략은 포가티(R. Fogarty)의 '교과 간 통합'에 해당한다.
② ㉡의 질문은 '회상 질문(recall question)'에 해당한다.
③ ㉢의 피드백은 '가치적–일반적 피드백'에 해당한다.
④ ㉣의 교수 행동은 '운영 행동'에 해당한다.
⑤ ㉤의 교수 행동은 '접근 통제(proximity control)'에 해당한다.

39. 체육수업 모형 중 학습 영역의 최우선 순위가 동일한 수업 모형을 〈보기〉에서 고른 것은?

'11. 기출

〈보 기〉
ㄱ. 직접교수 모형   ㄴ. 개별화지도 모형
ㄷ. 협동학습 모형   ㄹ. 전술게임 모형
ㅁ. 탐구수업 모형   ㅂ. 동료교수 모형(학습자인 경우)

① ㄱ, ㄴ, ㅂ   ② ㄱ, ㄷ, ㄹ   ③ ㄴ, ㄷ, ㅁ
④ ㄴ, ㄹ, ㅁ   ⑤ ㄹ, ㅁ, ㅂ

40. 다음은 남녀 공학인 대한중학교 체육 교과 협의회의 회의록 내용이다.

◎ 체육 교과 협의회 회의록 ◎

일 시	2010년 11월 17일(수)	장 소	대한중학교 체육 교과 준비실
참석 교사	4명(강 교사, 배 교사, 서 교사, 홍 교사)		
안 건	양성평등 체육교육을 배경으로 한 혼성 체육 수업 실시에 대한 의견 수렴		
협의 내용	○ **수업 목표 측면** 　최근 체육교육 목표관의 변화를 반영하기로 함. ○ **수업 내용 측면** 　남녀 학생 모두를 만족시킬 수 있는 수업 내용을 선정하기로 함. ○ **학생 평가 측면** 　한 개의 평가 기준을 적용하여 양호도를 확인하기로 함.		
○ 합의 사항 교사들의 다양한 의견을 수렴하여 다음 학기부터 혼성 수업을 실시하기로 함.			

위에서 제시한 회의록 내용을 바탕으로, 안건의 배경인 '양성평등 체육교육'의 개념을 설명한 후, '수업 목표', '수업 내용', '학생 평가' 측면에서 혼성 체육 수업의 필요성을 기술하고, 동일한 측면에서 혼성 체육 수업의 특징을 각각 3가지만 제시하시오.
[20점]

'11. 2차

41. 다음은 동료 교사의 수업을 관찰한 후 작성한 참관록이다. (가)~(다)에 들어갈 말로 옳은 것은?

'10. 기출

일시	2009년 ○월 ○일		장소	체육관
참관 내용 및 의견	이번 체육 수업은 수업 전반에 걸쳐 효율적인 교수-학습이 이루어졌다고 생각합니다. 먼저 과제카드와 스테이션을 만들어 학생들이 서로 다른 학습 과제를 동시에 연습하도록 한 (가) 수업은 학생들에게 큰 도움이 되었던 것 같습니다. 　그러나 학생들이 과제 활동에 참여하는지 아니면 과제 이탈 행동을 하는지를 알아보기 위해 5분마다 과제 이탈 학생 수를 세어보는 (나) 을 사용하여 분석한 결과, 45명의 과제 이탈 학생이 나왔습니다. 　학생들의 운동 참여 시간을 충분히 확보해주고 수업 관리와 조직을 더욱 철저히 하여 이런 과제 이탈 학생을 줄이는 것이 좋을 것 같습니다. 특히 수업 중에 학생의 수준별로 과제 난이도를 다양하게 선정하여 제시한 것은 교수-학습의 (다) 을 충분히 반영한 것으로 매우 인상적이었습니다.			

	(가)	(나)	(다)
①	적극적 (active)	사건기록법 (event recording)	통합성
②	과제식 (task)	시간표집법 (time sampling)	개별성
③	상호작용적 (interactive)	사건기록법	창의성
④	과제식	지속시간기록법 (duration recording)	개별성
⑤	적극성	시간표집법	개별성

42. <보기>는 탐구 수업에서 사용되는 전략 가운데 틸라선(Tillotson)의 문제 해결 과정 5단계를 '평균대에서 방향 바꾸기' 과제에 적용한 예시이다. 단계에 따라 바르게 연결한 것은? [1.5점]
'10. 기출

― <보 기> ―
ㄱ. 교사는 '방향 바꾸기'에 관련된 질문을 통하여 학생들이 해결해야 할 과제를 안내한다.
ㄴ. 교사는 학생들이 제자리에서 '방향 바꾸기'를 시도하는 과정에서 단서, 피드백, 보조 질문 등을 제공하고 관찰한다.
ㄷ. 교사는 학생들이 다양한 방법으로 '방향 바꾸기'를 수행한 후 자신의 문제 해결 과정에 대해 다른 학생에게 발표 하게 한다.
ㄹ. 교사는 '방향 바꾸기'의 개념, 숙련해야 할 기술, 학생들을 순차적으로 고무시키는 방법에 대해 알고 있다.
ㅁ. 교사는 학생들이 이동하면서 앞, 옆, 뒤로 방향을 바꾸어 수행할 수 있도록 단서, 피드백, 보조 질문 등을 활용한다.

① ㄱ-ㄴ-ㄹ-ㅁ-ㄷ
② ㄱ-ㄹ-ㄴ-ㄷ-ㅁ
③ ㄱ-ㄹ-ㄴ-ㅁ-ㄷ
④ ㄹ-ㄱ-ㄴ-ㄷ-ㅁ
⑤ ㄹ-ㄱ-ㄴ-ㅁ-ㄷ

43. 다음은 시덴탑(Siedentop)의 스포츠교육모형을 적용한 네트형 경쟁 활동의 차시별 계획안이다. 이 모형의 6가지 핵심 특성을 모두 반영하기 위해 7차시부터 포함해야 할 교수-학습 활동과 가장 거리가 먼 것은?
'10. 기출

차시	교수-학습 활동	비 고
1	배구의 역사 이해, 경기 감상	
2	배구 기초 기능 연습 및 팀 편성	기능 수준을 고려한 팀 편성
3	배구 기초 기능 연습	
4	팀별 기능 연습	주장, 심판, 홍보 등의 역할 분담
5	팀별 전술 연습	연습 기간, 시합 기간 선정
6	팀별 연습 및 경기진행법 연습	
7 ~ 15		

① 득점, 반칙 등의 개인 기록과 팀의 승패에 대한 기록을 남긴다.
② 토너먼트나 리그전 등의 경기를 계획하고 경기의 규칙을 제정한다.
③ 개인 및 팀 기능을 향상시키기 위해 운동기능검사를 실시한다.
④ 모든 학생이 참여하는 결승전 행사나 다양한 형태의 이벤트를 마련한다.
⑤ 팀의 정체성을 드러낼 수 있는 다양한 깃발, 푯말 등을 만들어 분위기를 조성한다.

44. 다음은 초임 교사와 경력 교사의 대화이다. ㉠~㉢에 해당하는 슐만(Shulman)의 교사 지식 유형으로 가장 적절한 것을 <보기>에서 고른 것은? '10. 기출

> 초임 교사 : ㉠ 우리 학교에는 높이뛰기 바와 매트가 1개 밖에 없고, 한 학급의 학생은 40 명이 넘습니다. 게다가 여학생들이 높이 뛰는 것 자체를 무서워해서 수업을 하기가 힘이 듭니다.
> 경력 교사 : 저는 침대 매트리스를 구해 높이뛰기 매트로 사용 하고 있습니다. 높이뛰기 바 대신에 고무줄을 배드민턴 지주와 연결하여 다양한 높이에서 넘을 수 있도록 하고, ㉡ 여학생이 좋아하는 고무줄 넘기를 통해 발구르기를 할 때의 두려움을 극복 하도록 합니다. 그러면서 자기 수준에 맞게 도전 하고 보다 성공적인 참여 경험을 가질 수 있도록 수업을 하고 있습니다. 만약 ㉢ 부족한 시설 때문에 높이뛰기를 하지 못할 경우에는 학년 초에 교과 협의회를 통해 수업이 가능한 신체 활동으로 연간 계획을 수립하기 바랍니다.

─────── <보 기> ───────
a. 내용 지식(content knowledge)
b. 지도 방법 지식(general pedagogical knowledge)
c. 내용 교수법 지식(pedagogical content knowledge)
d. 교육과정 지식(curriculum knowledge)
e. 학습자와 학습자 특성 지식(knowledge of learners and their characteristics)
f. 학습 환경에 대한 지식(knowledge of educational contexts)

	㉠	㉡	㉢
①	b	c	a
②	e	a	d
③	f	c	d
④	e	b	f
⑤	f	c	b

45. 다음은 봉산탈춤 교수-학습 과정안의 일부이다. 이에 대한 설명으로 옳은 것을 <보기>에서 고른 것은? [2.5점]

'10. 기출

단계	학습 내용	교수-학습 과정	시간
전개	▶기본 춤사위 연습	○ 봉산탈춤의 기본 춤사위(불림, 고개잡이, 다리 들기, 외사위)에 대한 전시 과제 확인 ○ 집단별 연습 - 학급을 4개의 큰 모둠(가, 나, 다, 라)으로 나누고, 큰 모둠을 다시 2명씩 4개의 작은 모둠(A, B, C, D)으로 나눈다. - A 모둠끼리 모여 전문가 집단을 구성하고 '불림'을 집중적으로 학습한다. - 같은 방식으로 B 모둠은 '고개잡이', C 모둠은 '다리들기', D 모둠은 '외사위'에 대한 전문가 집단을 구성하여 학습한다. - 전문가 집단에서 배운 내용을 각자 속한 큰 모둠으로 돌아가 모둠원에게 가르쳐 준다.	20분
	▶기본 춤사위의 연결 동작 연습과 평가	○ 학생 전체 기본 춤사위 연결 연습 ○ 관찰 평가 : 큰 모둠 내에서 작은 모둠 별로 짝을 이룬 후 한 학생은 4가지 동작을 연결하여 표현 하고 짝은 교사가 제시한 기준에 따라 표현의 정확성에 대해 평가하고 피드백을 제공함. A(aa') B(bb') C(cc') D(dd') '가' 모둠 → 학생a (실시) / 학생a'(관찰), 학생b (실시) / 학생b'(관찰), 학생c (실시) / 학생c'(관찰), 학생d (실시) / 학생d'(관찰)	15분
정리	질문 및 차시 예고	○ 기본 춤사위에 대한 요약 정리 ○ "다음 시간에는 기본 춤사위 외에 새로운 동작 4가지를 조합하여 총 64박자의 탈춤을 구성해야 하는데, 어떤 새로운 춤사위를 만들 수 있을까?"	5분

─────── <보 기> ───────

ㄱ. 학생 팀-성취배분(STAD) 전략을 활용하여 모둠의 상호 작용을 촉진하도록 하고 있다.
ㄴ. 직소(Jigsaw) 전략을 통해 과제를 수행하도록 하고 있다.
ㄷ. 포괄형 스타일(inclusive style)을 활용하여 다양한 난이도의 과제를 제시하고 있다.
ㄹ. 확산형 질문(divergent question)을 통해 학생들의 인지 작용을 촉진하도록 하고 있다.
ㅁ. 상호학습형 스타일(reciprocal style)을 활용하여 동료 간에 즉각적인 피드백을 제공하도록 하고 있다.

① ㄱ, ㄴ, ㄷ ② ㄱ, ㄴ, ㄹ ③ ㄴ, ㄷ, ㄹ
④ ㄴ, ㄹ, ㅁ ⑤ ㄷ, ㄹ, ㅁ

46. 다음은 윤 교사가 작성한 수업 반성 일지이다. ㉠, ㉡에 해당하는 윤 교사의 수업 관리 행동과 상범이의 행동(㉢)에 해당하는 헬리슨(Hellison)의 책임감 발달 단계로 적절한 것은?

'10. 기출

> ○월 ○일
> 대부분의 아이들은 줄을 서서 자유투 연습을 했지만 상범이는 나의 눈을 피해 새치기를 하거나 다른 친구들을 방해하였다. ㉠ 나는 상범이와 시선을 마주치며 손짓으로 주의를 주었다. 하지만 상범이의 행동은 개선되지 않았고 ㉡ 나는 상범이에게 다른 친구에게 피해가가지 않도록 줄 서는 행동을 5회 반복시켰다.
>
> ○월 ○일
> 그 동안 나는 상범이에게 벌을 주기도 하고 점수나 체육 기구 이용권 같은 상을 주기도 했지만, 특별하게 달라지지는 않았다. 결국 나는 상이나 벌 보다는 상범이 스스로 자기를 돌아보게 하는 것이 중요하다는 것을 깨달았고 상범이와 지속적으로 대화를 나누면서 농구할 때의 자기 행동을 돌아보고 반성할 수 있도록 하였다. 물론 쉽지는 않았지만 상범이는 ㉢ 내가 일일이 시키지 않아도 스스로 알아서 줄을 서면서 농구 연습을 열심히 하는 모습을 보여주었다.

	㉠	㉡	㉢
①	긴장 완화 (tension release)	삭제 훈련 (omission training)	1 단계
②	신호 간섭 (signal interference)	적극적 연습 (positive practice)	1 단계
③	신호 간섭	적극적 연습	2 단계
④	신호 간섭	삭제 훈련	2 단계
⑤	접근 통제 (proximity control)	적극적 연습	2 단계

47. 다음은 교사가 배드민턴 활동에서 활용한 평가 도구의 일부이다. 교사는 5 차시에 걸쳐 리그전이 수행되는 동안 이 평가 도구를 활용하여 자료를 수집하고 그 결과를 총괄평가에 반영하였다. 이 평가 도구 및 평가 방식에 대한 설명으로 적절하지 않은 것은?   '10. 기출

경기 기록지

월   일   교시

코트번호	조	이름	경기 예절							경기 결과			
			절차 존중		상대 존중		심판항의	팀원 존중		예절총점	1차전		2차전	
			심판인사	상대인사	칭찬	욕설/무시		언어적격려	불평		승패	세트	승패	세트
1	1조	박○○	/	/	/		//	/		2	승	2:0	승	2:1
		홍○○		/	//		//			1				
	2조	신○○		/				///		-2	패	1:2	승	2:0
		김○○		/		/	/			-1				
	3조	이○○	/							1	패	0:2	패	0:2
		천○○	/			//	//	/		-2				

〈경기 진행 및 기록 방법〉
   * 2개 조가 경기를 할 동안 나머지 1개 조는 심판과 기록원의 역할을 맡는다.
   * 기록원은 경기 중 학생들의 경기 예절 실천 횟수와 경기 결과를 기록하고, 총점을 산출하여 교사에게 제출한다.

① 경기 분석 능력을 평가하였다.
② 상호평가 방식을 활용하였다.
③ 양적평가 도구를 활용하였다.
④ 학습의 과정을 평가하였다.
⑤ 팀의 경기 수행 능력을 평가하였다.

48. 그림은 모스턴(Mosston)의 체육 수업 스타일에 따른 교사와 학생의 역할 구조를 나타낸 것이다. ㉠~㉤에 대한 설명이 옳지 <u>않은</u> 것은? [2.5점]   '10. 기출

	지시형	연습형	상호학습형	자기점검형	포괄형	유도발견형	수렴발견형	확산발견형	자기설계형	자기주도형	자기학습형
과제활동 전	교	교	교	교	교	교	교	교	교	학	학
과제활동 중	㉠( )→( )		학수	학	㉢( )→( )		학	㉤( )→( )		학	학
과제활동 후	교	㉡( )→( )	학	학	㉣( )→( )		학교	학	학	학

(교: 교사, 학: 학생, 수: 수행자)

① ㉠ : 교사가 수업 운영 및 장소, 질문 등을 결정하는 것에서 학생이 결정하는 것으로 변화한다.
② ㉡ : 교사가 운동 수행을 관찰하고 피드백을 제공하는 것에서 학생 관찰자가 학생 수행자에게 피드백을 제공하는 것으로 변화한다.
③ ㉢ : 학생이 과제 활동 수준을 스스로 선택하는 것에서 교사가 학생에게 일련의 질문을 통해 학습 내용을 찾아가도록 유도하는 것으로 변화한다.
④ ㉣ : 교사가 학생의 해결책에 대해 옳고 그름을 확인하는 것에서 학생의 다양한 해결책에 대해 중립적인 피드백을 제공하는 것으로 변화한다.
⑤ ㉤ : 교사가 제시한 과제에 대한 해결책을 학생이 다양하게 찾아 보는 것에서 교사가 제시한 공통 교과 내용에 대해 학생이 과제와 해결책을 스스로 설계하는 것으로 변화한다.

49. 다음은 축구 활동에 적용한 수업 전략이다. 이러한 전략을 주로 활용하는 수업 모형에 대한 설명으로 옳은 것을 <보기>에서 고른 것은? [2.5점]   '10. 기출

수업 목표	공의 소유권 유지하기
과제 내용	패스 및 움직임의 타이밍 조절 기능 향상
수업 절차	게임 이해 → 전술 이해 → 의사 결정 → 기술 연습 → 실제 게임 수행
질문과 답변	질문 : 공의 소유권을 지키기 위해서 어떻게 해야 하는가? 답변 : 수비수가 가까이 붙기 전에, 빈 공간으로 이동 중이거나 수비수에게 마크당하지 않은 팀 동료에게 패스해야 한다.

─────────── <보 기> ───────────
ㄱ. 과제는 교사가 주도적으로 제시하며 학습의 진도는 학생 스스로 결정하게 된다.
ㄴ. 구성주의 학습이론에 바탕을 두며 기능 연습에 앞서 전술적 이해를 강조한다.
ㄷ. 모든 학생은 모의 상황에서는 동일한 학습 속도로, 변형 게임에서는 수준별로 학습한다.
ㄹ. 교사는 연역적 질문을 통해 학생이 전술 문제를 해결할 수 있도록 한다.
ㅁ. 인지적, 정의적, 심동적 영역의 순으로 학습 영역의 우선순위를 둔다.

① ㄱ, ㄴ, ㄷ ② ㄱ, ㄴ, ㄹ ③ ㄴ, ㄷ, ㄹ
④ ㄴ, ㄹ, ㅁ ⑤ ㄷ, ㄹ, ㅁ

50. 그림과 같은 수업조치 방법에 대한 설명으로 가장 적절한 것은? '09. 기출

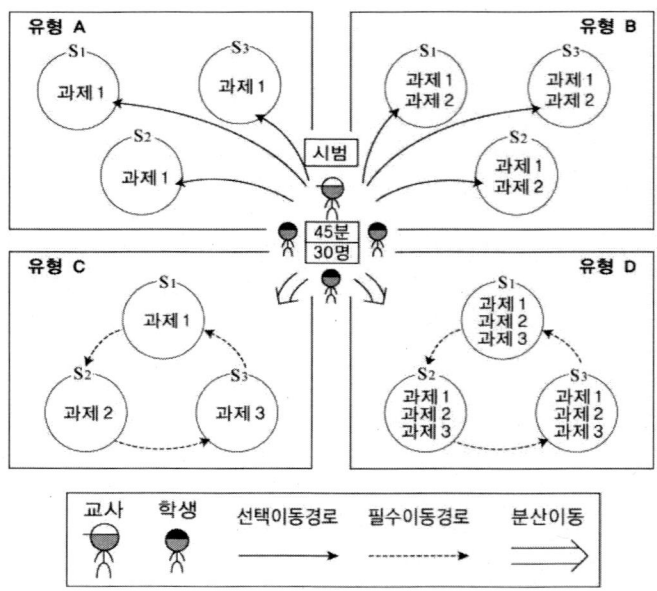

① A, B 유형에서는 학습자가 과제의 종류와 수행시간을 선택한다.
② C 유형에서는 과제마다 난이도를 다르게 제공하는 것이 중요하다.
③ D 유형은 각 스테이션 마다 동일한 과제를 제시해야 한다.
④ 4개 유형은 스테이션마다 연습식 스타일을 사용하는 것이 가장 효과적이다.
⑤ 4개 유형은 학생 수의 적정성, 시간 및 공간의 효율성에 초점을 둔 것이다.

51. 협동학습 모형(cooperative learning model)을 적용한 교수전략으로 옳지 않은 것은?

'09. 기출

① 모든 팀에게 동일한 학습 과제와 연습 시간을 주며, 팀 점수는 팀원의 개별 점수를 합하여 만든다.
② 각 팀에서 1등, 2등, 3등, 4등 점수를 받은 학생은 다른 팀의 같은 등수인 학생의 점수와 비교한다.
③ 팀원은 스스로 또는 다른 팀원의 도움을 받으면서 과제를 연습하고, 다른 팀원이 과제 수행 결과를 평가한다.
④ 각 팀원은 전문가 집단을 구성하여 학습 내용을 익히고 난 후 자신의 팀으로 돌아가 다른 팀원을 가르친다.
⑤ 교사의 체계적인 계획과 지도에 의해 학생들이 서로 짝을 이루어 역할을 교대하면서 상대방의 학습을 돕는다.

52. 과제 전달방식 중 학습단서(cues)에 대한 설명으로 옳지 <u>않은</u> 것은?

[1.5점]   '09. 기출

① 학습 단서를 올바르게 선택하기 위해서는 과제 내용을 이해해야 한다.
② 학습자의 연령이나 운동 수준에 따라 다른 종류의 학습단서가 필요하다.
③ 복잡한 과제에 관한 설명을 계열성 있게 조직하여 요약 단어로 제시할 수 있다.
④ 선택적인 학습단서의 이용을 통해 학습자에게 제시되는 정보의 양을 조정해야 한다.
⑤ 개방기능의 교수에 필요한 학습단서의 선택은 동작 자세의 수행에 중점을 두어야 한다.

53. 다음은 체계적 수업관찰 사례이다. 수업관찰 결과를 토대로 수업의 개선을 위해 교사들이 협의할 내용으로 적절한 것을 <보기>에서 모두 고른 것은?   '09. 기출

| 수업 : 최교사 | 내용 : 테니스 | 관찰 : 이 교사 |
| 날짜 : 11월 13일 | 관찰지속시간 : 40분 | |

행동		발생빈도		백분율(%)
학생 지도	학급	//// //// //// //// //// //// //// ////	40	70
	집단	//// //	7	12
	개인	//// ////	10	18
기술 피드백	긍정적	//// ////	10	22
	교정적	////	5	11
	부정적	//// //// //// //// //// ////	30	67
사회적 행동	칭찬	////	5	14
	제지	//// //// //// //// //// ////	30	86

──────── <보 기> ────────

ㄱ. 이 관찰법을 사용하는 이유는 행동의 반복성과 지속성을 알 수 있기 때문이다.
ㄴ. "다음에는 공에서 눈을 떼지 말고 폴로 스루(follow through)를 해라"와 같은 피드백 제공을 늘려야 한다.
ㄷ. 사회적 행동에 대한 칭찬 빈도를 늘릴 필요가 있다.
ㄹ. "그런 형편없는 서브를 넣다니!"와 같은 피드백을 줄여야 한다.
ㅁ. 사회적 행동 제지 시에는 관대해야 한다.

① ㄱ, ㄷ, ㅁ   ② ㄴ, ㄷ, ㄹ   ③ ㄱ, ㄴ, ㄷ, ㄹ
④ ㄴ, ㄷ, ㄹ, ㅁ   ⑤ ㄱ, ㄴ, ㄷ, ㄹ, ㅁ

54. 정 교사는 중학교 2학년 높이뛰기 수업을 설계하고자 한다. 정 교사의 교수·학습과 평가 계획이 지향하는 의도에 대한 설명으로 옳지 <u>않은</u> 것은? [2.5점]   '09. 기출

교수·학습 목표
• 높이뛰기의 과학적 원리 이해 및 적용 • 학생 자신에게 적합한 수준 설정과 도전

⇩

차시	교수·학습 활동	평가(준비자료)
1	높이뛰기의 과학적 원리 조사·탐색	(영상자료)
2	수준별 그룹편성 및 공중동작 연습	진단평가 (평가기록지)
3	도움닫기-수직점프, 공중동작의 과학적 원리 적용	(과제활동지)
4	수준별 학습과 자기점검	자기평가 (평가기록지)
5	평가 및 수준별 그룹 재편성	동료평가 (평가기록지)
-------중략--------		
10	총괄평가	지필평가 포트폴리오평가 기록평가

① 학생의 성취도를 높이뛰기 기록 위주로 평가하려고 한다.
② 학생에게 높이뛰기의 수행 과정에 대한 피드백을 제공하려고 한다.
③ 교수·학습 목표, 교수·학습 활동, 평가를 일관성 있게 유지하려고 한다.
④ 수업 중 수시 평가를 통해 학생의 학습 과정에 대한 평가를 시도하고 있다.
⑤ 높이뛰기의 수준별 수업에 따른 평가를 시도하여 교수타당도를 높이려고 한다.

55. 그림에 제시된 모스턴(Mosston)의 체육 수업 스타일에 대한 설명으로 옳지 <u>않은</u> 것을 <보기>에서 고른 것은?   '09. 기출

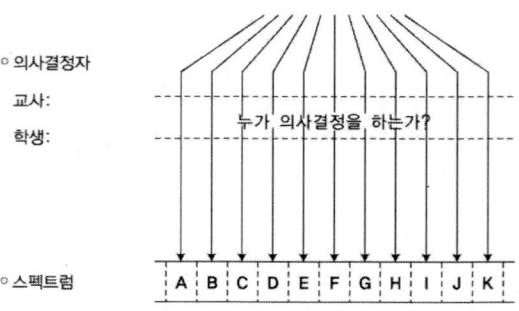

─────────────── <보 기> ───────────────
ㄱ. 스펙트럼 수업 틀을 개발하고 활동하는 이유 중 하나는 복합적인 교육 목표 때문이다.
ㄴ. A~E 스타일군에서 가변적인 학습 주제, 개념, 원리, 전략으로의 지식이 주제로 선정될 수 있다.
ㄷ. F 스타일이 적합하게 적용될 수 있는 체육 분야의 주제는 움직임의 과학적 원리이다.
ㄹ. G 스타일에서 학습자는 특정 문제에 대한 다양한 설계, 해답, 반응을 발견하는 역할을 한다.
ㅁ. A~J 스타일 군에서 학습자는 신체적, 사회적, 정서적, 인지적, 도덕적 발달의 경로에서 동일하게 영향을 받는다.

① ㄱ, ㄴ, ㄹ   ② ㄱ, ㄴ, ㅁ   ③ ㄴ, ㄷ, ㄹ
④ ㄴ, ㄹ, ㅁ   ⑤ ㄷ, ㄹ, ㅁ

56. 개인의미추구 모형 (personal meaning model)에 기초한 움직임 과정 영역의 구성요소인 유형화(patterning), 다양화(varying), 즉흥화(improvising)를 <보기>와 바르게 연결한 것은?   '09. 기출

―――――――― <보 기> ――――――――
ㄱ. 움직임 기술을 성취하기 위해 신체 부위를 연속적이면서 조화로운 방식으로 사용하고 배열하는 것이다.
ㄴ. 움직이는 동안 신체 관련성과 자아를 인지하는 것이다.
ㄷ. 부과된 과제의 요구에 부응하기 위해 유형화된 움직임을 변형하는 것이다.
ㄹ. 개별적으로 운동 방식을 독특한 방식으로 고안하고 구성하는 것이다.
ㅁ. 공간적-시간적 관련성을 숙달함으로써 움직임 유형이나 기술을 효과적으로 수행할 수 있는 조절 능력을 획득하는 것이다.
ㅂ. 개별적으로 새로운 운동을 즉성에서 창안하거나 고안하는 것이다.

	유형화	다양화	즉흥화
①	ㄱ	ㄷ	ㄹ
②	ㄱ	ㄹ	ㅂ
③	ㄴ	ㄷ	ㅁ
④	ㄴ	ㅂ	ㄹ
⑤	ㄷ	ㄹ	ㅁ

57. <보기>는 크래스올(Krathwohl)이 주장한 체육의 정의적 목표를 근거한 예시이다. 낮은 목표 수준에서부터 높은 목표 수준까지 바르게 배열한 것은? [2.5점]   '09. 기출

―――――――― <보 기> ――――――――
ㄱ. 학생은 기술과 운동수행의 향상을 위해 목표를 설정하고 노력할 수 있다.
ㄴ. 학생은 수업시간 이외 활동에서 게임 규칙과 예절을 지킬 수 있다.
ㄷ. 학생은 공정한 경기를 위해 규칙을 준수할 필요성을 설명할 수 있다.
ㄹ. 학생은 자신이 가장 좋아하는 춤에 대해 다른 학생의 설명을 잘 들을 수 있다.
ㅁ. 학생은 스포츠에서의 경쟁에 대해 찬성과 반대를 토론할 수 있다.

① ㄱ-ㄴ-ㄹ-ㅁ-ㄷ   ② ㄹ-ㄷ-ㅁ-ㄴ-ㄱ   ③ ㄹ-ㅁ-ㄷ-ㄱ-ㄴ
④ ㅁ-ㄷ-ㄱ-ㄴ-ㄹ   ⑤ ㅁ-ㄹ-ㄱ-ㄴ-ㄷ

58. 모스턴(Mosston)의 체육수업 스타일에 따른 교과내용 목표와 행동 목표를 바르게 제시한 것은?

'09. 기출

목표 유형		교과내용 목표	행동목표
①	상호학습형	지정된 관찰자와 수행자의 역할을 반복함으로써 교과내용을 자기 것으로 소화해 낼 수 있다.	자신의 과제수행을 확인할 수 있는 평가기준을 사용하며, 과제수행에 대한 정직성을 유지한다.
②	지시형	과제를 스스로 연습할 수 있으며, 이를 통하여 내용을 학습하고 내재화할 수 있다.	그룹의 기준에 맞추어 단체 정신을 강화하며, 모두 일체가 된 모습을 보인다.
③	포괄형	동일한 과제에서 학습자가 다양한 시작점을 선택할 수 있도록 여러 선택사항을 제공한다.	초기 과제수행 수준을 선택하여 과제의 시작점에 필요한 의사결정을 경험한다.
④	연습형	제시된 모델을 빠르게 모방할 수 있으며, 정확하고 정밀하게 수행할 수 있다.	9가지 의사결정을 실시해 봄으로써 학습자의 독자성을 초보적 수준에서 경험한다.
⑤	자기점검형	과제를 독립적으로 수행할 수 있으며, 자신의 과제수행에 대한 오류를 수정할 수 있다.	동료와 함께 피드백을 주고받는 방법과 사회적인 태도를 학한다.

59. 다음 교사들이 제시한 과제를 링크(Rink)의 내용발달(content development) 과정에 따라 바르게 표현한 것은?

'09. 기출

김 교사 : 그동안 연습한 체스트 패스, 바운드 패스, 훅 패스를 경기에서 사용해 보자.
이 교사 : 각자 점프 슛 연습을 5회 실시한 수 2인 1조가 되어 친구가 패스하는 공을 받아서 점프 슛을 해 보자.
박 교사 : 영철아! 지금 시도한 바운드 패스에서 손목과 손가락 스냅에 좀 더 신경을 쓰면 좋겠다.

	김 교사	이 교사	박 교사
①	과제 응용	과제 확대	과제 세련
②	과제 응용	과제 세련	과제 확대
③	과제 확대	과제 응용	과제 세련
④	과제 세련	과제 응용	과제 확대
⑤	과제 세련	과제 확대	과제 응용

60. 정 교사는 학생의 탐구력과 문제 해결 능력을 높이기 위해 탐구 수업 모형(inquiry model)을 적용하여 높이뛰기 수업을 계획하고, <그림 1>과 같이 도움닫기, 발구르기, 공중 동작, 착지의 4가지 단계로 구분하여 수업을 진행하였다. 물음에 답하시오. [30점]   '09. 2차

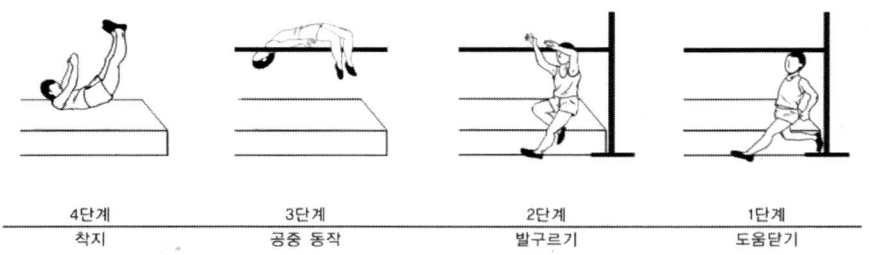

<그림 1> 높이뛰기 동작

60-1. 정 교사가 의도하는 탐구 수업 모형의 특징을 <그림 2>에 제시된 수업 주도성 프로파일을 이용하여 설명하시오. 또한 효과적인 높이뛰기 탐구 수업을 위하여 블룸(B. Bloom)이 제시한 '분석' 수준 이상의 질문을 각 동작 단계별로 한 개씩 제시하고, 최적의 동작을 수행하기 위한 방법과 역학적 원리를 각 단계별로 설명하시오. [20점]   '09. 2차

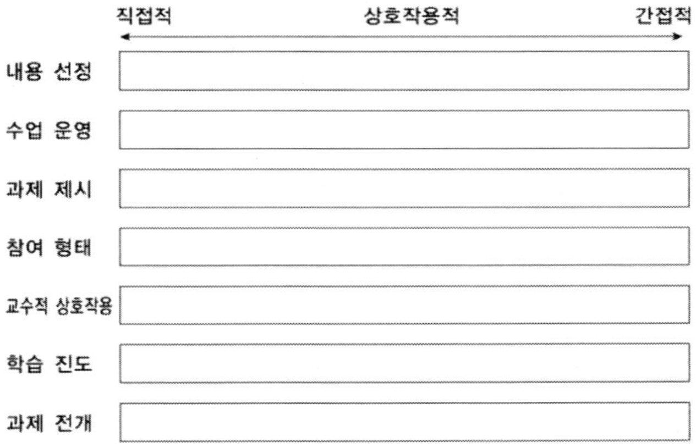

<그림 2> 수업 주도성 프로파일

60-2. 높이뛰기 기술은 가위뛰기, 엎드려뛰기, 배면뛰기 순서로 발전하였다. 이러한 발전과 밀접한 관계가 있는 역학적 요인과 원리를 설명하고, 이에 근거해서 예상할 수 있는 새로운 높이뛰기 방법을 제시하시오. [10점]   '09. 2차

61. 다음은 예비 체육 교사들이 체육관에서 교수 기능 또는 교수 전략을 연습하는 장면이다.

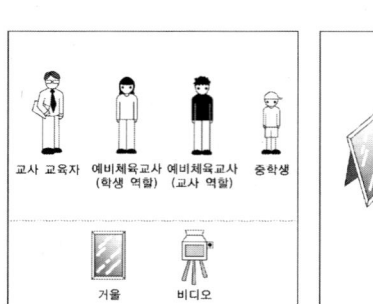
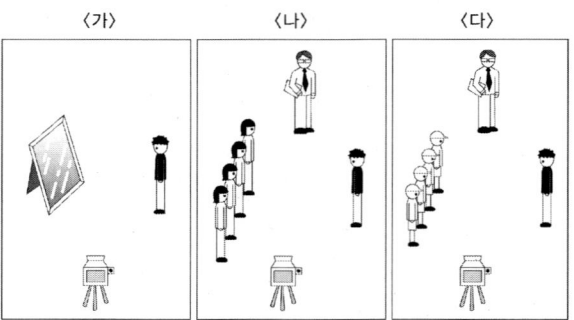

위의 〈가〉, 〈나〉, 〈다〉에서 이루어지고 있는 연습법의 명칭을 쓰고, 그 연습법의 특징을 각각 1줄로 설명하시오. [3점]

'08. 기출

- 〈가〉의 명칭 : _____
        특징 : _____
- 〈나〉의 명칭 : _____
        특징 : _____
- 〈다〉의 명칭 : _____
        특징 : _____

62. 다음은 김 교사가 장 교사의 수업을 관찰한 후 동학년 협의회에서 나눈 대화이다.

> 김 교사 : 오늘 장 선생님의 수업에서는 전체 학생을 대상으로 설명이나 시범이 없었고, 과제별 연습 시간이나 활동 내용도 이야기하지 않아서 교사의 역할이 거의 없었던 것 같은데, 어떻게 생각하십니까?
> 장 교사 : 제가 이 수업에서 활용한 수업 모형은 개별화 지도 모형입니다. 그래서 매 시간마다 ㉠(_____)을(를) 활용해서 학생들이 어떤 과제를 수행해야 하는지를 분명하게 알도록 하고 있습니다.
> 김 교사 : 그래도 수업이 제대로 이루어지려면 교사가 적극적으로 개입해서 학생들이 해야 할 일을 일일이 설명해 주고 일률적으로 움직이도록 해야 하지 않겠습니까?
> 장 교사 : 저는 이 모형을 활용하게 되면 수업 운영에 소비되는 불필요한 시간을 줄일 수 있고, 학생들에게 더 많은 피드백을 제공할 수 있으므로 보다 충실한 개별 지도가 이루어질 수 있다고 생각합니다.

장 교사가 활용한 개별화 지도 모형의 주제와 ㉠에 해당하는 명칭을 쓰시오. 그리고 장학 주체 측면에서 김 교사가 실시한 장학의 명칭을 쓰고, 김 교사의 장학 내용에서 나타난 문제점을 2줄 이내로 설명하시오. [4점]   '08. 기출

- 개별화 지도 모형의 주제 :
- ㉠의 명칭 : _____
- 장학의 명칭 : _____
- 장학 내용의 문제점 : _____

63. 다음은 ○○중학교의 체육 교과 협의회에서 혼성 학급 운영에 대하여 나눈 대화이다.

> 강 교사 : 박 선생님! 진단 평가를 해봤는데 혼성 학급의 모둠 편성은 어떻게 하는 것이 좋을까요?
> 박 교사 : 제7차 체육과 교육과정을 보면 남녀 학생들이 적극적으로 함께 수업에 참여하도록 나와 있지 않습니까? 그러니까 당연히 남녀 학생들을 섞어 모둠을 편성하는 것이 좋을 것 같아요.
> 최 교사 : 그래도 진단 평가 결과를 활용해서 학급의 특성을 고려한 다음에 모둠을 편성하는 것이 좋지 않을까요?
> 강 교사 : 네, 조언 고맙습니다. 진단 평가 결과를 토대로 모둠 편성 방식을 계획해 보겠습니다.

혼성 학급 운영에서 모둠 편성에 대한 박 교사의 한계점을 제7차 체육과 교육과정에 근거하여 2줄 이내로 설명하시오. 그리고 <표 1>의 진단 평가 결과를 토대로 강 교사의 모둠 편성 방식의 문제점을 쓰고, 최 교사의 모둠 편성 방식의 특징을 강 교사의 방식과 비교(단, 모둠의 개수는 비교하지 말 것)하여 2줄 이내로 설명하시오. [3점] '08. 기출

<표 1> 진단 평가 결과

학생	성별	기능	흥미	학생	성별	기능	흥미
A	남	높음	높음	E	남	낮음	낮음
B	여	높음	낮음	F	여	낮음	높음
C	여	높음	높음	G	여	낮음	낮음
D	남	높음	낮음	H	남	낮음	높음

<보기 1> 강 교사의 모둠 편성 방식

(A, D, E, H) (B, C, F, G)

<보기 2> 최 교사의 모둠 편성 방식

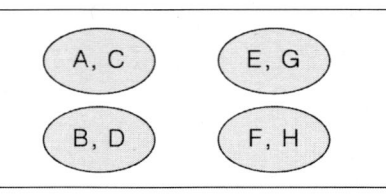

• 박 교사의 한계점 : _____

• 강 교사의 모둠 편성 방식의 문제점 : _____

• 최 교사의 모둠 편성 방식의 특징(단, 모둠의 개수는 비교하지 말 것)
  : _____

64. 최 교사는 라반(Laban)의 개념 틀을 활용하여 다음과 같이 농구 단원을 설계하고자 한다.

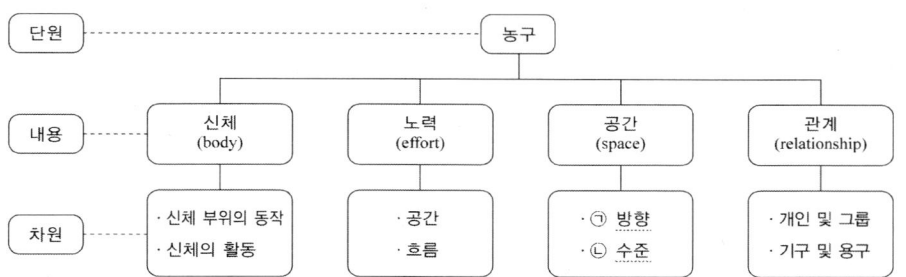

최 교사가 이 단원에서 활용하고자 하는 체육 교육과정의 모형 및 가치 정향을 각각 쓰고, 농구의 드리블을 소재로 ㉠ 방향(direction)과 ㉡ 수준(level) 차원의 개념이 적용된 학습 목표를 각각 1가지씩 쓰시오. [4점]   '08. 기출

- 체육 교육과정의 모형 : _____
- 체육 교육과정의 가치 정향 : _____
- ㉠ 방향 차원의 목표 : _____
- ㉡ 수준 차원의 목표 : _____

65. 다음은 박 교사와 정 교사가 작성한 농구 수업의 교수·학습 과정안 일부이다.

박 교사		정 교사	
학습 목표	▶ 발문을 통한 바운드 패스의 움직임 원리 이해 및 적용	학습 목표	▶ 교수자와 학습자의 역할 이해를 통한 체스트 패스의 기능 습득
수업 모형	▶ 스포츠 교육 모형 활용	수업 모형	▶ 동료 교수 모형 활용
교수·학습 활동	▶ 팀 편성 및 역할 분담 ▶ 팀별 리그 경기	교수·학습 활동	▶ 3인(관찰자 1인-수행자 2인) 1조 체스트 패스 연습

박 교사와 정 교사 중에서 수업 모형을 올바르게 활용한 교사는 누구인지 쓰고, 그 이유를 1줄로 설명하시오. 그리고 올바르게 활용 하지 못한 교사가 선택해야 하는 바람직한 수업 모형과 교수 스타일의 명칭을 각각 쓰고, 그 이유를 2줄 이내로 설명하시오. [4점]

'08. 기출

- 올바르게 활용한 교사 : _____
- 이유 : _____
- 수업 모형의 명칭 : _____
- 교수 스타일의 명칭 : _____
- 이유 : _____

66. 다음은 박 교사가 작성한 축구 수업의 교수·학습 과정안이다.

9차시	
학습 목표	1. 축구 경기의 방법과 규칙을 이해할 수 있다. 2. 축구 경기에 필요한 다양한 경기 기능을 익히고, 간이 경기에 활용할 수 있다. 3. 축구 경기를 감상하는 태도를 기를 수 있다.
교수·학습 활동	
도입	학습 목표와 내용 제시
전개	① 경기 방법과 규칙 설명 ② 모둠별 경기 기능 연습 ③ 모둠별 간이 경기 실시
정리	학습 내용 정리 및 차시 예고
수업 반성 (느낀 점)	오늘은 내가 설정한 인지적 영역과 심동적 영역의 학습 목표가 제대로 달성되어 기분이 좋았다. 그런데 ⊙ 경기 감상 태도와 같은 정의적 영역의 학습 목표는 제대로 달성되지 못한 것 같다. 또한, ⓒ 간이 게임 중에는 생각지도 않게 일부 학생들이 속임수를 이용한 반칙, 심판에 대한 항의와 같은 비신사적인 행동을 많이 해서 걱정스러웠다.

박 교사가 ⊙과 같이 생각하게 된 원인을 위의 교수·학습 과정안에서 찾아 쓰고, 그 원인을 바탕으로 제7차 체육과 교육과정이 내포하고 있는 한계점을 2줄 이내로 설명하시오. 그리고 ⓒ의 결과와 관계있는 교육과정의 명칭을 쓰고, 그 개념을 2줄 이내로 설명하시오. [4점]

'08. 기출

- ⊙과 같이 생각하게 된 원인 : _____
- 제7차 체육과 교육과정의 한계점 : _____

- ⓒ의 결과와 관계있는 교육과정의 명칭 : _____
- 개념 : _____

67. 다음은 박 교사가 농구 수업에서 체육관을 4개의 스테이션(station)으로 구분하여 모스톤(Mosston)의 티칭 스타일을 활용한 모습이다.

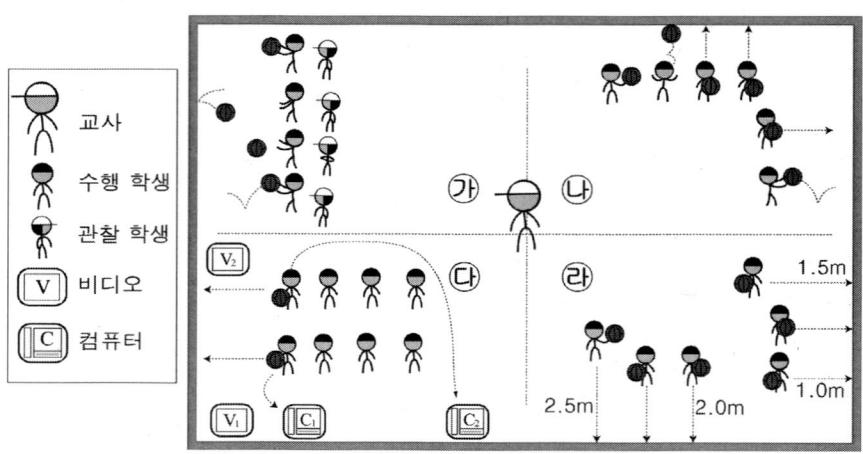

이 수업에서 박 교사가 활용한 4가지 티칭 스타일을 모사중심 티칭 스타일군에서 골라 각각의 명칭과 목적을 쓰시오. [4점]

'07. 기출

- 스테이션 ㉮의 티칭 스타일 명칭 : _____
  목적 : _____
- 스테이션 ㉯의 티칭 스타일 명칭 : _____
  목적 : _____
- 스테이션 ㉰의 티칭 스타일 명칭 : _____
  목적 : _____
- 스테이션 ㉱의 티칭 스타일 명칭 : _____
  목적 : _____

68. 다음은 최 교사와 박 교사가 작성한 농구의 단원 계획안이다.

<최 교사의 단원 계획안>

차시	학습 내용	준비 자료
1	• 농구의 역사, 경기 규칙 및 방법 이해	교과서, 시청각 자료
2	• 캐치와 패스 연습	
3	• 패스 연습	
4	• 이동 패스 연습	
5	• 드리블 연습	농구공, 고깔 장애물
6	• 패스와 드리블 연습	
7	• 세트 슛 연습	
8	• 점프 슛, 레이업 슛 연습	
9	• 자유투 연습	
10	• 종합 평가	농구공

<박 교사의 단원 계획안>

차시	학습 내용	준비 자료
1	• 농구의 역사, 경기 규칙 및 방법 이해	교과서, 시청각 자료
2	• 패스와 드리블 연습	농구공, 고깔 장애물
3	• 슛 연습	
4	• 공격 및 수비 전술 연습	
5	• 팀 편성과 역할 분담 (감독, 주장, 선수, 경기 기록원, 심판 등) • 경기 진행 방법 이해	농구공, 팀 조끼, 호각, 점수판, 초시계, 경기 기록지
6		
7	• 팀별 리그전	
8		
9		
10	• 결승전	

최 교사의 단원 계획안이 안고 있는 단점을 박 교사의 단원 계획안과 비교하여 1줄로 쓰고, 이 단점을 보완하기 위하여 박 교사가 도입한 수업 모형의 명칭과 그 특징을 5가지만 쓰시오. [4점]   '07. 기출

• 최 교사가 작성한 단원 계획안의 단점 : _____
• 박 교사가 도입한 수업 모형의 명칭 : _____
                 특징 : ① _____ ② _____
                        ③ _____ ④ _____
                        ⑤ _____

69. 다음은 축구 수업에서 문 교사와 학생이 나눈 대화의 일부이다.

> 문 교사 : 먼저 지난 시간에 배웠던 내용을 복습해 봅시다. 지난 시간에 몇가지 기초 기능을 실제 축구 경기 상황과 연관해 배웠습니다. 그중에서도 드리블은 수비수가 가까이 있을 때와 멀리 있을 때 시선 조정이 중요합니다.
> ㉮(   )?
> 학생 1 : 수비수가 공을 가로채려 하니까 앞에 있는 수비수를 봐야지요.
> 문 교사 : 그렇지요, 맞습니다. 그럼 지금부터 프리킥을 다양한 방법으로 연습해 봅시다.
> (1모둠은 수비수 없이, 2모둠은 수비수 2명, 나머지 모둠은 수비수 5명을 키커와 골대 사이에 세워 놓고 프리킥을 연습한다. 문 교사는 학생들을 다시 집합하게 한다.)
> 문 교사 : ㉯왜 프리킥을 할 때 키커와 골대 사이에 수비수가 많은 것이 좋을까요?
> 학생 2 : 키커가 직접 슛을 할 때 골대가 잘 보이지 않게 하려고요.
> 문 교사 : 그래요, 맞습니다. ………〈중략〉………
> 문 교사 : 자, 이제 여러분이 축구 경기에서 느꼈던 바를 솔직히 말해 볼까요. ㉰만약 경기 중에 수비수가 자신에게 심한 반칙을 했는데도 심판이 호각을 불지 않았을 경우 여러분은 어떻게 하겠습니까?
> 학생 3 : 심판에게 따져야지요. 그리고 그 선수에게 욕이라도 해야지요.

㉮를 회상형 질문으로 만들고, ㉯와 ㉰에 적용된 질문 유형의 명칭을 쓰고, ㉰에 적용된 질문 유형의 정의를 2줄 이내로 쓰시오. [4점]   '07. 기출

- ㉮의 질문 : _____
- ㉯ 질문 유형의 명칭 : _____
- ㉰ 질문 유형의 명칭 : _____
  정의 : _____

70. 다음은 김 교사와 박 교사가 수업 개선에 필요한 자료(또는 근거)를 수집하기 위하여 시행한 체계적 수업 관찰의 기록지이다.

<표 1> 김 교사의 기록지

| 교 사 : 김○○ 수업 내용 : 육상(이어달리기) |
| 관찰자 : 김○○ 날 짜 : 11월 22일 |

피드백 대상	1	2	3	4	5	6	7	8	9	10	빈도	%
학급	√	√	√		√	√	√				7	87
집단				√							1	13
개인											0	0
피드백 성격												
긍정적								√			1	13
중립적						√					1	13
부정적	√	√	√	√		√	√				6	74
피드백 구체성												
일반적	√	√	√	√		√					6	74
구체적							√	√			2	26

<표 2> 박 교사의 기록지

| 교 사 : 박○○ 수업 내용 : 맨손체조 |
| 관찰자 : 박○○ 날 짜 : 11월 21일 |

2분	6분	10분	14분	18분	22분	26분	30분	34분	38분
MA	W	MA	MI	W	T	W	T	MA	W
MA	T	MI	W	MI	T	W	T	MA	T
MI	T	MI	W	W	T	MI	MI	MI	W
MI	T	MI	W	W	T	MI	MI	MI	W

이하생략

행 동	빈 도	비 율(%)
과제 참여(MA)	13	11
비과제 참여(MI)	31	26
대기(W)	40	33
이동(T)	36	30
계	120	100

김 교사와 박 교사가 사용한 관찰 기록법의 명칭을 각각 쓰고, 각 교사의 수업에서 개선되어야 할 점을 기록지에 근거하여 2줄 이내로 설명하시오. [4점]   '07. 기출

- 김 교사가 사용한 기록법 명칭 : _____
  - 개선점 : _____
- 박 교사가 사용한 기록법 명칭 : _____
  - 개선점 : _____

71. 다음은 모스톤(Mosston)의 티칭 스타일에 대한 두 교사의 대화 내용이다.

> 김 교사: 체육 수업에서 학생들이 자기 주도적 학습을 통해 창의력이나 문제 해결력 등을 기를 수 있는 수업이 좋다고 생각해. 앞으로 교사가 주도하여 모든 사항을 결정하는 체육 수업은 지양하고, 학생들이 수업에 관한 많은 사항을 결정함으로써 스스로 생각할 수 있는 기회를 갖게 하는 학생 중심의 티칭 스타일을 적용해야 해.
> 박 교사: 나는 학생들의 운동 기능 수준을 고려해 볼 때 중학생 때에는 기초 기능의 습득이 중요하다고 생각해. 그러므로 교사가 먼저 시범을 보이고 학생들이 모방할 수 있도록 기능 연습 시간을 가능한 많이 확보하는 수업이 바람직하다고 생각해.
> 김 교사 : 모방 중심이나 교사 중심 수업은 모두 시대에 뒤떨어진 티칭 스타일이야. 창조적인 사고를 가능하게 하는 티칭 스타일을 수업에 적용하는 방법만이 체육 수업을 개선할 수 있다고 생각해.

김 교사의 주장이 안고 있는 문제점과 그에 대한 개선 방향을 각각 2줄 이내로 설명하시오. [3점]   '06. 기출

- 문 제 점 : _____
- 개선 방향 : _____

72. 다음은 배구 수업의 일부분이다.

> (전 시간 과제인 언더핸드 패스의 핵심적인 기능과 개념을 복습한다. 배구의 오버핸드 토스를 설명한다.)
> 교사 : 자! 이제 5분 동안 각자 토스 자세를 연습해 봅시다. (학생들은 교사의 지시에 따라 자세를 각자 연습한다.)
> 교사 : 양 손의 모양이 삼각형이 되도록 하세요. (학생들은 양 손의 모양을 삼각형으로 만든다.)
> 교사 : 그 상태에서 날아오는 공을 손으로 잡는 데, 손가락만을 이용하여 잡아야 합니다. (학생들은 손가락만 이용하여 날아오는 공을 잡으려고 노력한다.)
> 교사 : 여러분! 지금부터 각자 공 잡는 동작을 10회씩 연습해 봅시다.
> (학생들이 10회의 반복 연습을 시작한다.)
> 교사 : 공을 잡을 때 손바닥이 공에 닿지 않도록 하세요.
> (학생들은 공을 잡을 때 손바닥이 공에 닿지 않도록 연습한다.)

위의 배구 수업에 적용된 메즐러(Metzler)의 수업 모형과 모스톤(Mosston)의 티칭 스타일을 쓰고, 두 경우의 공통된 목적을 3가지만 쓰시오. [3점] '06. 기출

- 수 업 모 형 : _____
- 티칭 스타일 : _____
- 목   적 : ① _____
            ② _____
            ③ _____

73. 제7차 체육과 교육과정에서는 교수·학습 활동 시에 '대기 시간'과 '수업 운영 시간'을 줄이도록 권장하고 있다. 이러한 시간들을 줄임으로써 증가되는 2가지 시간 (㉮와 ㉯)을 쓰고, ㉮와 ㉯의 관계를 2줄 이내로 설명하시오. [2점] '06. 기출

- 2가지 시간 : ㉮ _____
              ㉯ _____
- ㉮와 ㉯의 관계 : _____
                 _____

74. 다음은 육상 수업의 일부분이다.

> 교사 : 자! 지난 시간에 배웠던 크라우칭 스타트에 대해서 복습을 하고 오늘 수업을 시작합시다.
> ㉮_____?
> (교사의 질문에 대하여 바른 답을 한 규연에게 칭찬을 하고, 다음 내용으로 넘어간다.)
> 교사 : 그럼 누가 크라우칭 스타트 자세를 보여줄 수 있겠어요?
> (교사는 철수의 크라우칭 스타트 자세를 보고 다음 질문을 이어간다.)
> 교사 : 철수의 자세가 어떤지 말해 볼 사람?
> (㉯철수의 스타트 자세에서 나타난 문제점을 동현이가 중심선과 기저면의 역학적 원리를 바탕으로 정확하게 지적한다.)

㉮에 들어갈 교사의 질문을 불룸(Bloom)이 분류한 교육 목표 수준 중 '지식'에 해당하는 내용으로 만들고, ㉯에 제시된 동현의 지적에 해당하는 가장 높은 목표 수준의 명칭과 그 근거를 2줄 이내로 쓰시오. [4점]   '06. 기출

- 교사의 질문: _____
- 목표 수준의 명칭: _____
- 근   거: _____

75. 다음은 평소 노력하는 교사로 평가받는 김 교사에 관한 설명이다.

김 교사의 수업 배경	• 담당 학급 : 중학교 2학년 1반 • 학생수 : 남학생 20명, 여학생 20명 • 지도 내용 : 농구
김 교사가 갖추고 있는 지식	• 교육과정 지식(curriculum knowledge) • 지도 방법 지식(general pedagogical knowledge) • 교육 환경 지식(knowledge of educational contexts) • 교육 목적 지식(knowledge of educational goals) • 학습자와 학습자 특성 지식(knowledge of learners and their characteristics)

슐만(Shulman)이 제시한 교사가 갖추어야 할 지식의 범주에 근거하여, 김 교사가 갖추고 있는 지식 이외에 앞으로 보완해야 할 지식 2가지를 쓰고, 그 개념을 '농구'에 적용하여 각각 2줄 이내로 설명하시오. [4점]   '06. 기출

- 2가지 지식범주 : ㉮ _____
                    ㉯ _____
- ㉮ 지식 개념의 적용: _____
- ㉯ 지식 개념의 적용: _____

76. 다음 수업 절차를 읽고 물음에 답하시오.

> ① 학생의 개인차를 고려하여 3~4명 정도로 소집단을 구성한다.
> ② 운동 기술 과제가 질문 형식으로 적혀 있는 '전문가 집단 용지'를 소집단의 구성원들에게 배부한다.
> ③ 소속된 소집단을 떠나 각자가 맡은 과제에 따라 전문가 집단으로 모여 탐구한다.
> ④ 각 전문가들은 자신의 소집단으로 돌아와 각자 탐구한 과제를 서로 가르쳐 준다.
> ⑤ 다른 소집단과의 경기를 위해 자체 순위를 정한다.
> ⑥ 각 소집단은 순위별로 학생들을 출전시켜 경기를 실시하고, 그 결과에 따라 점수를 부여하여 집단별 평가를 실시한다.

위의 수업 절차에 나타난 2가지 과제 구조 전략의 명칭을 순서대로 제시하고, 두 번째 전략의 주요 장점을 2줄 이내로 설명하시오. [3점]   '05. 기출

- 두가지 과제 구조 전략의 명칭 :
- 두 번째 과제 구조 전략의 주요 장점

【77~79】 다음 교수·학습과정안의 일부를 보고 물음에 답하시오.

단계	과제	교수·학습 활동	시간
전개	모둠별 허들 연습	모둠 A / 모둠 B / 모둠 C	25분

77. 위의 교수·학습과정안은 박 교사가 모스턴(Mosston)의 티칭 스타일(teaching style)을 활용하여 작성한 것이다. 이 수업에서 각 모둠의 첫 번째 허들에서 마지막 허들까지의 전체 거리는 동일하다. 박 교사가 활용한 티칭 스타일의 명칭을 제시하고, 이 티칭 스타일과 제7차 교육과정의 편성·운영의 공통점을 3줄 이내로 설명하시오. [2점] '05. 기출

• 티칭 스타일의 명칭 :
• 공통점

78. 박 교사가 활용한 티칭 스타일은 제7차 체육과 교육과정에서 강조하는 실제학습시간(academic learning time : ALT)을 증가시킬 수 있는 장점을 가지고 있다. 실제학습시간의 개념을 2줄 이내로 기술하고, 박 교사가 도입한 티칭 스타일이 실제학습시간을 증가시킬 수 있는 이유를 2줄 이내로 설명하시오. [3점] '05. 기출

• 개념
• 이유

79. 박 교사가 허들 활동에 적용한 과제 설계 방식의 특징을 2줄 이내로 기술하고, 동일한 티칭 스타일에 기초하여 허들 활동에 적용할 수 있는 또 다른 과제 설계 방식의 사례를 1가지만 직접 설계하여 2줄 이내로 기술하시오. [2점] '05. 기출

• 박 교사의 과제 설계 방식 특징
• 과제 설계 방식의 사례

[80~81] 다음 글을 읽고 물음에 답하시오.

> 교사 : 영희야, 내 생각에 철수는 팔 동작에 문제가 있는 것 같다. 다시 연습하는 것을 주의 깊게 살펴보고 철수의 팔 동작에 무슨 문제점이 있는지 찾아봐라.
> (교사와 영희는 철수가 연습하는 것을 바라본다. 그리고 영희는 교사에게 다음과 같이 말한다.)
> 영희 : 철수는 패스를 할 때 팔꿈치를 너무 많이 굽혀요. 제가 가서 말할게요.
> 교사 : 잠깐만 영희야, 철수가 팔꿈치를 펴지 못하고 있는데, 그것이 왜 좋지 않지? (영희는 잠시 생각하고 답을 한다.)
> 영희 : 왜냐하면 철수가 팔꿈치를 너무 많이 굽혀서 팔이 아니라 손에 공을 맞추기 때문에 조절하기 어렵게 되는 것 같아요.
> (교사는 정답으로 인정하고 다음과 같이 말한다.)
> 교사 : 좋아. 지금 가서 철수에게 올바른 팔 동작을 이야기해라. 그리고 철수가 잘못된 동작을 다시 하지 않도록 지켜보도록 해라.

80. 위의 상황은 배구 수업에서 교사와 학생 간에 이루어진 대화 내용이다. 이 수업에서 활용된 수업 모형의 명칭을 제시하고, 영희에게 부여된 역할과 그 역할에 해당되는 학습 영역의 1순위를 3줄 이내로 설명하시오. [3점]   '05. 기출

- 수업 모형의 명칭 :

- 영희의 역할과 학습 영역의 1순위

81. 앞의 배구 수업에 활용된 수업 모형이 개발되는 데 가장 큰 영향을 준 수업 모형의 명칭을 제시하고, 그 영향을 준 수업 모형의 특징을 의사결정과 수업 주도성 측면에서 3줄 이내로 기술하시오. [3점]   '05. 기출

- 가장 큰 영향을 준 수업 모형의 명칭 :

- 가장 큰 영향을 준 수업 모형의 특징

82. 초임인 정교사는 학습 분위기가 산만한 2학년 5반 체육수업에서 학생들의 행동을 관리하기 어려워 계획한대로 수업을 하지 못하는 때가 많았다. 이러한 경우 효과적인 수업을 위한 학생 행동의 관리방안으로 수업규칙을 이용할 수 있다. 수업규칙을 개발할 때 고려해야 할 중요한 사항을 5가지만 쓰시오. [5점]   '04. 기출

① 규칙은 짧고 명확하여야 한다.
② 규칙은 학생의 연령수준에 적합한 언어나 기호로 전달한다.
③
④
⑤
⑥
⑦

83. 체육 학습지도를 위해 학생들의 학습경험과 학습경험에 필요한 움직임 과제가 계획되어야 한다. 체육교사가 이러한 학습경험의 계획을 세울 때 고려해야 할 기준을 4가지만 쓰시오. [4점]   '04. 기출

①
②
③
④

84. 준비운동을 마치고 박 교사는 미리 계획한 학습과제를 학생들에게 전달하였다. 학생들은 학습과제들을 연습하고 박 교사는 학생들의 연습활동을 지도·감독하면서 학습과제를 보완해 가려고 한다. 이 과정에서 박 교사가 해야 할 주 된 일을 3가지만 쓰시오. [3점]   '04. 기출

①
②
③

85. 기능중심 수업모형의 한계를 극복하기 위하여 새로운 게임수업모형들이 개발되어 왔다. 그 중의 하나인 이해중심 게임수업모형에서 제시한 수업 과정을 각각 25자 이내로 쓰시오. [5점]
'04. 기출

① 게임 소개 :
② 게임 이해 :
③ 전술 이해 :
④ 전술지식의 적용 :
⑤ 기술 연습 :
⑥ 실제 게임 수행 :

86. 체육 수업 후 교사는 학생의 과제 수행과 역할에 대하여 동작, 기호 또는 언어적인 형태로 피드백을 제공하게 된다. 다음은 피드백을 진술방식에 따라 A, B, C, D 로 구분하여 각 진술방식의 기준과 수영수업에서 진술한 피드백의 예를 제시한 것이다. A, B, C, D 피드백의 진술방식을 빈칸에 쓰시오. [4점]
'04. 기출

	진술방식	기준과 실제 예	
A		기준	긍정적이거나 부정적 판단 언어로 진술
		예	"넌 다리동작이 안 좋았어."
B		기준	구체적인 정보가 없는 진술
		예	"아주 좋아.", "괜찮아."
C		기준	기술적이고 사실적이지만 수정지시나 판단이 없는 진술
		예	"오늘은 5바퀴 돌았구나."
D		기준	실수를 알려주고 수정을 제공하는 진술
		예	"자유형을 할 때 양쪽으로 호흡하지 말아라."

87. 동료교수(peer teaching)와 팀티칭의 개념을 간략하게 쓰고, 두 교수 전략의 공통적인 장점을 과제 제시 측면과 피드백 제공 측면에서 설명하시오. [총 4점] '03. 기출

① 동료교수의 개념 (1점) :
② 팀티칭의 개념(1점) :
③ 공통적인 장점(2점) :

88. Kounin (1970)은 학습자의 수업 방해 행동을 예방하고 과제 지향적인 수업을 유지하는 데 유용한 교수 기술을 제시하였다. 다음 두 교사가 체육수업에서 사용한 교수 기술을 Kounin의 분류에 따라 쓰시오. [총 4점] '03. 기출

88-1. 최교사는 배드민턴 수업에서 짝과 함께 하이클리어 랠리 10회 수행을 과제목표로 제시하였다. (2점)

교수 기술 :

88-2. 김교사는 개별적으로 배구 토스를 지도하면서 나머지 학생들에게도 시선을 유지하였다. (2점)

교수 기술 :

89. 학교에서 체육교사들이 당면하는 문제점을 이해·해결하기 위해 교사 스스로 연구 주체가 되어 수행하는 교사연구(teacher research)의 명칭을 쓰고, Kemmis와 McTaggart(1988)가 제안한 이 연구의 4단계 절차를 쓰시오. [총3점] '03. 기출

① 교사연구의 명칭 (1점):
② 4단계 연구 절차 (2점):

90. Mosston의 수업 스펙트럼은 11가지 지도 스타일(teaching style)로 구성되어 있다. 다음 질문에 답하시오. [총 5점]   '03. 기출

90-1. 지도 스타일을 구분하는 가정 (기준)을 기술하시오. [1점]

90-2. 다음은 몸의 안정성과 기저면의 크기 및 무게중심 위치의 관계를 학습하는 체육수업 장면이다. 이 수업에서 교사가 사용하고 있는 지도 스타일의 명칭을 쓰시오. [2점]

교사의 발문 1 : 몸의 안정성에 대해 생각해 보세요. 그런 다음 몸으로 표현해 보세요.
학생의 반응 1 : 학생들은 다양한 동작으로 균형을 잡는다.
교사의 발문 2 : 조금 더 안정된 자세로 균형을 잡아 보세요.
학생의 반응 2 : 학생들은 안정된 동작으로 균형을 잡는다. 어떤 학생들은 다리를 벌리고 서 있고, 다른 학생들은 레슬링이나 테니스 준비 자세에서 볼 수 있는 안정된 자세를 취한다.
교사의 발문 3 : 여러분이 지금 취한 동작이 가장 안정된 자세입니까?
학생의 반응 3 : 학생들은 좀 더 낮은 자세로 균형을 잡는다. 어떤 학생들은 바닥에 눕는다.
교사의 발문 4 : 이번에는 지금보다 약간 불안정한 자세를 취해 보세요.
학생의 반응 4 : 학생들은 기저면의 크기를 작게 하여 새로운 자세를 취한다. 어떤 학생들은 몸을 지지한 한 쪽 손이나 발을 떼고, 다른 학생들은 누운 자세에서 머리를 들거나 두 다리를 든다.
교사의 발문 5 : 이제 가장 불안정한 자세를 취해 보세요.
학생의 반응 5 : 어떤 학생들은 발가락으로 선다. 다른 학생들은 누운 자세에서 머리와 두 다리를 동시에 든다. 또 다른 학생들은 반듯하게 누운 자세에서 옆으로 눕는다.
– 이하 생략 –

지도 스타일의 명칭 :

91. 다음 수업에서 교사가 사용하고 있는 지도 스타일의 명칭을 쓰시오. [2점] '03. 기출

```
◎ 소단원 : 평균대
○ 교사가 제시한 과제 내용 :
    다음 움직임 요소들(A ~D )의 순서를 변형하여 3가지 서로 다른 움직임을 평균대에서 구성하시오.
    A. 점프하기      B. 걷기      C. 한 발로 균형잡기      D. 브이(V)자 만들기
○ 학생들이 찾은 해답의 예 :
         < 김수미>                < 강수철>                < 이대우>
     ① A - C - B - D       ① B - A - C - D       ① D - A - C - B
     ② C - B - A - D       ② C - B - A - D       ② B - D - A - C
     ③ A - D - B - C       ③ D - C - B - A       ③ B - D - C - A
```

지도 스타일의 명칭 :

92. 체육과 교육목표는 심동적, 인지적, 정의적 영역으로 구성되어 있다. 이 중 Annarino (1980)가 주장하는 정의적 영역의 내용(하위 목표)을 6가지만 제시하시오. [3점]

'02. 기출

① _____
② _____
③ _____
④ _____
⑤ _____
⑥ _____

93. 좋은 체육교사가 되기 위해서는 끊임없는 자기개발이 요구된다. 교수기능의 향상을 위한 교수 연습법 중 '1인 연습', '동료 교수 (peer teaching)', '마이크로티칭 (microteaching)', '현장에서의 소집단 교수'를 각각 설명하시오. [4점]   '02. 기출

① 1인 연습(1점):

② 동료 교수(1점):

③ 마이크로타칭 (1점):

④ 현장에서의 소집단 교수 (1점):

94. 중학교 체육교사인 신교사는 성, 능력, 흥미, 장애 등과 같은 학생들의 개인차를 고려하는 7차 체육교육과정의 기본 방향을 수업 현장에 도입하고자 한다. 신교사가 개인차를 고려한 수업 방법을 적용하고자 할 때 학습 목표, 학습 활동, 수업 시설 및 용기구, 학생 조직 측면에서의 방법을 간략하게 설명하시오. [4점]   '02. 기출

① 학습 목표 (1점):

② 학습 활동 (1점):

③ 수업 시설 및 용기구(1점):

④ 학생 조직 (1점):

인문과학편

중등체육임용고사 기출문제집 05

체육교육과정

1. 다음의 (가)는 박 교사의 기록 도전 단원 계획서이고, (나)는 박 교사가 3차시 수업 과정에서 학생과 나눈 대화 내용이다. <작성 방법>에 따라 서술하시오. [5점]

'17. 기출

(가) 박 교사의 이어달리기 단원 계획서

영역	기록 도전(이어달리기)		학년	2학년	총 시수	8차시
단원 목표	1. 이어달리기의 역사와 특성을 이해할 수 있다. 2. 이어달리기의 과학적 원리를 이해하고 경기 기능에 적용할 수 있다. …					
차시	내용 요소	교수·학습 활동				
		학습 과제			지도 중점	
1	역사와 특성	• 이어달리기의 유래와 변천 과정, 효과와 특성				
2	경기 기능과 과학적 원리	• 단거리 달리기 기록 측정과 모둠 편성			수준별 3개 모둠 편성	
3		• 과학적 원리를 적용한 출발법, 중간질주 연습 • 모둠별 이어달리기 기록 측정			기록 단축 목표, 연습 계획의 작성	
4		• 배턴 주고받기(제자리, 걸어가며, 달려가며 주고받기) 연습				
5	인내심	• 이어달리기 선수의 끈기 있는 노력에 관한 영상 시청			인내심 발휘 동기 유발	
6	(㉠)	• 400m 이어달리기 경기 규칙 이해 및 적용 • 개인 특성에 따른 주자 배치, 신호 및 거리 조절 방법 구안				
7		• 컨트롤 마크 활용법, 효율적인 배턴 주고받기 영상 분석			상황별 문제점 분석 및 개선	
8	…	• 모둠별 이어달리기 단축 기록 비교 및 평가				
평가						
평가 내용	평가 요소				평가 방법(도구)	
이해력	• 이어달리기의 역사와 특성, 과학적 원리, 경기 규칙 및 방법 이해 • 과학적 연습 방법, 경기 전략 구상				지필 검사 모둠별 보고서	
운동 수행 능력	• 개인 단거리 달리기 기록 • 모둠별 이어달리기 경기 기록 변화 및 단축 기록				개인 운동 기능 검사 모둠 경기 수행 기능 검사	

(나) 박 교사가 3차시 수업 과정에서 학생과 나눈 대화

박 교사 : 오늘은 A, B, C 모둠별로 400m 이어달리기 5회, 개인별로 출발법 10회, 20m 중간질주 10회 실시하는 것을 목표로 연습해 보자.
학생들 : (학생들은 연습을 시작한다. 연습 과정에서 A 모둠의 학생들은 이어달리기를 200m 구간에서 하고 있고, 개인 연습도 목표 횟수를 줄여 연습한다.)
박 교사 : (A 모둠의 연습 장면을 관찰한 후) ㉡ 너희 모둠은 개인 기록과 체력 수준이 가장 낮으니, 이어달리기는 200m 구간에서 연습 하고, 출발법은 3회, 10m 중간 질주는 5회를 목표로 연습해 보자.

… (중략) …

박 교사 : (연습을 하지 않고 돌아다니면서 장난을 치는 등 수업 규칙을 지키지 않는 B 모둠의 학생들을 보며) 애들아, 다른 모둠은 열심히 하는데, 너희는 제대로 하지 않는구나. 너희들 때문에 다른 모둠이 방해가 되고 있는 것 같다.
학 생 : 선생님, 날씨가 너무 더워서 힘이 들어요. 그늘에 가서 쉬게 해 주시면 안 될까요?
박 교사 : (웃으며) 그래, 좋다. ㉢ 만약 너희 모둠이 수업 규칙을 잘 지키면 그렇게 하도록 해 주마.

― <작성 방법> ―

○ 2015 개정 교육과정에 따른 체육과 교육과정의 '내용 체계'를 근거로, 괄호 안의 ㉠에 해당하는 '내용 요소'를 쓰고, 도전 영역의 '평가 방법 및 유의 사항'의 내용 중 (가)의 '평가'에 반영되지 <u>않은</u> 1가지를 찾아 서술할 것(단, 동작 도전, 투기 도전의 유의 사항은 제외함).
○ 시덴탑(D. Siedentop)의 '체육수업 생태의 과제 체계'를 근거로, 밑줄 친 ㉡, ㉢의 타협 방식의 명칭을 각각 쓰고, 밑줄 친 ㉢의 타협 방식에서 박 교사가 사용한 전략을 서술할 것.

2. 다음은 ○○고등학교(특성화 고등학교) 체육과 교육과정 편성·운영표의 일부이다. 2009 개정 교육과정에 따른 체육과 교육과정과 2015 개정 교육과정에 따른 체육과 교육과정에 근거하여 (가), (나)에서 잘못 편성된 4가지를 찾아 그 이유를 각각 서술하시오 (단, 이유에는 '편제와 단위 배당 기준'의 내용을 포함할 것). [4점]

'17. 기출

(가) 2017학년도 신입생 체육과 교육과정 편성·운영표

학년(연도)	1학년 (2017)		2학년 (2018)		3학년 (2019)	
학기	1학기	2학기	1학기	2학기	1학기	2학기
과목명	운동과 건강생활	운동과 건강생활	스포츠 문화	스포츠 문화	체육 탐구	체육 탐구
이수단위	2	1	2	1	1	1

(나) 2018학년도 신입생 체육과 교육과정 편성·운영표

학년(연도)	1학년 (2018)		2학년 (2019)		3학년 (2020)	
학기	1학기	2학기	1학기	2학기	1학기	2학기
과목명	체육	체육	운동과 건강	운동과 건강	스포츠 과학	-
이수단위	2	1	2	1	1	0

3. 다음은 중등 체육 교과 모임에서 교사들이 나눈 대화 내용이다. <작성 방법>에 따라 서술하시오. [4점]

'17. 기출

> 최 교사 : 2015 개정 교육과정에 따른 체육과 교육과정은 건강 관리 능력, 신체 수련 능력, 경기 수행 능력, 신체 표현 능력이라는 체육과 역량의 함양을 강조하고 있습니다.
>
> 김 교사 : 그중 ㉠ 건강 관리 능력의 함양을 위해서는 모든 사람이 조화롭고 건강한 삶을 살 수 있도록 질서와 존중의 공동체 의식과 신중하고 절제된 태도로 문제를 해결하는 안전 의식을 갖도록 하는 것이 중요합니다. 내용 체계 상의 변화에는 어떤 것이 있습니까?
>
> 박 교사 : 이번 개정 교육과정에서는 대영역의 변화가 있었고, 신체 활동 예시에서도 학년 간, 영역 간 중복을 최소화 하도록 하였습니다. 특히 ㉡ 중학교 1~3학년군의 '내용 체계 및 성취 기준'에서는 2009 개정 교육과정에 따른 체육과 교육과정에서 다루었던 '여가 활동' 내용은 제시 하고 있지 않습니다.
>
> 최 교사 : 도전 영역의 경우, ㉢ 2009 개정 교육과정에 따른 체육과 교육과정에서 제시한 '표적 도전 스포츠' 관련 신체 활동은 기록 도전에 일부 제시되어 있습니다.
>
> 김 교사 : 이번 교육과정에는 안전 영역이 신설되었는데, 이는 '안전 교육 강화'라는 사회적 요구가 반영된 것이라고 할 수 있습니다. 따라서 ㉣ 중학교 1~3학년군의 안전 영역에는 2009 개정 교육과정에 따른 체육과 교육 과정의 건강 활동 영역에서 제시한 '재난과 안전', '환경오염과 안전'의 내용을 보다 확대하여 제시하고 있습니다.
>
> 최 교사 : 네. 특히 연간 교육과정 운영 계획 수립 시 ㉤ 안전 영역의 학습 내용 요소는 다른 영역과 연계하여 지도함으로써 학생들의 안전 확보를 위한 실질적 능력을 강화하도록 하고 있습니다.

―――――― <작성 방법> ――――――

○ 밑줄 친 ㉠~㉤ 중, 2015 개정 교육과정에 따른 체육과 교육 과정을 근거로 <u>잘못된</u> 2가지를 찾고, 그 이유와 함께 각각 서술할 것(단, 이유에는 '체육과의 역량', '내용 체계 및 성취 기준', '교육과정 운영 계획' 중 1가지의 내용을 포함할 것).

4. 다음은 농구 단원 계획서에 대한 체육 교사들의 대화이다. 단원 계획서와 대화에서 나타나는 하 교사의 가치 정향 명칭을 쓰고, 해당하는 가치 정향에서 강조되는 특성을 체육 교과의 교육 목표와 내용 측면에서 각각 1가지씩 서술하시오. [4점]

'16. 기출

하 교사 : 이번에 농구 수업을 하려고 해요. 단원 계획서를 작성 했는데 한번 검토해 주세요.
이 교사 : 네. 알겠습니다. 단원 계획서를 작성할 때 어디에 중점을 두셨나요?
하 교사 : 저는 체육 교과 내용 지식을 전달하고 충실히 익히는 것이 중요하다고 생각하여 아래와 같이 농구 단원 계획서를 작성했어요.

단원 계획서				
영 역	경쟁 활동/영역형		학 년	1학년
신체 활동	농구		총 시수	15차시
목 표	•농구 수행 원리를 이해할 수 있다. •농구 기술을 능숙하게 발휘할 수 있다. … (중략)…			
차시	단계	수업 내용	수업 활동	지도상의 유의점
1	지식 습득	… (중략)…		
2	기능 습득	•패스의 움직임 원리와 충격량 •패스 기술 - 체스트 패스의 기본 자세 - 체스트 패스의 스텝 - 1대 1 체스트 패스 - 이동 체스트 패스 •캐치 기술 - 캐치의 기본 자세 - 캐치의 스텝 - 가슴 높이로 날아오는 공 캐치	•원리 설명 •기술 시범과 반복 연습	•기초 지식의 반복 설명 •효율적인 지도 전략으로 연습 활동 구성 •구체적인 피드백 제공 •기술 수준에 따라 단계별 연습 실시 •기준 미통과자에 대한 추가 연습 실시
3~14		… (중략)…		
15	평가	•농구 움직임 원리와 기초 지식 •농구 기술	•지필 평가 •실기 평가	•기준 미통과자에 대한 추가 과제 부여 및 재평가

5. 다음은 중학교와 고등학교에서 체육 과목을 담당하는 김 교사와 이 교사의 대화 내용이다. 괄호 안의 ㉠, ㉡, ㉢에 해당하는 내용을 순서대로 쓰시오. [2점]   '15. 기출

> 김 교사 : 선생님! 내년부터 신규 체육 교사들이 현장에 많이 배치된다고 하네요.
> 이 교사 : 저도 이야기를 들었습니다.
> 김 교사 : 저희 학교도 신규 체육 교사가 필요합니다. 그래서 교육과정 협의회를 통해서 내년도 체육 교과 시수를 조정하였거든요.
> 이 교사 : 2009 개정 교육과정 총론(교육부 제 2013-7호)에 중학교 '학교스포츠클럽 활동'은 매 학기 편성하도록 되어 있죠?
> 김 교사 : 네. 학교 여건에 따라 연간 68시간 운영하는 학년에서는 (㉠) 시간 범위 내에서 '학교스포츠클럽 활동'을 체육으로 대체할 수 있게 되어 있습니다.
> 이 교사 : 잘됐습니다. 저희 학교도 2009 개정 교육과정 총론 (교육부 제 2013-7호)을 근거로 고등학교 체육 교과를 3년간 총 10단위 이상 이수하게 조정하였고 매 학기 편성하도록 하였습니다.
> 김 교사 : 그러면 운동과 건강 생활, 스포츠 문화, 스포츠 과학과 같은 과목은 편성을 어떻게 할 수 있죠?
> 이 교사 : 일반과목의 기본 단위 수는 5단위이며, 각 과목별로 (㉡) 단위 범위 내에서 (㉢)하여 운영할 수 있습니다.

6. 다음은 2009 개정 교육과정 총론(교육과학기술부 고시 제 2012-31호)에 의거하여 '학교스포츠클럽 활동'을 편성·운영하기 위해 개최한 ○○중학교의 체육 교과 협의회 회의록이다. 괄호 안의 ㉠, ㉡, ㉢에 해당하는 내용을 차례대로 쓰시오. (단, 교육과정에 명시된 용어로 기술함.) [2점]   '14. 기출

〈○○중학교 체육 교과 협의회 회의록〉				
일 시	2013년 ○○월 ○○일 (○요일)		장 소	체육 교과 협의실
참석 교사	김○○, 이○○, 박○○, 조○○, 권○○			
안 건	'창의적 체험활동'의 '학교스포츠클럽 활동' 편성 및 운영에 대한 의견 수렴			

협의 내용	○ '학교스포츠클럽 활동' 편성·운영 방침
	– '창의적 체험활동'의 4가지 영역 중 (㉠)(으)로 매 학기 편성하여 운영함.
	– 학생 수요 조사 결과를 반영하여 학교 시설에서 운영 가능한 종목과 내용을 선정함.
	– 종목과 내용은 학생들의 (㉡)이/가 보장되도록 다양한 종목을 개설함.
	– 개설한 '학교스포츠클럽 활동' 종목의 내용, 시간 및 장소를 공지하고 학생 희망 종목을 반영하여 체육 활동을 조직함.
	○ '학교스포츠클럽 활동' 시간 확보
	– (㉢)하여 '학교스포츠클럽 활동' 시수를 확보함.
	  ※ 기존 교과 시간 부족으로 교과 시간을 감축할 수 없음.
	  ※ 창의적 체험 활동 68시간에서도 시수를 사용할 수 없음.
	○ '학교스포츠클럽 활동' 학년별 시간 편성
	– 3개 학년 동안 총 136시간을 운영해야 함.
	– 학년별 시간 편성
	  • 1학년 주당 1시간 • 2학년 주당 1시간 • 3학년 주당 2시간
	○ 기타 사항
	교사들의 다양한 의견을 수렴하여 '학교스포츠클럽 활동'을 효율적으로 편성 및 운영하는 데 합의함.			

7. 다음은 ○○중학교 체육과 교육과정에 대한 컨설팅 장학 협의회의 대화 내용이다. 2009 개정 교육과정 총론(교육과학기술부 고시 제 2012-31호) 및 2009 개정 교육과정에 따른 체육과 교육과정에 근거하여 괄호 안의 ㉠, ㉡, ㉢에 해당하는 내용을 차례대로 쓰시오. [2점]   '14. 기출

> 교무부장 : 지금부터 본교 교육과정에 대한 컨설팅 장학을 진행 하겠습니다. 검토 결과에 대해 위원님들의 의견을 주시기 바랍니다.
> 컨설팅 위원 A : 2012학년도, 2013학년도 ○○중학교 교육과정 편성을 비교해 보면, 입학년도에 따라 3년간 체육 수업 시수가 2012학년도 총 238시간, 2013학년도 총 272시간으로 편성되어 있는데, 이렇게 편성하게 된 배경을 설명해 주시기 바랍니다.
> 교무부장 : 2012학년도 신입생의 경우 체육 교사 수급이 원활하지 않아 개정 교육과정에서 제시한 (㉠)% 이내에서 본교 자율로 감축하여 편성하였습니다. 2013학년도 신입생의 경우 2009 개정 교육과정 총론에 의거하여 체육 교과는 (㉡)을/를 감축하여 편성할 수 없기 때문에 총 272시간으로 편성하였습니다.
> 컨설팅 위원 B : 2014학년도 신입생의 체육과 교육과정 편성에 대한 내용을 말씀해 주세요.
> 체육교육부장 : 체육 교과 협의회를 통해 2009 개정 교육과정에 따른 체육과 교육과정의 교수·학습 계획에 근거하여 중학교 3개 학년을 묶어 (㉢) 단위로 지도 계획을 수립하였 습니다. 또한 3개 학년에 걸쳐서 중영역 15개 내용을 편성 하였습니다.

8. 2009 개정 교육과정에 따른 체육과 교육과정의 '체육 과목 목표'에 대한 설명으로 옳은 것만을 〈보기〉에서 있는 대로 고른 것은? [2.5점]   '13. 기출

> ─────── 〈보 기〉 ───────
> ㄱ. 체육 과목 목표는 '체육과의 방향과 역할', '체육과에서 추구 하는 인간상', '체육과에서 지향하는 다섯가지 신체 활동 가치 영역'과 같이 세가지 하위 영역으로 구성되어 있다.
> ㄴ. 체육과에서 신체 활동은 핵심적인 교육의 도구로써 활용되나, 교육의 본질로 보기는 어렵다.
> ㄷ. 체육과에서 추구하는 인간상은 신체 활동을 종합적으로 체험함으로써 신체 활동의 가치와 함께 창의·인성을 내면화하여 실행하는 사람이다.
> ㄹ. 체육과에서 지향하는 신체 활동의 가치(건강, 도전, 경쟁, 표현, 여가)는 미래 사회에서 요구되는 자기 관리 능력과 대인 관계 능력 및 시민 의식, 창의력 및 문제해결 능력 등과 관련된 핵심 역량들을 포함한다.
> ㅁ. 체육과에서 지향하는 다섯가지 신체 활동 가치 영역 중 '건강'은 개인이 질병이나 결함 없이 몸과 마음의 평안을 유지할 수 있을 뿐 아니라 사회적으로도 조화로운 삶을 살아갈 수 있는 능력을 추구하는 가치이다.

① ㄱ, ㄹ ② ㄷ, ㅁ ③ ㄴ, ㄷ, ㅁ
④ ㄷ, ㄹ, ㅁ ⑤ ㄱ, ㄷ, ㄹ, ㅁ

9. 다음은 2009 개정 교육과정에 따른 체육과 교육과정에 근거한 2013학년도 ○○중학교 1학년 체육과 교육과정 수립을 위한 교과 협의록이다. (가)~(마) 중 옳은 것만을 있는 대로 고른 것은?

'13. 기출

일 시	2012년 ○○월 ○○일(수)	장소	○○중학교 체육실
참석 교사	김○○, 차○○, 박○○ (3명)			
안 건	2013학년도 1학년 체육과 교육과정 수립을 위한 방향 설정			
협의 내용	김 교사: 최근 개정된 중학교 교육과정 총론에서 정하고 있는 시간 배당을 보니 1학년부터 3학년까지 공통 교육과정 기간이며, (가) 연간 34주를 기준으로 한 3년간 272시간 이상의 수업 시수를 확보해야 함.			
	차 교사: 체육과 교육과정을 보면 체육과의 목표에서는 (나) 신체 활동 가치의 심화 교육을 담당하면서 신체 활동의 실천 태도와 기본 실천 능력을 기르는 것을 강조하고 있음.			
	박 교사: 내용의 영역과 기준은 (다) 내용 체계와 성취 기준으로 나뉘어 제시되었고, 성취 기준은 학년군별 성취 기준과 영역 및 학습 내용 성취 기준으로 제시되어 있음.			
	김 교사: (라) 창의·인성의 개념을 체육과의 내용 영역에 국한하여 적용하는 게 좋을 듯함.			
	박 교사: 교수·학습 방법에서는 (마) 동일 과제에 대한 목표 수준을 달리 적용하여 학습 활동에서 소외되는 학생들이 없도록 해야 할 필요가 있음. 평가도 실제성과 종합 능력을 중시하는 수행 평가를 실시하는 것이 좋겠음.			

① (가), (다), (라)
② (가), (다), (마)
③ (나), (라), (마)
④ (가), (나), (다), (마)
⑤ (나), (다), (라), (마)

[10~11] 다음은 '2009 개정 교육과정에 따른 체육과 교육과정'에 근거한 ○○중학교의 도전 활동 영역 단원 지도 계획서이다. 각 문항에 답하시오.   '13. 기출

대영역		도전 활동	중영역	기록 도전	학년	1
신체 활동			멀리뛰기		총 시수	9
차시	학습 주제		교수·학습 내용			교수·학습 자료
1	⊙ 기록 도전 스포츠의 개념과 역사의 이해 • (가) <u>멀리뛰기의 개념, 특성 및 가치 이해</u> • (나) <u>멀리뛰기의 변천 과정과 역사적 의미 이해</u>		⊙ 기록 도전 스포츠의 개념과 역사의 이해 • 다양한 기록 도전 스포츠 종류 감상 • 멀리뛰기의 변천 과정 동영상 감상			• 비디오 • 빔 프로젝터 • PPT
2	⊙ 멀리뛰기의 기초 기능 이해 및 실천 • 멀리뛰기의 기초 기능 방법 및 실천 (도움닫기, 발구르기, 공중 동작, 착지)		⊙ 멀리뛰기의 기초 기능 연습 • 기능 수준에 따른 과제1~3의 개인별, 모둠별 연습 • 멀리뛰기 자세 동영상 촬영			• 비디오 • 활동 기록지
3	⊙ 멀리뛰기의 과학적 원리와 적용 • (다) <u>멀리뛰기의 과학적 원리 이해와 운동 수행에 적용</u> • 멀리뛰기의 기초 기능 종합 및 숙달 • (라) <u>목표한 기록에 도달하는 과정에서 어려움을 이겨내는 인내심 기르기</u>		⊙ 멀리뛰기의 과학적 원리 및 적용 • 속도, 가속도, 작용·반작용의 원리 등을 이용하여 동작 연습 • 각자 자신의 동영상을 분석하여 잘못된 동작을 발견하고, 수정 사항을 기록한 후 개별 연습하여 멀리뛰기 동작을 개선하고 반성 • 도약 거리를 증가시킬 수 있는 운동 방법의 탐색과 그 과정에서 도전심과 인내심 향상			• 줄자 • 비디오 • 활동 기록지
4~7	⊙ 멀리뛰기의 경기 방법 이해와 적용 • 멀리뛰기 경기 방법의 개념과 규칙의 이해 • (마) <u>멀리뛰기 경기 방법과 경기 기능의 이해 및 경기 상황에 적용</u> • 멀리뛰기의 실제 경기 운영 및 관리		⊙ 멀리뛰기의 경기 방법 이해와 적용 • 멀리뛰기 경기 방법의 개념, 규칙 및 기능 이해 • 모둠별로 멀리뛰기 경기를 운영하고 관리			• 비디오 • 빔 프로젝터 • PPT • 활동 기록지
8~9	⊙ 멀리뛰기 경기 감상 및 비교·분석 • 멀리뛰기 경기의 다양한 기술 감상 • (바) <u>경기 유형, 규칙 및 용구, 인물, 기록, 사건 등의 감상 및 비교·분석</u>		⊙ 멀리뛰기 경기 감상 및 토론 • 멀리뛰기 경기 감상 및 감상활동 기록지 작성 • 경기 감상을 통한 경기 유형, 규칙, 기록, 사건 등의 분석 및 비교 • 기록 도전 스포츠에 대한 토론(주제: 스포츠용품 발전에 따른 기록 향상은 진정한 인간의 능력 향상이라 할 수 있는가?)			• 비디오 • 빔 프로젝터 • 감상 활동 기록지

10. 학습주제 (가)~(바) 중 2009 개정 교육과정에 따른 체육과 교육 과정의 '도전 활동 영역의 학습 내용 성취 기준'에 해당되는 것만을 있는 대로 고른 것은?

'13. 기출

① (가), (나), (라)
② (가), (다), (마), (바)
③ (나), (다), (라), (바)
④ (가), (나), (다), (마), (바)
⑤ (가), (나), (다), (라), (마), (바)

11. '교수·학습 내용'과 '교수·학습 자료'의 내용 중 2009 개정 교육 과정에 따른 체육과 교육과정의 '교수·학습 방향'을 반영한 것만을 <보기>에서 있는 대로 고른 것은? [1.5점]   '13. 기출

───────── <보 기> ─────────
ㄱ. 교육과정 내용의 특성을 고려하여 효율적으로 지도할 수 있는 교육 기자재를 선정하여 활용한다.
ㄴ. 학생들이 주도적으로 내용을 파악하고, 주어진 과제를 스스로 해결할 수 있도록 교수·학습 환경 조직을 구성한다.
ㄷ. 체육 교과의 특성상 직접적인 학습 활동만을 제공한다.
ㄹ. 학생의 운동기능을 고려한 다양한 수준별 수업을 실시한다.
ㅁ. 학생들이 창의적으로 문제를 해결하고 인성을 기를 수 있는 다양한 학습 활동을 제공한다.

① ㄱ, ㄷ   ② ㄱ, ㄴ, ㄹ   ③ ㄱ, ㄹ, ㅁ
④ ㄴ, ㄹ, ㅁ   ⑤ ㄱ, ㄴ, ㄹ, ㅁ

12. 다음은 체육과 교육과정의 수준과 가치 정향에 대한 체육 교사들의 대화 내용이다. 세 교사의 대화 내용에 내포된 체육과 교육과정의 수준과 가치 정향으로 옳은 것은? [1.5점]   '13. 기출

김 교사 : 체육과 교육과정은 교과서와 함께 교육청에서 보급 하는 장학 자료를 보면 쉽게 이해됩니다. 특히 교과서에 나오는 신체 활동을 학생들이 능숙하게 수행할 수 있도록 하는 게 중요하다고 생각합니다.
이 교사 : 표현 활동 영역에 제시된 활동들 대신에 학생들이 자신들의 흥미와 수준에 적합한 활동들을 선택하여 모둠별로 연습하고 발표하게 했어요. 그랬더니 학생들의 반응이 아주 좋았습니다. 체육 수업은 이렇게 학생들에게 도전감과 성취감을 경험하게 하는 것이 중요하다고 생각합니다.
박 교사 : 학생들에게 축구 시합 동영상을 자세히 관찰하게 한 후에 드리블 방법을 학생들 스스로 찾아 연습하도록 지도했습니다. 사실 저는 학생들이 드리블을 능숙하게 하도록 직접 지도하는 것보다 학생들이 스스로 원리와 방법을 찾아 연습하도록 지도하는 것이 더 의미 있다고 생각합니다.

	<김 교사>		<이 교사>		<박 교사>	
	수 준	가치 정향	수 준	가치 정향	수 준	가치 정향
①	이념적	내용 숙달	이념적	자아실현	문서적	내용 숙달
②	실천적	자아실현	문서적	학습 과정	문서적	학습 과정
③	문서적	사회 재건	실천적	학습 과정	이념적	학습 과정
④	문서적	내용 숙달	문서적	자아실현	실천적	자아실현
⑤	문서적	내용 숙달	실천적	자아실현	실천적	학습 과정

13. 표는 2009 개정 교육과정에 따른 체육과 교육과정의 중학교 '내용 체계'이다. 2007 개정 체육과 교육과정의 내용 체계와 비교한 설명으로 옳은 것만을 <보기>에서 있는 대로 고른 것은? [2.5점]

'13. 기출

영역	중학교 1~3학년군		
건강 활동	(가) 건강과 환경 ⋮	(나) 건강과 체력 ⋮	(다) 건강과 안전 ⋮
도전 활동	(가) 기록 도전 ⋮	(나) 동작 도전 ⋮	(다) 표적/투기 도전 ⋮
경쟁 활동	(가) 영역형 경쟁 ⋮	(나) 필드형 경쟁 ⋮	(다) 네트형 경쟁 ⋮
표현 활동	(가) 심미표현 ⋮	(나) 현대표현 ⋮	(다) 전통표현 ⋮
여가 활동	(가) 사회와 여가 ⋮	(나) 자연과 여가 ⋮	(다) 지구촌 여가 ⋮

─── < 보 기 > ───

ㄱ. 2007 개정 교육과정과 같이, 대영역, 중영역, 소영역, 내용 요소의 체계가 지속적으로 유지되고 있다.
ㄴ. 2007 개정 교육과정과 같이, 경쟁 활동의 중영역은 영역형 경쟁, 필드형 경쟁, 네트형 경쟁으로 동일하게 유지되고 있다.
ㄷ. 2007 개정 교육과정과 같이, 독창성, 개방성, 공존, 열정 등의 창의·인성 관련 내용 요소는 동일하게 유지되고 있다.
ㄹ. 2007 개정 교육과정과 같이, 모든 중영역의 내용 요소는 네가지로 동일하게 유지되고 있다.
ㅁ. 2007 개정 교육과정과 달리, 건강 활동 영역은 세 개의 중영역으로 제시되었다.
ㅂ. 2007 개정 교육과정과 달리, 학년별로 구분되어 제시되었던 내용 체계가 학년 구분 없이 제시되었다.

① ㄱ, ㄴ, ㄷ ② ㄴ, ㅁ, ㅂ ③ ㄴ, ㄷ, ㄹ, ㅁ
④ ㄴ, ㄹ, ㅁ, ㅂ ⑤ ㄷ, ㄹ, ㅁ, ㅂ

14. 2011학년도 한국 중학교 체육과 연간 교육 계획서이다. (가)~(마)의 설명 중 옳지 않은 것은? [1.5점] '12. 기출

한국중학교 1학년 체육과 연간 교육 계획서

1. (가) 교육 목표
   신체 활동 영역별 가치를 이해하고, 다양한 신체 활동을 수행하며 감상할 수 있는 능력을 기른다.

2. 교육내용

학기	(나) 대영역	(다) 중영역	(라) 소영역	신체 활동
1학기	건강 활동	체력 관리	체력 진단과 평가	스트레칭
		보건과 안전	건강 생활과 생활 안전	사고 예방 및 구급 처치 활동
2학기	도전 활동	기록도전	속도·거리 도전	단거리 달리기
	경쟁 활동	영역형 경쟁	영역형 경쟁	풋살
	표현 활동	창작표현	심미 표현과 창작	음악 줄넘기
	여가 활동	여가 문화	청소년 여가 문화	인라인 롤러

3. (마) 교수·학습의 방향
   가. 학생의 개인차를 고려한 수준별 수업을 실시한다.
   나. 신체 활동을 총체적으로 이해하고 수행할 수 있도록 교수·학습을 실시한다.
   다. 교육 내용에 따라 교수·학습 방법을 선정하고 창의적으로 변형하여 활용한다.

4. 평가 방향
   가. 평가 방법과 절차를 학년 초에 수립하여 학생들에게 공지한다.
   (이하 생략)

---

① (가)는 2007년 개정 체육과 교육과정의 목표가 같이 통합적, 포괄적으로 진술하고 있다.
② (나)는 2007년 개정 체육과 교육과정 중학교 1학년에서 학습해야 하는 대영역의 내용과 일치하게 편성되어 있다.
③ (다)는 2007년 개정 체육과 교육 과정 중학교 1학년에서 학습해야 하는 중역역의 내용과 일치하게 편성되어 있다.
④ (라)는 2007년 개정 체육과 교육과정의 중학교 1학년에서 학습해야 하는 소역역의 내용과 일치하게 편성되어 있다.
⑤ (마)는 2007년 개정 체육과 교육과정의 교수·학습방향과 부합되게 진술하고 있다.

15. 대한 중학교 3학년 체육과 교육 내용은 (가)~(마)의 지도에 대해 2007년 개정 체육과 교육 과정에 근거한 설명으로 옳지 <u>않은</u> 것은? [2.5점]   '12. 기출

대한중학교 3학년 체육과 교육 내용

Ⅰ. 교육 내용 선정·조직의 방향
　　　　　　　(중략)

Ⅱ. 영역별 교육 내용 선정·조직
　(1) (가) '건강 관리'에 대한 내용을 선정·조직한다.
　(2) (나) '동작 도전'에 대한 내용을 선정·조직한다.
　(3) (다) '네트형 경쟁'에 대한 내용을 선정·조직한다.
　(4) (라) '전통 표현과 창작'에 대한 내용을 선정·조직한다.
　(5) (마) '지구촌의 여가 문화'에 대한 내용을 선정·조직한다.

Ⅲ. 학년 및 학기별 교육 내용 선정·조직
　　　　　　　(이하 생략)

---

① (가) 실생활에서 체력 운동을 지속적으로 실천할 수 있도록 지도한다.
② (나) 정기적인 시합을 통해 체험 기회를 가질 수 있도록 지도한다.
③ (다) 스포츠 중심의 건전한 경기 문화를 지도한다.
④ (라) 움직임 습득을 강조하여 신체 표현 기능을 지도한다.
⑤ (마) 건전하고 활동적인 여가 문화를 체험하고 바람직한 여가문화를 선도할 수 있도록 지도한다.

16. 2011학년도 대한중학교 1학년 1학기 체육과 평가 계획표이다 계획의 내용에 대한 설명 중 옳은 것만을 <보기>에서 있는 대로 고른 것은? [2.5점]   '12. 기출

학기	평가영역 (비율)	평가내용	평가요소	세부 비율	평가방법
1학기	도전 활동 (45%)	- 이해력 - 도전 정신 - 경기 수행 능력 - 경기 분석 및 감상능력	- 속도/거리 도전의 역사, 과학적 원리의 이해	5%	지필검사
			- 장애물 달리기 경기방법의 이해 - 장애물넘기 동작	10%	지필검사 운동기능검사 상호평가
			- 50m - 장애물 달리기 경기 분석 - 과거와 현대의 경기 감상	20%	운동기능검사 경기 분석 경기감상
			- 경기 도전과 인내심	10%	자기 평가 포트폴리오
	경쟁 활동 (40%)	- 이해력 - 선의의 경쟁 경기 - 수행 능력 - 경기 분석 및 감상능력	- 축구의 역사와 과학적 원리 - 리더십과 팔로십 개념	5%	지필검사
			- 경기 중 트래핑, 드리블, 패스 동작 - 트래핑-콘 드리블 구간 통과 기록 - 경기 중 선의의 경쟁 실천과 감상	25%	체크리스트 운동기능검사 경기감상 포트폴리오
			- 경기 전략분석 및 승패 - 리더십과 팔로십 실천 - 축구 경기와 풋살 경기 비교 체험 및 감상	10%	상호 평가 경기 분석 경기감상
	여가 활동 (15%)	- 이해력 - 운동수행 능력 - 여가실천 - 능력 - 감상능력	- 청소년기 여가 문화의 특성 이해 및 감상	5%	지필검사
			- 인라인 롤러 주행 동작 - 인라인 롤러 경주 순위 - 여가 활동 체험을 통한 자기 이해 개념의 이해 및 실천	10%	운동기능검사 관찰 기록 학습일지

─────────── <보 기> ───────────
ㄱ. 교육과정 영역 내에서 평가 내용의 균형성을 확보하고 있다.
ㄴ. 양적 평가와 질적 평가를 병행할 수 있도록 계획하였다.
ㄷ. 평가 방법은 학습의 과정을 포함하여 평가하도록 계획하였다.
ㄹ. 교사 평가와 학생 평가를 병행함으로써 평가 방법의 다양화를 계획하였다.

① ㄱ, ㄴ ② ㄴ, ㄷ ③ ㄱ, ㄷ, ㄹ
④ ㄴ, ㄷ, ㄹ ⑤ ㄱ, ㄴ, ㄷ, ㄹ

17. 김 교사 문 교사 한 교사의 가치 정향과 주로 사용하는 체육 수업 모형을 나타낸 표이다. 교사들의 가치 정향과 수업 모형에 대한 설명 중 옳은 것만을 <보기>에서 있는 대로 고른 것은? [2.5점]   '12. 기출

	가치 정향	수업 모형
김교사	• '스포츠를 삶의 축소판'이라 생각하고 평등과 정의를 강조하는 교육 • 수업에서 공동의 목적을 위해 협력하고 자기 책임감 함양을 강조하는 교육	• 교사-학생의 관계, 의사 결정권 부여, 통합, 전이를 적용하여 교육함. • 상담시간, 그룹미팅, 반성의 시간 등으로 수업을 구성함.
문교사	• 학생이 운동 기능이나 과제 수행의 방법을 스스로 알 수 있도록 도와줌. • 학생이 체육활동을 하며 당면한 문제를 스스로 탐색 하고 이를 해결할 수 있는 기회를 제공하는 기법 활용	• 질문을 통해 사고력과 문제 해결력을 증진하도록 함. • 학생이 활동 과제를 생각 하고 움직이도록 하며 충분히 생각할 시간을 부여함.
한교사	• 환경과 총체적인 조화를 이루는 개인을 강조함. • 체육교육의 목표와 학생 개인의 목표를 모두 중시하는 교육.	• 4~6명으로 구성된 팀을 기초로 활동함. • 활동과제를 달성하기 위해 팀 구성원들이 서로를 배려하고 함께 배울 수 있도록 수업을 운영함.

─────────── <보 기> ───────────
ㄱ. 김 교사는 사회 공동체를 위한 학생들의 책임과 협력을 강조하는 가치정향을 가지고 있다.
ㄴ. 문 교사는 자신감과 긍정적인 자기 개념을 강조하는 가치정향을 가지고 있다.
ㄷ. 한 교사는 기본 움직임과 스포츠 기능을 강조하는 가치정향을 가지고 있다.
ㄹ. 김 교사는 체계적인 절차에 따라 팀원이 서로 협력하여 학습과제를 수행하는 수업모형을 주로 사용한다.
ㅁ. 문 교사는 문제해결자로서의 학습자 역할을 강조하는 수업 모형을 주로 사용한다.
ㅂ. 한 교사는 미리 계획된 학습과제의 계열성에 따라 학생이 수업진도를 결정하는 수업모형을 주로 사용한다.

① ㄱ, ㅁ   ② ㄱ, ㄴ, ㅁ   ③ ㄱ, ㄹ, ㅂ
④ ㄱ, ㄴ, ㄹ, ㅁ   ⑤ ㄴ, ㄷ, ㄹ, ㅂ

18. 다음은 하늘중학교의 2012학년도 3학년 1학기 경쟁 활동 영역의 단원 지도 계획서 내용이다.

<단원 지도 계획서>

단원명(대영역)	경쟁 활동	중·소영역	네트형 경쟁	학년	3학년
신체 활동	배드민턴			총 시수	12차시
단원 목표	1. 배드민턴의 역사와 과학적 원리를 설명할 수 있다. 2. 배드민턴 경기 방법 및 규칙, 기능, 전략을 습득하고 경기에 적용할 수 있다. 3. 배드민턴 경기를 분석하며 감상할 수 있다.				

차시	학습주제	학습내용	교수·학습 활동	장소	학습자료 및 기자재	지도상의 유의점
1	배드민턴의 역사와 특성, 효과	• 배드민턴의 역사 • 배드민턴의 특성 • 배드민턴의 효과	• 배드민턴 역사 이해 • 배드민턴 특성 이해 • 배드민턴 효과 이해	운동장	교과서	• 수업 용·기구 담당 학생과 함께 미리 수업 준비를 한다. • 수업 규칙 실천 여부를 매시간 확인한다. • 라켓에 의한 부상을 예방한다.
2	배드민턴의 기초기능	• 배드민턴의 기초 기능 (라켓 잡기, 셔틀콕 치기, 기본 자세, 하이 클리어)	• 개인별, 2인 1조, 코트별 연습 • 직접 교수 전략	운동장	라켓 셔틀콕	
3	배드민턴의 과학적 원리 적용	• 배드민턴의 과학적 원리 적용 • 배드민턴의 기초 기능(하이 클리어, 롱 하이 서비스)	• 회전 능률, 저항의 원리를 이용한 오버헤드 스트로크 • 2인 1조, 4인 1조 연습 • 직접 교수 전략	운동장	라켓 셔틀콕	
4~5	배드민턴의 기초 기능 종합	• 배드민턴의 기초 기능 종합(다양한 서비스와 스트로크)	• 개인별, 2인1조, 4인 1조, 코트별 연습 • 스테이션 교수 전략	운동장	라켓 셔틀콕	
6~7	배드민턴의 고급 기능	• 서비스 게임 • 배드민턴의 고급 기능(스매시), 드롭샷, 헤어핀	• 개인별, 2인1조, 4인 1조, 코트별 연습 • 자기 교수 전략	운동장	라켓 셔틀콕	
8~11	배드민턴의 경기 방법과 전략의 이해와 실천	• 배드민턴의 경기 방법 및 규칙, 전략 이해와 실천	• 단식 및 복식 경기 • 토너먼트 방식 진행 • 토너먼트 경기 진행시 '블록타임제' 운영	운동장	라켓 셔틀콕	• 우승한 학생과 팀에게 보상을 해준다. • 패한 학생과 팀에게는 용·기구 정리를 시킨다. • 승패의 결과를 성적에 반영한다.
12	감상 및 평가	• 감상 및 평가	• 배드민턴 경기 감상하기 • 지필 평가	운동장	교과서	

위 단원 지도 계획서에서 2007년 개정 체육과 교육 과정 '교수·학습 활동 계획'의 반영 여부를 하위 항목별로 타당한 근거와 함께 설명하시오. 또한 경쟁 활동의 '학년별 내용'과 '내용영역별 지도'에 근거하여 단원 지도 계획서의 문제점 3가지(학년별 내용 : 1가지, 내용영역별 지도 : 2가지)를 찾아서 바르게 기술하시오. [20점] '12. 2차

19. 다음은 대한중학교 3학년 체육과 교육과정의 개발 과정을 나타낸 것이다.

```
┌─────────────────────────────────────────────────────┐
│           2007년 개정 체육과 교육과정 분석              │
│ 건강활동, 도전활동, 경쟁활동, 표현활동, 여가활동의 내용 요소 선정 및 조직 │
└─────────────────────────────────────────────────────┘
                         ↓
                       (중략)
                         ↓
```

신체 활동 선택 예시표	건강활동	맨손체조, 요가 등 자기 건강 관리 활동
	도전활동	마루운동, 도마운동, 평균대운동, 철봉운동 등
	경쟁활동	배구, 배드민턴, 탁구, 테니스, 족구 등
	표현활동	우리나라의 민속 무용, 외국의 민속 무용, 클래식 발레 등
	여가활동	스키, 골프, 게이트골프, 윈드서핑 등

↓

신체 활동 선정 과정

↓
(중략)
↓

「2007년 개정 체육과 교육과정」 교수·학습의 방향 분석
· 개인차를 고려한 수준별 수업
· 통합적 교수·학습 활동
· 창의적 교수·학습 방법의 선정과 활용

↓

경쟁활동 (배구) 단원 계획	단원 주제 설정	경기 기능 및 전략의 이해와 의사 결정 능력 향상
	수업 모형 선정	협동 학습 모형
	모둠(팀) 구성 방법 결정	무작위(예: 제비뽑기) 모둠 편성
	교수·학습 활동 선정	1~3차시 : 모둠별 경기 기능 연습하기
		4~7차시 : 모둠별 간이 게임을 통해 공격 및 수비 전략 연습하기
		8~9차시 : 3가지 스테이션에서 모둠별 게임 형식 연습하기
		10~12차시 : 모둠별 간이 게임 수행하기
		13~15차시 : 모둠별 실제 경기하기

위의 '신체 활동 선택 예시표'가 단위 학교 체육과 교육과정 편성·운영의 '신체 활동 선정 과정'에 미치는 긍정적인 영향과 부정적인 영향을 각각 3가지만 이유를 들어 제시하고, '경쟁활동(배구) 단원 계획'의 문제점을 2007년 개정 체육과 교육과정의 교수·학습 방향에 근거하여 분석한 후 그 개선 방안을 제시하시오. [30점]

'11. 2차

20. 2007년 개정 체육과 교육과정에 대한 설명으로 옳은 것을 <보기>에서 고른 것은?

'11. 기출

─────── <보 기> ───────
ㄱ. 체육과는 신체 활동 가치의 내면화와 실천을 통한 전인 교육을 목표로 하였다.
ㄴ. 체육과의 목표가 초·중·고등학교 학교급별로 구분되지 않고 통합되어 제시되었다.
ㄷ. 중등학교 체육은 자기 건강 및 체력 관리, 과학적인 경기 수행 능력 향상, 창의적인 표현 능력 향상, 건전한 여가 문화 창조를 강조하였다.
ㄹ. 체육과 교육과정의 이해를 돕기 위하여 '체육과 교육과정 용어'가 신설되었다.
ㅁ. 고등학교 2~3학년 보통 교과에는 '운동과 건강 생활', '스포츠 문화', '스포츠와 진로'라는 선택 과목이 있다.

① ㄱ, ㄴ, ㅁ　② ㄱ, ㄷ, ㄹ　③ ㄱ, ㄹ, ㅁ
④ ㄴ, ㄷ, ㄹ　⑤ ㄴ, ㄷ, ㅁ

21. ○○중학교에 근무하는 박 교사가 2학년 체육과 교육과정을 개발 하고자 한다. 박 교사가 분석 또는 개발해야 할 문서를 교육과정의 상위 수준부터 하위 수준까지 바르게 배열한 것은? [1.5점]

'11. 기출

ㄱ. 실천중심 장학자료 및 편성·운영 지침
ㄴ. 2007년 개정 체육과 교육과정
ㄷ. 단원 계획안
ㄹ. ○○중학교 교육 계획서
ㅁ. 교수·학습 과정안

① ㄱ → ㄴ → ㄷ → ㄹ → ㅁ
② ㄱ → ㄹ → ㄴ → ㄷ → ㅁ
③ ㄱ → ㄹ → ㄴ → ㅁ → ㄷ
④ ㄴ → ㄱ → ㄹ → ㄷ → ㅁ
⑤ ㄴ → ㄹ → ㄱ → ㅁ → ㄷ

22. 다음 (가)~(다)의 학습 활동은 체육교육과정 모형에 따라 조직한 것이다. 각 학습 활동을 지도하기 위해 필요한 교사의 역할을 <보기>에서 바르게 고른 것은?

'11. 기출

(가) 여자 월드컵 축구 경기 동영상을 보면서 선수들이 킥을 할 때 변화되는 발과 무릎의 위치를 분석한다.
(나) 선수, 주장, 심판, 기록원 등의 다양한 역할을 경험하면서 시즌별 스포츠 경기에 참여한다.
(다) 친구들과 '코로브시카' 등과 같은 외국의 민속무용을 '강강술래'와 같은 우리나라의 민속무용과 비교하며, 문화적 다양성을 이해하고 존중한다.

─── <보 기> ───
ㄱ. 교사는 사회 변화에 개인의 참여가 필요하다는 신념이 있어야 하며, 자기 관리 기술 및 자기 주도적인 태도 발달을 강조해야 한다.
ㄴ. 교사는 움직임의 구조와 과학적 원리에 대해 잘 알고 있어야 하며, 학생들에게 움직임의 개념을 다양한 상황에 활용할 수 있는 능력을 길러주어야 한다.
ㄷ. 교사는 스포츠와 관련된 지식과 기능뿐만 아니라 경기 전술, 규칙, 매너 등을 배울 수 있는 환경을 제공하고, 다양한 방식으로 스포츠를 변형해야 한다.

	(가)	(나)	(다)		(가)	(나)	(다)
①	ㄱ	ㄴ	ㄷ	②	ㄱ	ㄷ	ㄴ
③	ㄴ	ㄱ	ㄷ	④	ㄴ	ㄷ	ㄱ
⑤	ㄷ	ㄴ	ㄱ				

23. 다음은 중등학교 체육과 교육과정의 변천과 관련된 대화이다. (가)~(다)에 들어갈 적절한 단어로 옳은 것은?

'11. 기출

김 교사 : 제가 학교에 발령 받아 체육 수업을 할 때는 [(가)] 시기로 10월 유신이 있었고, 국민정신 교육을 강화 하라고 했지요. 그래서 학기 초만 되면 체육과 교육 과정에 제시된 질서 운동을 학생들에게 지도하는 것이 아주 중요한 과제였어요.
최 교사 : 그런 시절이 있었군요. 제가 존경하는 중학교 체육 선생님은 저희에게 처음으로 [(나)] 을/를 가르쳐 주셨어요. 그때가 제5차 교육과정 시기였어요.
윤 교사 : 저는 [(다)] 시기에 교직 생활을 시작했습니다. 그때는 교육 내용의 최적화와 축소라는 취지 하에 '필수'와 '선택'의 개념이 체육과 교육과정 내용에 도입되었습니다. 그래서 중학교 2학년 체조 영역에서 반드시 뜀틀 운동을 필수로 가르쳐야 했습니다.

	(가)	(나)	(다)
①	학문중심 교육과정	순환 운동	제4차 교육과정
②	학문중심 교육과정	체력 운동	제7차 교육과정
③	경험중심 교육과정	체력 운동	제6차 교육과정
④	경험중심 교육과정	평생 스포츠	제6차 교육과정
⑤	교과중심 교육과정	평생 스포츠	제7차 교육과정

24. 2009 개정 교육과정에 따른 체육 교과의 변화 내용에 해당하는 것만을 <보기>에서 모두 고른 것은? '11. 기출

― <보 기> ―
ㄱ. 중학교에서 체육은 8개 교과(군) 중의 하나로 제시되었다.
ㄴ. 중학교 체육의 시간 배당 기준은 1~3학년을 통합하여 제시되었다.
ㄷ. 고등학교 체육과 선택 과목의 운영은 전체 학년으로 확대 되었다.
ㄹ. 고등학교 체육은 교양·생활 교과 영역으로 편성되었다.

① ㄱ, ㄷ ② ㄱ, ㄹ ③ ㄴ, ㄹ
④ ㄱ, ㄴ, ㄷ ⑤ ㄴ, ㄷ, ㄹ

25. 다음은 2007년 개정 체육과 교육과정에 근거하여 작성한 연간 지도 계획서이다. 이 계획서에 나타난 문제점만을 <보기>에서 모두 고른 것은? [2.5점] '11. 기출

<김 교사의 8학년 연간 지도 계획서>

	1학기		2학기
3월	건강 활동(체력 관리/보건과 안전) : 건강 달리기(11시간)	8월	경쟁 활동(필드형 경쟁) : 축구(14시간)
4월	도전 활동(투기 도전) : 태권도(22시간)	9월	
5월		10월	도전 활동(표적 도전) : 다트(21시간)
6월	표현 활동(창작 표현) : 댄스스포츠(18시간)	11월	
7월		12월/2월	여가 활동(여가 문화) : 국궁(16시간)
	총 51시간		총 51시간

<최 교사의 8학년 연간 지도 계획서>

	1학기		2학기
3월	건강 활동(체력 관리/보건과 안전) : 줄다리기(10시간)	8월	경쟁 활동(필드형 경쟁) : 소프트볼(18시간)
4월	도전 활동(표적/투기 도전) : 볼링(12시간) 씨름(8시간)	9월	
5월		10월	표현 활동(창작 표현) : 댄스스포츠(15시간) 라인댄스(10시간)
6월	경쟁 활동(필드형 경쟁) : 티볼(21시간)	11월	
7월		12월/2월	여가 활동(여가 문화) : 줄다리기(8시간)
	총 51시간		총 51시간

― <보 기> ―
ㄱ. 김 교사는 중영역에 맞지 않는 신체 활동을 선택하였다.
ㄴ. 김 교사는 도전 활동을, 최 교사는 경쟁 활동을 연간 2회 선택하였다.
ㄷ. 최 교사는 대영역별 신체 활동의 수를 자율적으로 선택 하였다.
ㄹ. 최 교사는 2개 대영역에서 동일한 신체 활동을 선택하였다.
ㅁ. 김 교사와 최 교사 모두 대영역별 교육 비중을 다르게 설정하였다.

① ㄱ, ㄹ ② ㄱ, ㅁ ③ ㄴ, ㄷ
④ ㄴ, ㄹ, ㅁ ⑤ ㄷ, ㄹ, ㅁ

26. 다음은 체육과 교육과정 목표 진술에 대한 박 교사의 견해를 나타낸 것이다.

> 1) 저는 체육 교과의 목표를 심동적, 인지적, 정의적 영역별로 구분해 제시하는 것은 문제가 있다고 생각합니다. 체육 교육의 학습 결과를 이렇게 구분해서 이해하는 것이 과연 타당할까요? 그동안 체육 교육과정이나 학교 현장에서 목표를 분절적으로 제시하는 바람에 체육 교과는 심동적 영역에 지나치게 초점이 맞추어지게 되었고, 마치 체육이란 운동기능의 숙달 교과쯤으로 여겨지는 인식을 낳았다고 봅니다.
> 이러한 측면에서 2007년 개정 체육과 교육과정에서는 기존의 제7차 교육과정까지 사용해 왔던 학습 영역별 목표 체계를 지양하고, 2) 신체 활동이 지니고 있는 다양한 가치의 내면화와 실천을 강조하여 가치 영역별로 목표를 제시하고 있다고 생각합니다.

밑줄 1)에 제시된 박 교사의 견해에 대한 자신의 의견을 논리적으로 정당화하시오(관점과 근거를 포함할 것). 또한, 밑줄 2)의 '신체 활동 가치' 개념을 설명하고, 이러한 신체 활동 가치 중 경쟁의 가치를 농구 활동을 통해 가르치고자 할 때 필요한 학습 내용과 방법을 이해, 수행, 감상의 측면에서 구체적으로 서술하시오. [25점]   '10. 2차

27. 다음은 김 교사와 송 교사가 체육 수업의 통합 방식에 대해 나눈 대화이다. ㉠~㉤에 대한 설명으로 옳지 <u>않은</u> 것은?　　　　　　　　　　　　　　　'10. 기출

> 김 교사 : 이번 핸드볼 활동에서는 경기 기능에 과학적 원리를 적용하고 사회적 자질을 가르치고 싶습니다.
> 송 교사 : 기존의 체육교육과정 모형이나 수업 모형의 통합 방식을 참고하면 좋을 것 같습니다. ㉠ <u>운동과 관련된 개념과 원리를 발견하고 실천하는 능력을 가르치는 방식</u>이 있습니다. 예를 들어 ㉡ <u>체육 교사가 핸드볼 슛을 가르칠 때 회전능률의 개념을 함께 가르치는 방법</u>이죠. 또한 ㉢ <u>경기와 관련된 전술을 기능과 함께 가르치는 방식</u>도 있습니다.
> 김 교사 : 사회적 자질은 어떤 방법으로 가르칠 수 있죠?
> 송 교사 : ㉣ <u>리그전을 운영하면서 핸드볼의 기술과 지식, 열정을 함께 가르치는 방식</u>이나 ㉤ <u>핸드볼 경기 후 그룹 토의를 하며 경기에서 느낀 점을 발표하고 책임감을 갖도록 하는 방식</u>을 활용할 수 있겠죠.

① ㉠은 운동 기능과 학문적 개념을 통합하는 방식으로, 개념중심 모형에서 활용할 수 있다.
② ㉡은 운동 기능과 과학적 원리를 통합하는 공유형 통합의 방식으로, 움직임교육모형에서 활용할 수 있다.
③ ㉢은 운동 기능과 지적 기능을 통합하는 방식으로, 이해중심 게임수업모형에서 활용할 수 있다.
④ ㉣은 신체 활동의 심동적, 정의적, 인지적 측면을 통합하는 방식으로, 스포츠교육모형에서 활용할 수 있다.
⑤ ㉤은 운동 기능과 정의적 영역을 통합하는 방식으로, 책임감 모형에서 활용할 수 있다.

28. 2007년 개정 체육과 교육과정에 대하여 바르게 설명한 것이 <u>아닌</u> 것은? [1.5점]

'10. 기출

① 내용 영역을 신체 활동의 가치 중심으로 구분하였다.
② 중학교(7~9학년)의 경우 제7차 체육과 교육과정과 비교하여 내용 영역의 수가 줄었다.
③ 학년별로 제시된 내용 영역을 반드시 지도해야 한다.
④ 여가 활동을 지도할 때에는 지역사회의 시설을 적극 활용 하여 직접적인 여가 체험의 기회를 확대한다.
⑤ 학교 실정에 따라 일부 영역만을 평가할 수 있고, 영역별 평가 비중을 다르게 할 수 있다.

29. 다음은 2007년 개정 체육과 교육과정의 내용 체계표 중 일부이다. ㉠~㉢에 들어갈 내용으로 옳은 것은?

'10. 기출

영역	중등학교			
	7 학년	8 학년	9 학년	10 학년
건강 활동	보건과 안전	보건과 안전	㉢	
도전 활동	㉠			도전과 경쟁
경쟁 활동		㉡		
표현 활동	창작 표현	창작 표현	창작 표현	창작 표현
여가 활동	여가 문화	여가 문화	여가 문화	여가 문화

	㉠	㉡	㉢
①	기록 도전	필드형 경쟁	건강관리
②	표적/투기 도전	영역형 경쟁	건강관리
③	기록 도전	네트형 경쟁	체력관리
④	동작 도전	필드형 경쟁	체력관리
⑤	동작 도전	영역형 경쟁	체력관리

30. 다음 중 최 교사의 물음에 적절한 답변을 <보기>에서 고른 것은? [2.5점]

'10. 기출

> 최 교사 : 박 선생님! 농구 수업을 설계하려고 하는데 체육과 교육과정 해설서에 제시된 예시들이 여학생들에게는 적합하지 않아서 고민입니다.
> 박 교사 : 저도 비슷한 경험이 있습니다. 그런데 요즘은 학교 실정에 맞게 교사 수준의 교육과정을 개발하는 역할이 더 강조되고 있으니, 체육교사는 국가수준 교육과정의 내용과 동일하게 운영하지 않아도 됩니다.
> 김 교사 : 맞습니다. 제7차 교육과정에서도 편성과 운영에 대한 현장의 자율성을 강조하고 있어요. 최 선생님이 교사 수준의 교육과정을 직접 개발해 보세요.
> 최 교사 : 그러면 제가 무엇을 할 수 있나요?

<보 기>

ㄱ. 체육과 교육과정 해설서의 예시대로 수업을 한번 해 보는 것이 좋겠습니다.
ㄴ. 학생들이 농구 드리블을 스스로 학습 할 수 있도록 농구 과제활동지를 제작해 보세요.
ㄷ. 수업참여도를 높일 수 있도록 농구 대신 넷볼을 선택하여 단원 지도 계획을 수립해 보세요.
ㄹ. 지역 교육청의 편성·운영 지침에 제시된 체육과 교육과정 운영 방안을 따라해 보세요.
ㅁ. 우선 학생들의 농구 드리블과 패스 기능에 대한 선수학습 정도를 파악하기 위해 학생 설문조사를 실시해 보세요.

① ㄱ, ㄴ, ㄹ　　② ㄱ, ㄴ, ㅁ　　③ ㄴ, ㄷ, ㄹ
④ ㄴ, ㄷ, ㅁ　　⑤ ㄷ, ㄹ, ㅁ

31. <보기>에 제시된 우리나라 체육과 교육과정의 특징을 변천 순서대로 바르게 배열한 것은?

'09. 기출

<보 기>

ㄱ. 체육과 내용 영역이 세분화되었고, 초등학교와 중학교에 순환운동과 질서운동이 새로운 영역으로 도입되었다.
ㄴ. 보건 및 체육의 명칭이 체육으로 통일되었고, 중·고등학교에 레크리에이션 영역이 추가되었다.
ㄷ. 체육과 내용을 심동적 영역, 인지적 영역, 정의적 영역으로 구분하여 설정하였다.
ㄹ. 체육과 명칭을 초등학교에서는 보건, 중·고등학교에서는 체육으로 하였다.

① ㄱ-ㄷ-ㄴ-ㄹ　　② ㄷ-ㄱ-ㄹ-ㄴ　　③ ㄷ-ㄴ-ㄹ-ㄱ
④ ㄹ-ㄴ-ㄱ-ㄷ　　⑤ ㄹ-ㄴ-ㄷ-ㄱ

32. 체육 교육과정의 5가지 가치 정향(내용 숙달 자아 실현 학습 과정 사회적 책무성 생태 통합)은 일반적으로 3가지 원천(교과내용, 학습자, 사회)의 영향을 받는다. 각각의 가치 정향이 3가지 원천과 어떠한 관계가 있는지 설명하고, 자신이 가장 선호하는 가치 정향을 선택하여 이를 실천하기 위한 방안을 체육 수업의 목표, 내용, 방법, 평가 측면에서 서술하시오 [20점]   '09. 2차

33. 다음은 제7차 고등학교 교육과정에 개설된 체육과 선택 과목이다.

일반 선택 과목	심화 선택 과목
체육과 건강	(㉠), (㉡)

제7차 교육과정에서 선택중심 교육과정이 도입된 배경(또는 이유)을 2줄 이내로 설명하시오. 그리고 ㉠과 ㉡에 해당하는 심화 선택 과목의 명칭을 쓰고, 이 선택 과목들을 단위학교에서 운영할 경우 활용해야 할 국가 교육과정의 명칭을 쓰시오. [4점]   '08. 기출

• 배경(또는 이유): _____

_____

• ㉠의 명칭: _____
• ㉡의 명칭: _____
• 국가 교육과정의 명칭: _____

34. <표 1>은 제 7차 체육과 교육과정의 내용 체계이고, <표 2>는 <표 1>을 바탕으로 A 중학교에서 작성한 체육과 교육과정 계획서이다.

<표 1> 제 7차 체육과 교육과정 내용 체계

8학년	
영역	지도 내용
체조	뜀틀 운동 또는 평균대 운동 외 선택
육상	이어달리기, 높이뛰기 외 선택
수영	배영 외 선택
개인 및 단체 운동	농구, 배드민턴, 씨름 외 선택
무용	한국의 민속 무용 외 선택
보건	소비자 보건
체력 운동	근력 및 근 지구력 운동, 심폐 지구력 운동, 유연성 운동 등의 개념 이해와 적용
이론	체육의 발달

<표 2> 체육과 교육과정 계획서

8학년 지도 내용	
1학기	2학기
•농구 •뜀틀 운동 •높이뛰기 •㉮인라인스케이트 •배영 •체육의 발달	•이어달리기 •강강술래 •체력 운동 •배드민턴 •씨름 •소비자 보건

<표 1>처럼 필수 내용과 선택 내용의 체제를 도입한 취지를 2가지만 쓰고, <표 2>의 '㉮인라인스케이트'처럼 단위 학교에서 선택내용을 선정할 수 있는 협의 기구를 '제 7차 체육과 교육과정' 문서에 근거하여 쓰시오. [3점]   '07. 기출

• 취지 : ① _____
　　　　② _____
• 협의 기구 : _____

35. 다음은 김 교사가 작성한 오래 달리기의 단원 목표이다.

> • 학생들은 오래 달리기를 하며 자기 몸의 소중함을 이해한다.
> • 학생들은 자신의 능력을 고려하여 오래 달리기의 기록 단축에 도전하는 목표를 수립한다.
> • 학생들은 자신이 수립한 목표를 달성함으로써 긍정적인 자아 개념과 자신감을 기른다.

김 교사의 단원 목표에 반영된 체육 교육과정 사조(또는 가치 정향)와 이 사조가 가장 중시하는 교육과정의 원천, 그리고 이 사조의 영향을 받은 체육 교육과정 모형의 명칭을 쓰시오. [3점]　'07. 기출

• 사　　　조 : _____
• 원　　　천 : _____
• 모형의 명칭 : _____

36. 다음은 체조 단원에서 활용할 수 있는 수업 내용의 설계 방식이다.

㉮ 매트에서 무릎 굽혀 앞구르기 → 매트에서 다리 벌려 앞구르기 → 매트에서 무릎 펴 앞구르기

㉯ 매트에서 무릎 굽혀 앞구르기 → 뜀틀에서 앞구르기 / 경사 매트(내리막)에서 앞구르기

㉮와 ㉯의 수업 내용 설계 방식을 제 7차 교육과정 편성·운영 지침의 수준별 교육과정 유형에 근거하여 각각 1줄로 쓰시오. [2점]
'07. 기출

• ㉮의 설계 방식: _____

• ㉯의 설계 방식: _____

37. 다음은 최 교사의 수업 일지 중 일부이다.

> ㉮ ○월 ○일
> 오늘 배드민턴 수업에서는 서브 순서와 공격·수비 위치를 가르친 후 조별 복식 경기에 직접 참여하면서 경기 규칙과 전술을 익히도록 하였다. 또 경기 시작 전후에는 서로 인사하고, 경기 중에는 상대 선수를 존중하며 심판의 판정에 따르도록 강조하였다. 하지만 일부 학생들은 승리에 집착하면서 그러지 못하는 경우가 종종 있었다.
> ……⟨중략⟩……
>
> ㉯ ○월 ○일
> 요즘 나는 기존에 내가 했던 방식과는 다른 수업 모형으로 축구를 가르친다. 오늘은 경기 중에 패스와 슛 기회를 많이 얻을 수 있는 움직임에 대해 설명해 주고 직접 경기에 참여하도록 하였다. 그러자 많은 학생들은 공간 개념을 이해하게 되면서 패스한 공을 받을 수 있는 공간으로 재빨리 이동하는 모습을 보여 주었다.
> ……⟨중략⟩……

㉮와 ㉯의 수업 일지에 나타난 체육 교육과정의 통합 전략을 각각 쓰시오. [2점]
'07. 기출

• ㉮의 통합 전략: _____
• ㉯의 통합 전략: _____

38. 다음은 김 교사와 박 교사가 각각 실행하고 있는 체육 교육과정 사조(가치 정향)를 나타낸다.

구분	체육 교육과정 사조(가치 정향)
김 교사	• 나는 학생들에게 운동역학, 운동생리학의 이론을 학년별 수준에 맞게 가르친다. • 나는 학생들에게 운동 기술이나 체력 운동의 효율적인 수행을 강조한다.
박 교사	• 나는 학생들에게 동료 학생의 움직임을 관찰하고 피드백을 제공하도록 가르친다. • 나는 학생들에게 자신의 잘못된 동작을 스스로 수정할 수 있는 방법을 가르친다.

김 교사와 박 교사가 실행하고 있는 체육 교육과정 사조(가치 정향)를 쓰고, 두 교사의 사조를 모두 반영하는 체육 교육과정 모형의 명칭과 교사의 역할을 2가지만 쓰시오. [3점]

'06. 기출

• 김 교사의 교육과정 사조 : _____
• 박 교사의 교육과정 사조 : _____
• 체육 교육과정 모형의 명칭과 교사의 역할 : _____

39. 다음은 배드민턴 단원에 적용한 개인의미추구 모형의 7가지 '움직임 과정' 영역을 순서에 관계없이 배열한 것이다.

- 하이 클리어와 드리븐 클리어를 구사하기 위해 정형화된 움직임을 수정할 수 있다.
- 하이 클리어, 헤어핀, 드롭을 상황에 따라 다양하게 구사할 수 있다.
- 경기 상황에서 사전 계획 없이 적합한 기술을 즉각적으로 수행할 수 있다.
- ㉮ 배드민턴 경기 상황을 스스로 해석하여 창조적으로 움직임을 수행할 수 있다.
- 시간과 공간을 고려하여 클리어와 드롭을 효율적으로 조절할 수 있다.
- 클리어를 조화롭고 연속적으로 하기 위해 신체 동작을 배열할 수 있다.
- ㉯ 배드민턴 그립의 종류와 신체 동작의 관련성을 알고 있다.

㉮와 ㉯에 해당하는 '움직임 과정' 영역의 명칭을 쓰고, 그 개념을 각각 2줄 이내로 설명하시오. [4점]

'06. 기출

• ㉮의 명칭과 개념 : _____

• ㉯의 명칭과 개념 : _____

40. 제7차 체육과 교육과정 내용 체계는 다음과 같이 학년이 올라 갈수록 교육 내용이 분화되는 특징을 가지고 있다.

구분	초등학교 3-4학년	초등학교 5-6학년	중학교 1학년-고등학교 1학년 (7-10학년)
영역	체조 활동 게임 활동 표현 활동 보건	체조 활동 육상 활동 게임 활동 표현 활동 체력 활동 보건	체조 육상 수영 개인 및 단체 운동 무용 체력 운동 이론 보건

위의 내용 체계를 조직하는 데 적용된 교육과정 유형을 쓰고, 이 유형의 장점과 단점을 각각 1가지만 쓰시오. [3점]   '06. 기출

- 교육과정 유형 : (　　　　　　) 교육과정
- 장점:
- 단점:

41. 다음은 김 교사가 계획한 교수·학습 활동의 일부이다.

3차시 교수·학습 활동	5차시 교수·학습 활동
• 농구 자유투 성공률과 공의 회전 및 슛 각도의 관계 조사 발표 및 토의 • 자유투 성공률과 공의 회전 및 슛 각도의 관계 탐색을 위한 자유투 연습 • 자유투 성공률에 영향을 미치는 다른 요인 설명 • 자유투 거리를 달리하여 개별 연습	• 농구 경기에서 페어플레이 사례 조사 발표 및 토의 • 페어플레이 의미 설명 • 모둠별 간이 경기 실시 • 모둠별 간이 경기를 통해 페어플레이 실천 강조 • 모둠별 경기 결과 발표 및 토의 • '오늘의 페어플레이 학생' 선정 및 시상

김 교사가 3차시와 5차시에서 활용한 체육 교육과정의 통합 전략을 각각 1줄로 쓰시오. [2점]   '06. 기출

- 3차시 통합 전략 :
- 5차시 통합 전략 :

42. 제7차 체육과 교육과정에서는 국민공통기본교육기간 동안 학습량의 적정화 또는 최적화를 도모하기 위해 새로운 내용 체계를 도입하고 있다. 이 내용 체계의 주요 특징을 2줄 이내로 기술하시오. [2점]

'05. 기출

43. 체육과 교육과정 모형인 발달단계모형과 체력교육모형의 사조(또는 가치정향)를 3줄 이내로 기술하고, 이 모형들의 공통적인 한계점을 2줄 이내로 설명하시오.
[4점]

'05. 기출

- 사조 (또는 가치정향)

- 한계점

44. 체육과 교육과정의 통합적 접근 방법을 2가지 제시하고, 각 방법의 구체적인 전략 2가지를 각각 1줄 이내로 설명하시오. [6점]   '05. 기출

- 방법 1 :
  전략 1 :
  전략 2 :

- 방법 2 :
  전략 1 :
  전략 2 :

45. 제7차 교육과정에서 고등학교 2, 3학년에만 해당하는 특징을 제시하고, 체육과의 일반 선택 과목을 쓰시오. [총 2점]   '03. 기출

① 특징 (1점) :
② 일반 선택 과목(1점) :

46. 체육교육과정모형 중 움직임분석모형(움직임교육모형)과 체력교육모형(체력모형)의 공통적인 가치정향(사조)을 쓰고, 교육목표영역에 기초하여 각 모형의 단점을 비교하시오. [총 3점] '03. 기출

① 가치정향(1점) :
② 각 모형의 단점(2점) :

47. 체육교육과정의 구성은 의도적이고 유목적적인 연간활동을 전제로 한다. 체계적인 교육과정 구성을 위한 일반적인 원리를 4가지만 제시하시오. [4점] '02. 기출

① _____
② _____
③ _____
④ _____

48. 개인의미 교육과정 모형(personal meaning model)의 가치 정향(value orientation)을 제시하고, 개념틀의 명칭과 그 특징을 설명하시오. [5점] '02. 기출

① 가치 정향(1점) :
② 개념틀의 명칭(1점) :
③ 개념틀의 특징(3점) :

인문과학편

중등체육임용고사 기출문제집　06

스포츠심리학 및 운동학습

1. 다음은 전국체육대회에 참가해 개인 최고의 성적을 거둔 고등학교 사격 선수 명진이와 사격부 담당 교사인 김 교사가 대회가 끝난 후 나눈 대화이다. 와이너(B. Weiner)의 귀인 이론에 근거하여 밑줄 친 ㉠, ㉡의 귀인 유형을 3가지 차원으로 각각 쓰시오. [2점]

'17. 기출

김 교사 : 명진아, 전국체전 때 정말 잘했어. 첫 메달 딴 거 축하해.
명 진 : 고맙습니다.
김 교사 : 네가 참가 했던 대회 기록 중에서 가장 좋은 기록이었지?
명 진 : 네, ㉠ 운이 좋았죠.
김 교사 : 운이라니? 넌 사격 선수로서 재능이 뛰어나. 특히 큰 대회에 나가서도 떨지 않잖아.
명 진 : 그냥 평소에 연습하던 대로 했는데 운이 따랐던 것 같아요.
김 교사 : 이번 대회는 준비도 많이 했잖아? 연습 때 집중도 많이 했고. 무엇보다 ㉡ 네가 평소에 흘린 땀의 결과라고 생각해.
명 진 : 그렇긴 했지만 평소 잘하던 다른 학교 선수들이 이번 대회에서는 부진했어요.
김 교사 : 명진아, 성공이나 실패의 원인을 어떻게 설명하는가는 정말 중요하단다. 이번 메달은 우연히 딴 게 아니라 네가 노력해서 얻은 거야.
명 진 : (활짝 웃으며) 선생님 이야기를 들으니 더 뿌듯해지네요.

2. 다음은 운동행동을 설명하는 변화단계 이론의 의사결정 균형(decisional balance)을 보여 주는 그래프이다. <작성 방법>에 따라 순서대로 서술하시오. [4점] '17. 기출

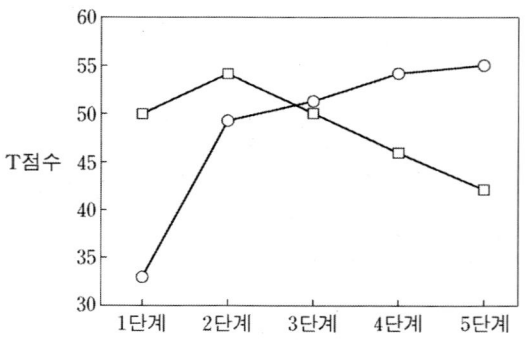

─────── <작성 방법> ───────
○ 변화단계 이론의 3단계 명칭을 제시할 것.
○ 그래프를 보고 2단계와 3단계의 차이를 비교하여 서술할 것.
○ 반두라(A. Bandura)의 자기효능감 이론에 근거하여 운동 실천 및 지속을 위한 중재 전략을 2가지 제시할 것.

3. 다음은 학교스포츠클럽에 참가하고 있는 학생들의 SNS 대화이다. 대화 내용을 참고하여 <작성 방법>에 따라 서술하시오. [4점] '16. 기출

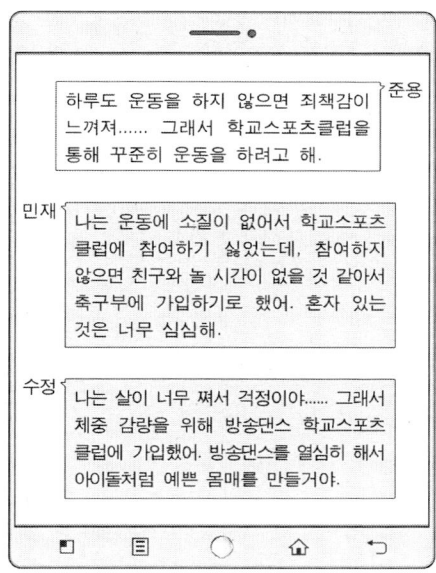

──── <작성 방법> ────
○ 데시(E. Deci)와 라이언(R. Ryan)의 '자기결정성연속체' 중 민재와 수정에게 해당하는 외적 동기의 규제 유형을 순서대로 제시할 것.
○ 민재의 자기결정성을 높이기 위하여 유능성 욕구를 충족시킬 수 있는 교사의 중재 전략을 하터(S. Harter)의 '유능성동기이론'에 근거하여 서술할 것.

4. 다음은 박 교사의 중학교 1학년 높이뛰기 수업에 참가한 학생들의 수업 소감문 일부이다. 소감문을 읽고, <작성 방법>에 따라 서술하시오. [4점] '16. 기출

> 학생 A: 나는 키가 작아서 높이뛰기에 자신이 없다. 오늘 110 cm의 높이를 넘으라는 과제가 주어졌는데, 내겐 너무 높은 것 같다. 친구들은 다들 잘 넘는데 나만 못하는 것 같아 속상했다.
> 학생 B: 나는 높이뛰기를 잘 못한다. 그리고 왜 체육 수업에서 높이뛰기를 배워야 하는지 모르겠다. 일상생활에서 자주 접하는 종목도 아닌데……. 체육 수업 시간에는 내가 잘하는 축구만 배웠으면 좋겠다.
> 학생 C: 아마도 높이뛰기 실력은 내가 우리 반에서 최고일 것이다. 보통 130 cm 정도는 기본으로 넘는데, 오늘 수업 목표인 110 cm는 언제 어디서든 눈 감고도 넘을 수 있다.
> 학생 D: 오늘 높이뛰기 수업 목표는 110 cm를 넘는 것이었다. 나는 10번 시도해 8번을 성공했다. 발 구르기 동작에 좀 더 집중했더라면 10번 모두 성공했을 것이다. 너무 재미있어 시간 가는 줄 몰랐다.

학생	A	B	C	D
정서적 특성	㉠	무관심	㉡	몰입

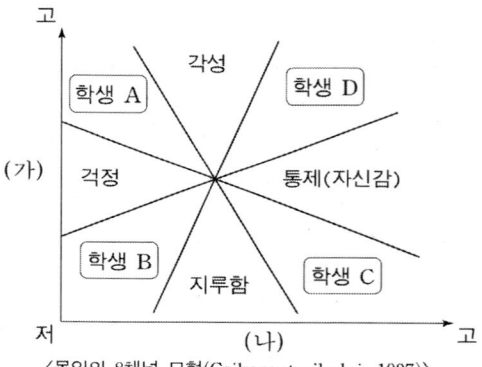

〈몰입의 8채널 모형(Csikszentmihalyi, 1997)〉

― 〈작성 방법〉 ―
○ ㉠, ㉡에 해당하는 정서적 특성을 칙센트미하이(M. Csikszentmihalyi)의 몰입(flow) 모형에 근거하여 순서대로 제시할 것.
○ (가), (나)에 해당하는 결정 요인을 활용하여 A와 C학생의 몰입 경험을 유도하기 위한 교사의 지도 전략을 서술할 것.

5. 다음은 구드(S. Goode)와 매길(R. Magill)의 실험과 동일하게 설계한 배드민턴 서브 연습 활동이다. A 모둠에 해당하는 연습 방법의 명칭을 쓰고, ㉠과 같은 결과의 원인을 설명하는 바티그(W. Battig)의 학습 현상 용어를 제시하시오. [2점]

'16. 기출

―――― 〈연습 활동〉 ――――
1. 연습 대상 : 중학교 1학년 배드민턴 초보자
2. 연습 과제 : 3가지 배드민턴 서브(쇼트, 롱, 드라이버) 유형
3. 연습 방법 :
 가. 연습의 가변성을 고려하여 2개 모둠으로 나누고 2가지 연습 방법을 적용
 나. 모둠별 연습 내용
  • A 모둠: 3가지 서브를 3주간 매주 1가지씩 연습
  • B 모둠: 3가지 서브를 모든 차시마다 무작위로 연습 다. 서브 연습은 매 차시 당 36회 시행, 총 324회 연습
4. 연습 기간 : 3주간, 매주 3차시 연습

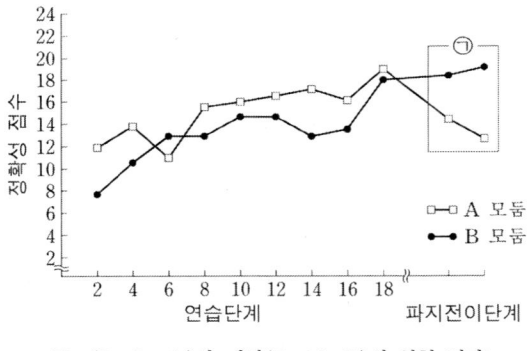

〈구드(S. Goode)와 매길(R. Magill)의 실험 결과〉

6. 다음은 정 교사와 민희가 뜀틀 수업에서 찍은 영상을 보면서 나눈 대화 내용이다. 밑줄 친 ㉠에 해당하는 보강 피드백의 지식 명칭과 ㉡에 해당하는 목표 유형을 순서대로 쓰시오. [2점]

'15. 기출

| 정 교사 : 민희야, 네 동작을 좀 봐. (정지 동작을 보여 주며) ㉠ <u>구름판을 밟을 때, 몸의 무게 중심이 구름판 반력의 작용선보다 앞에 있어야 하는데 무게 중심이 계속 작용선보다 뒤에 있잖아.</u>
| 민 희 : 정말 그러네요. 그런데 막상 뜀틀을 하려고 하면 가슴이 답답하고 심장이 두근거려요. 그리고 수행 평가 점수를 잘 받아야 한다는 생각을 하면 더 그래요.
| 정 교사 : 불안한 마음이 들면 자신감도 떨어지지. 그래서 구름판 앞에서 엉덩이가 뒤로 빠지는 동작이 나오는 거야.
| 민 희 : 그럼 어떻게 해요?
| 정 교사 : 여러가지 방법이 있지만 우선 목표 설정을 통해서 불안을 줄이고 자신감을 높여 보자. 다음 시간에는 5단 뜀틀을 넘어 좋은 수행 평가 점수를 받겠다는 목표 대신에 ㉡ <u>구름판에 발을 딛는 위치나 손을 짚는 자세를 정확히 하겠다는 목표</u>를 세워 봐.

7. 다음은 운동의 심리적 효과에 관한 신문 칼럼의 일부이다. 괄호 안의 ㉠, ㉡에 해당하는 용어를 순서대로 쓰시오. [2점]

'15. 기출

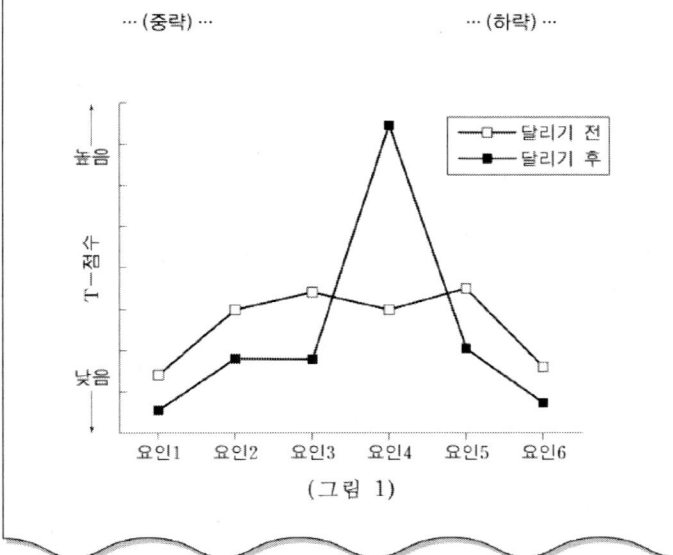

2014년 12월 6일   ○○신문

운동의 심리적 효과

일반적으로 운동의 심리적 효과로 불안의 감소나 우울증의 완화를 이야기한다. 이는 부정적인 심리 상태에서 벗어나는 효과이다. 그러나 운동의 효과는 부정의 감소에 그치지 않고 긍정의 확장이라는 적극적인 관점으로 이해되어야 한다. 그 대표적인 예로 운동을 하면 기분 상태 검사(POMS : Profile of Mood States)의 여섯 가지 요인 중 (㉠)이/가 상승하는 것으로 알려져 있다(그림 1).

… (중략) …

한편, 긍정적인 정서는 운동이 끝난 후에만 나타나는 것이 아니라 운동을 하는 동안에도 극도의 행복감으로 나타나기도 한다. 이 현상을 (㉡)(이)라고 하는데 이를 연구한 여러 운동 심리학자들은 (㉡)을/를 표현하는 단어로 희열감, 편안함, 우아함, 파워 등을 제시했다. 이는 긍정 심리학자 칙센트미하이(M. Csikszentmihalyi)가 주창한 몰입(flow)의 개념과 매우 유사하다.

… (하략) …

(그림 1)

8. 다음은 박 교사와 동수의 대화 내용이다. 다이나믹시스템 이론(dynamic system theory)에 근거할 때, 밑줄 친 ㉠이 의미하는 것과 ㉡에 적용된 원리를 쓰고, 이를 근거로 ㉢을 설명하시오. (단, 대화 내용 중 폼은 협응 구조(coordinative structure)를 의미함.) [5점]   '14. 기출

> 동　수 : 선생님, 포환 던지기와 야구공 멀리 던지기의 폼(form)이 왜 다르죠?
> 박 교사 : 그건 무게 차이 때문이야. 너도 알다시피 포환은 야구공보다 훨씬 무겁잖아. 만약 포환을 야구공 던지는 폼으로 던지면 어깨만 다치고 멀리 날아가지 않아.
> 동　수 : 그럼, 무게 때문에 폼이 변할 수밖에 없다는 말씀이세요?
> 박 교사 : 그래 맞아. 포환이나 야구공은 멀리 던지려는 목적은 같지만, ㉠ 공의 무게가 다르기 때문에 폼이 달라질 수밖에 없는 거란다.
> 동　수 : 좀 더 자세히 설명해 주세요.
> 박 교사 : ㉡ 테니스공과 야구공처럼 무게 차이가 크지 않은 경우에는 던지는 폼이 유사하지만, 포환처럼 일정 값(임계치) 이상으로 무거워질 경우 전혀 다른 폼으로 급격하게 바뀌지. 이러한 현상을 일종의 안정성과 관련된 상변이(phase transition)라고 한단다.
> 동　수 : 아, 그렇군요. 그럼 이러한 원리가 다른 활동에도 똑같이 적용되나요?
> 박 교사 : 당연하지. 자, 이제부터 ㉢ 걷기와 달리기 동작에 적용해 볼까?

54. 다음은 행동변화를 설명하는 '단계적 변화 모형'의 주요 구성 개념에 관한 내용이다. 괄호 안의 ㉠, ㉡에 해당하는 용어를 차례대로 쓰시오. [2점]   '14. 기출

> '단계적 변화 모형'에 관한 주요 구성 개념 중 (㉠)은/는 의도한 행동을 했을 때 주어지는 이익(pros.)과 그에 따라 발생 하는 손실(cons.)을 비교하여 평가하는 것을 의미하며, 자니스와 만(I. Janis & L. Mann)에 의해서 개발된 모델에 기초를 두고 있다. 예를 들어 운동을 통하여 즐거움, 건강 증진 등을 인식한 다면 이익에 해당하지만, 시간 투자, 장비 구입 부담 등의 인식은 손실에 해당한다.
> 　프로차스카와 디클레멘테(J. Prochaska & C. DiClemente)의 '단계적 변화 모형'에 기초할 때, (㉡) 단계에서는 이익과 손실이 거의 같다고 본다.

9. 다음은 '과훈련 증후군'에 관한 박 교사의 수업 자료이다. 괄호 안의 ㉠, ㉡에 해당하는 명칭을 차례대로 쓰시오. [2점] '14. 기출

과훈련 증후군(overtraining syndrome)의 이해

1. 과훈련
 장기간의 강도 높은 훈련으로 선수들이 적응을 못하고 결국 수행력이 감소되는 결과를 초래하는 것을 의미한다. 모건(W. Morgan)등은 과훈련을 '매우 많은 운동량을 비정상적으로 수행하는 훈련 과정'으로 정의하였다.

2. (㉠)
 와인버그와 굴드(R. Weinberg & D. Gould)는 (㉠)을/를 '과훈련으로 인해 선수들이 일상적인 훈련을 소화하기 어렵고 이전의 경기 수행력에 도달할 수 없는 상태'로 정의하였다. (㉠)은/는 과훈련에 대한 하나의 반응으로 간주될 수 있으며, 강도 높은 훈련에 따른 생리적인 부정적 반응과 감정이 합쳐진 상태를 의미한다.

3. (㉡)
 '스포츠 참가에 대한 부정적 감정 반응'으로, 계속되는 과훈련 스트레스가 축적되어 적극적으로 참여하던 스포츠에서 떠나는 것을 의미한다. 스미스(R. Smith)에 의하면 (㉡)은/는 단순히 스포츠를 중단하는 것뿐 아니라 심리적, 정서적으로도 고갈되는 것을 의미한다. 이러한 증상은 스포츠에 대한 긍정적인 가치 감소, 타인과의 관계에서 부정적인 태도 형성, 비인격화, 운동 성취의 결여 등과 관련있다.

10. 다음은 스포츠과학의 원리를 적용한 던지기 동작 지도 자료의 일부이다.

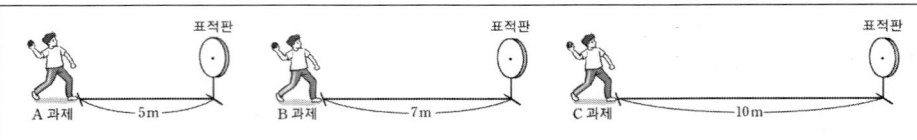

[그림 1] 3가지 조건의 표적판 맞히기 과제(동일한 표적판 사용)

● : 던지기동작시행후결과지식제시   × : 던지기동작시행후결과지식미제시

시행 차수		1	2	3	4	5	6	7	8	9	10	11	12	13	14	15	16	17	18	19	20
영희	오차(cm)	4	2	2	3	3	2	2	3	3	2	2	7	2	5	3	2	2	4	2	5
	결과지식 제시 유무	●	●	●	●	×	●	●	●	×	●	●	×	●	×	×	×	×	×	×	×
	제시된 결과지식 내용(cm)	4	2	2	3	3	2	2	3	×	2	7	2	5	3	2	×	2	5	2	4	×	1	5	×	×	×	×	×	×

		14	15	16	17	18	19	20
영희 (cont.)	오차	2	4	1	5	1	5	2	3	2	1	1	3	1	5	2	1	1	2	1	2

(위 행들은 원표 그대로를 옮기기 어려움. 아래 대체 표 참조)

시행 차수	1	2	3	4	5	6	7	8	9	10	11	12	13	14	15	16	17	18	19	20
영희 오차(cm)	4	22	33	22	33	22	27	25	32	24	25	24	15	15	23	21	13	15	21	12
영희 결과지식 제시 유무	●	●	●	●	×	●	●	●	×	●	●	×	●	×	×	×	×	×	×	×
영희 제시된 결과지식 내용(cm)	4	22	33	22	×	27	25	32	×	25	24	×	15	×	×	×	×	×	×	×
현수 오차(cm)	44	33	45	18	23	18	42	17	26	12	24	18	12	24	23	21	13	13	22	12
현수 결과지식 제시 유무	×	×	×	●	×	×	●	×	×	●	×	×	×	×	×	●	×	×	×	●
현수 제시된 결과지식내용(cm)	×	×	×	35	×	×	25	×	×	20	×	×	×	×	×	20	×	×	×	15

[표 1] 시행 차수에 따른 오차와 제시된 결과지식

[표 1]은 C과제에 대한 영희와 현수의 연습 과정에서 발생한 오차(표적중심으로 부터의 거리)와 결과지식을 제시한 것이다

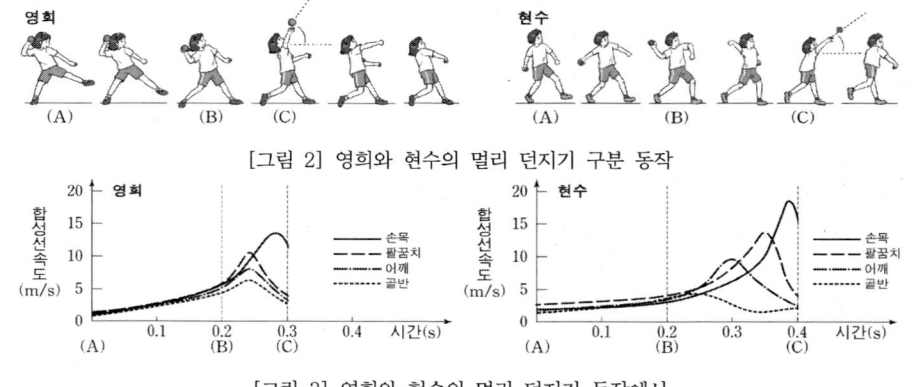

[그림 2] 영희와 현수의 멀리 던지기 구분 동작

[그림 3] 영희와 현수의 멀리 던지기 동작에서
우측 주요 부위 합성선속도(resultant linear velocity) 변화

[그림 2]는 영희와 현수의 멀리 던지기 동작을 0.1초 간격으로 구분한 것으로 (A)는 분석 시작점, (B)는 왼발 착지 시점, (C)는 릴리스(release)시점이다. [그림 3]은 두 학생의 멀리 던지기 동작에서 나온 우측 주요 부위(골반, 어깨, 팔꿈치, 손목)의 3차원 선속도를 합성한 값을 시간에 따라 표시한 것이다

[그림 1]의 3가지 과제를 피츠(P. Fitts)의 난이도 지수(index of difficulty)에 근거하여 비교하시오. 그리고 [표 1]에서 두 학생에게 제시된 결과지식의 유형에 대한 개념 및 장점을 설명하고, 절대빈도 및 상대빈도를 각각 산출하시오. 또한 [그림 2]와 [그림 3]에 근거하여 두 학생의 동작에 공통적으로 고려해야 할 역학적 중요성을 (A) - (B)국면, (B) - (C)국면, (C)시점에서 각각 설명한 후, 각 국면과 (C)시점에서 두 학생의 생체역학적 차이점을 비교하시오. [30점]

'13. 2차

11. 김 교사는 축구 동아리의 응집력을 향상시키기 위해 캐론(V. Carron) 등의 팀 구축 (team building) 모형을 적용하고자 한다. (가)~(라)에 해당하는 팀 구축 모형 요인으로 옳은 것은? [2.5점]   '13. 기출

> 김 교사는 먼저 (가) 학생들에게 축구팀의 이름과 유니폼을 정하게 하였다. 또한 (나) 매주 한 번씩 팀 미팅을 열어 각자의 역할과 이에 따른 책임을 논의하게 하였고, (다) 파트너 활동을 통해 서로에 대해 알 수 있는 시간을 갖도록 하였다. 그리고 (라) 3학년 학생들이 팀에 익숙하지 않은 신입생들을 위해 방과 후 시간을 이용하여 도와주도록 하였다.

	(가)	(나)	(다)	(라)
①	집단 환경	집단 과정	집단 구조	집단 구조
②	집단 환경	집단 구조	집단 과정	집단 과정
③	집단 환경	집단 구조	집단 구조	집단 과정
④	집단 구조	집단 과정	집단 환경	집단 환경
⑤	집단 구조	집단 환경	집단 과정	집단 구조

12. 다음은 농구 수업과 관련된 김 교사의 수업 반성 일지 내용 이다. 밑줄 친 내용에 대한 설명 중 옳은 것만을 〈보기〉에서 있는 대로 고른 것은?   '13. 기출

> 〈수업 반성 일지〉
> 2012년 ○월 ○○일
>
> 농구 수업에 참여하는 모든 학생들은 오른손잡이이며, 이미 오른손 레이업 숏을 익힌 상태이다. 학생들에게 왼손으로도 레이업 숏을 할 수 있도록 지도했다. 왼손 레이업 숏을 지도하면서 흥미로운 점을 발견하였다. 오른손 레이업 숏을 잘하는 학생이 왼손 레이업 숏을 배우는 상황에서, 학습 초기에 스텝 타이밍이나 손과 다리의 협응 등에서 어려움을 겪는다는 점이다. 왜 이런 것일까?

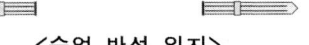

〈보 기〉
ㄱ. 학습 초기의 과제내 부적 전이 때문이다.
ㄴ. 오른손과 왼손 레이업 숏 동작의 공간적 위치 변화로 나타나는 인지적 혼란 때문이다.
ㄷ. 오른손과 왼손 레이업 숏을 배우는 상황은 비슷하지만, 두 동작의 특성이 다르기 때문이다.
ㄹ. 오른손 레이업 숏 동작 학습에서 형성된 지각과 동작의 연합을 다시 새롭게 구성해야 하는 어려움 때문이다.

① ㄱ, ㄴ ② ㄷ, ㄹ ③ ㄱ, ㄴ, ㄹ
④ ㄴ, ㄷ, ㄹ ⑤ ㄱ, ㄴ, ㄷ, ㄹ

13. 다음은 축구의 인스텝 롱 킥 동작에서 차는 다리의 엉덩 관절과 무릎 관절의 각도 변화를 나타낸 각도-각도(angle-angle) 다이어그램 이다. 이 각도의 변화를 연습 전과 후로 비교한 설명 중 옳지 <u>않은</u> 것은?   '13. 기출

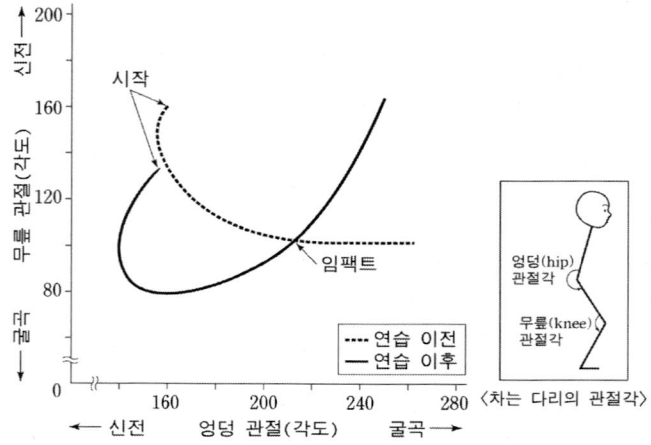

① 무릎 관절의 가동 범위가 연습 이전보다 연습 이후 증가했다.
② 공을 찬 이후, 무릎 관절의 신전이 연습 이전보다 연습 이후 증가했다.
③ 공을 찬 이후, 엉덩 관절의 신전이 연습 이전보다 연습 이후 증가했다.
④ 킥 동작 시, 차는 다리를 뒤로 했을 때 무릎 관절의 굴곡과 엉덩 관절의 신전은 연습 이전보다 연습 이후 증가했다.
⑤ 킥 동작 시, 차는 다리를 뒤로 했을 때 엉덩 관절이 최대로 신전된 시점에서의 무릎 관절 굴곡은 연습 이전보다 연습 이후 증가했다.

14. 다음은 중학교 2학년 이○○의 심리 상태를 나타낸 것이다. 와이너(B. Weiner)의 귀인 이론에 근거한 체육 교사의 지도 방법으로 옳은 것은? [1.5점]   '13. 기출

> 이○○은 친구들보다 운동을 잘하지 못하는 것을 항상 자신의 능력이 부족한 탓으로 여긴다. 결국 이○○은 체육 수업에 소극적으로 참여하고, 운동에 대하여 학습된 무기력 상태가 되었다.

① 통제 가능한 요인 중 개인 능력에 귀인할 수 있도록 지도한다.
② 통제 가능한 요인 중 개인 노력에 귀인할 수 있도록 지도한다.
③ 통제 불가능한 요인 중 운에 귀인할 수 있도록 지도한다.
④ 통제 불가능한 요인 중 개인 노력에 귀인할 수 있도록 지도한다.
⑤ 통제 불가능한 요인 중 개인 능력에 귀인할 수 있도록 지도한다.

【15-18】 김 교사가 민수 어머니와 상담한 내용 일부이다. 각 문항의 질문에 답하시오.

'12. 기출

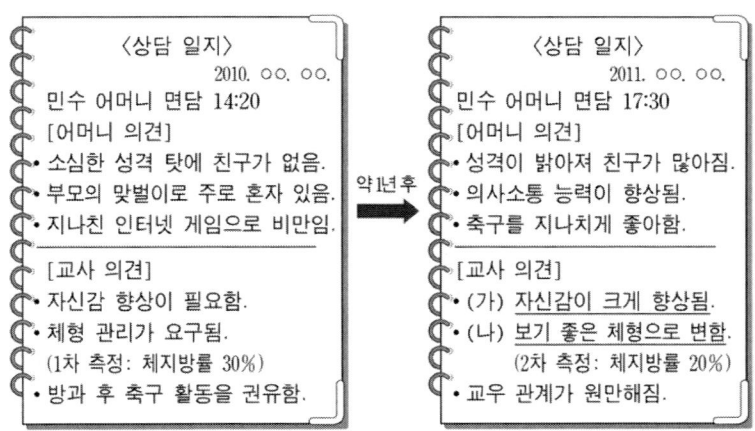

15. 2007년 개정 체육과 교육과정의 '성격'에 비추어 민수의 변화가 갖는 의미에 해당되는 것만을 <보기>에서 있는 대로 고른 것은?

─────── <보 기> ───────
ㄱ. 생활이 활기차게 바뀌었다.
ㄴ. 사회성 신장을 도모할 수 있었다.
ㄷ. 체력의 향상을 도모할 수 있었다.
ㄹ. 신체 활동의 심미적 요소를 이해하고 창의적으로 표현하는 능력을 갖추게 되었다.

① ㄱ, ㄴ   ② ㄱ, ㄷ   ③ ㄱ, ㄴ, ㄷ
④ ㄱ, ㄷ, ㄹ   ⑤ ㄴ, ㄷ, ㄹ

16. <보기>는 민수의 변화 과정을 기술한 것이다. 이에 대한 스포츠사회학적 설명으로 옳지 <u>않은</u> 것은?

─────── <보 기> ───────
ㄱ. 방과 후 축구 활동 초기에는 기능 수준은 낮지만 참여 자체에 만족함.
ㄴ. 교사의 기술 지도로 인하여 실력이 향상되고, 친구가 많아짐.
ㄷ. 점차 축구 활동에 적극적으로 주도적인 학생으로 성장함.
ㄹ. 승리에 대한 과도한 집착으로 반칙을 사용하는 경우가 발생함.
ㅁ. 할 일을 하지 않으면서까지 축구에 몰입하는 경우가 발생함.

① ㄱ에서 민수는 비조직적 스포츠에 참가하고 있음을 알 수 있다.
② ㄴ에서 사회 학습 이론에 따르면 민수는 교사의 코칭을 통해 축구 기술을 습득하고 있음을 알 수 있다.
③ ㄷ에서 민수의 태도 변화는 역할 행동에서 비롯되었음을 알 수 있다.
④ ㄹ에서 민수의 행동은 머튼(R. Merton)의 아노미 이론에 따르면 혁신에 해당된다.
⑤ ㅁ에서 민수의 행동은 이차적 일탈 참가에 해당된다.

17. 상담 일지 내용 (가)와 관련하여 김 교사는 반두라(A. Bandura)의 자기효능감(self-efficacy) 이론을 기초로 민수의 자신감을 향상시켰다. 김 교사가 활용한 전략으로 옳은 것을 <보기>에서 고른 것은?

― <보 기> ―
ㄱ. 간이 게임을 통하여 경쟁 기회를 제공하였다.
ㄴ. 동료들과 연습을 통하여 협동심을 유발시켰다.
ㄷ. 칭찬과 격려를 통하여 축구 수행에 도움을 주었다.
ㄹ. 골대와의 거리를 좁혀서 슛 성공 경험을 제공하였다.
ㅁ. 잘 하는 학생의 시범을 통하여 성공 장면을 보여 주었다.
ㅂ. 신체적, 정서적인 각성을 통해 최상의 컨디션을 유지시켰다.

① ㄱ, ㄴ, ㄷ, ㄹ ② ㄱ, ㄴ, ㅁ, ㅂ ③ ㄱ, ㄹ, ㅁ, ㅂ
④ ㄴ, ㄷ, ㄹ, ㅁ ⑤ ㄷ, ㄹ, ㅁ, ㅂ

18. 히스카터(Heath-Carter)의 체형 분류법을 이용한 민수의 체형 변화를 나타낸 것이다. 상담 일지의 (나)와 관련하여 <보기>의 괄호에 들어갈 내용으로 옳은 것은?

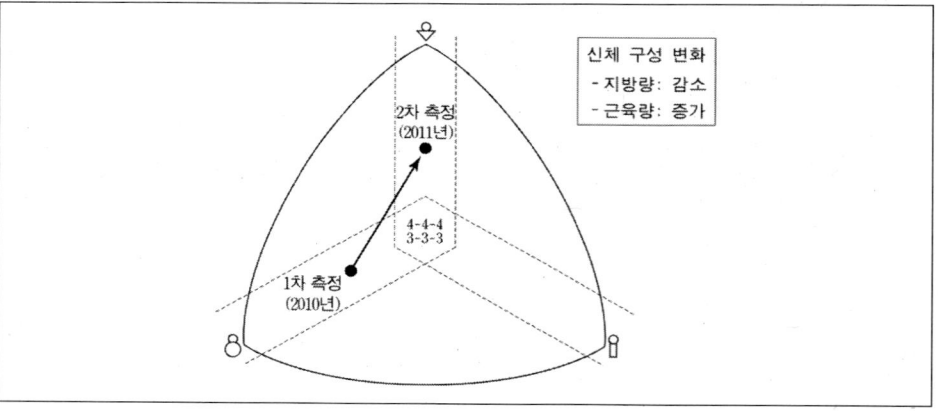

― <보 기> ―
민수의 체형 값은 (ㄱ)에서 (ㄴ)로, 신체 형태는 (ㄷ)에서 중배엽 성향으로 변화하였다.

	(ㄱ)	(ㄴ)	(ㄷ)
①	2-2-5	2-5-2	내배엽 성향
②	2-2-5	5-2-2	외배엽 성향
③	2-5-2	5-2-2	외배엽 성향
④	5-2-2	2-2-5	내배엽 성향
⑤	5-2-2	2-5-2	내배엽 성향

19. 체육 교사들의 수업에 관한 대화 (가)~(마)에 대한 설명으로 옳은 것만을 <보기>에서 있는 대로 고른 것은? [2.5점]   '12. 기출

> 김 교사: 다음 주부터 테니스 수업이죠?
> 박 교사: 네. 그런데 테니스가 상당히 어려운 종목이라 걱정이네요.
>   (가) 테니스 경험이 거의 없는 학생들이거든요.
> 김 교사: (나) 움직이는 공을 달려가서 라켓으로 맞춘다는 것이 참 어려운 일이죠
> 박 교사: (다) 네. 그래서 첫 시간에는 서브, 발리, 스트로크 중에서 기본적인 포핸드 스트로크만 지도하려고 해요.
> 김 교사: (라) 포핸드 스트로크 자세를 세부적으로 구분해서 가르치면 좋을 것 같아요.
> 박 교사: (마) 신체적, 언어적, 시각적으로 다양한 방법을 사용하여 학생들의 기능이 향상될 수 있도록 도와주는 게 중요할 것 같아요.

──── <보 기> ────
ㄱ. (가) 분습법을 활용하는 것이 효과적이다.
ㄴ. (나) 폐쇄 운동 기술을 의미한다.
ㄷ. (다) 무선 연습을 통하여 맥락 간섭 효과를 감소시키려고 한다.
ㄹ. (라) 분산법을 실시하려고 한다.
ㅁ. (마) 가이던스 기법을 활용하려고 한다.

① ㄱ, ㄷ ② ㄱ, ㅁ ③ ㄷ, ㄹ
④ ㄱ, ㄴ, ㄹ ⑤ ㄴ, ㄹ, ㅁ

20. 축구 경기 중에 이루어지는 <보기>의 상황을 니드퍼(R. Nideffer)의 주의 집중 유형 (가)~(라)와 옳게 연결한 것은?   '12. 기출

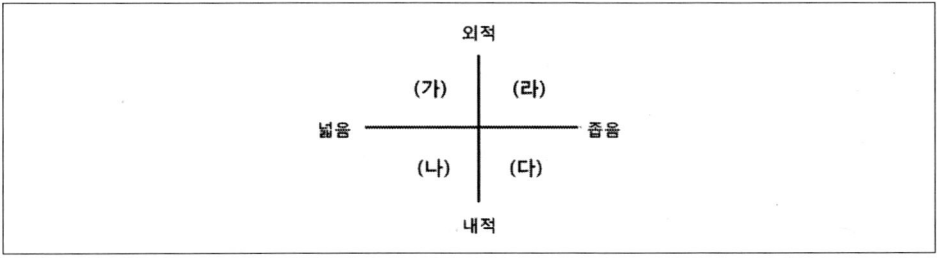

──── <보 기> ────
ㄱ. 자신이 수행해야 할 다양한 작전을 계획한다.
ㄴ. 빈 공간에 있는 특정 선수에게 공을 패스한다.
ㄷ. 골을 성공시키는 장면을 마음속으로 시연한다.
ㄹ. 수비수의 방어가 허술한 위치에 있는 동료 선수가 누구 인지를 찾는다.

	(가)	(나)	(다)	(라)
①	ㄴ	ㄱ	ㄷ	ㄹ
②	ㄴ	ㄹ	ㄱ	ㄷ
③	ㄷ	ㄹ	ㄱ	ㄴ
④	ㄹ	ㄱ	ㄷ	ㄴ
⑤	ㄹ	ㄱ	ㄷ	ㄴ

21. 정 교사가 기록한 심리 상담 내용의 일부이다. 상담 기록지의 심리 훈련 기법 (가)와 (나)에 대한 <보기>의 설명으로 옳게 연결한 것은? [1.5점]   '12. 기출

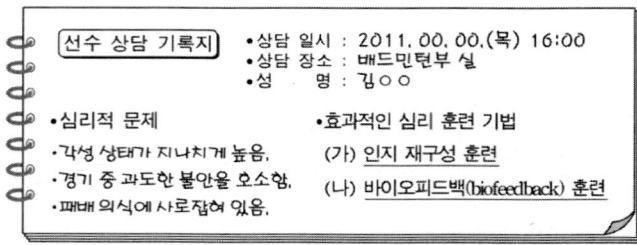

─── <보 기> ───
ㄱ. 동작 수행을 상상하여 가상 훈련을 하도록 돕는다.
ㄴ. 비합리적인 신념을 이성적인 신념으로 변화하도록 돕는다.
ㄷ. 긴장된 근육을 수축시킨 후 점진적으로 이완 상태에 도달하도록 돕는다.
ㄹ. 감지 장치를 이용하여 인체의 자율 신경계 반응을 자각시켜 조절 하도록 돕는다.

① (가)-ㄱ (나)-ㄴ   ② (가)-ㄱ (나)-ㄷ
③ (가)-ㄴ (나)-ㄱ   ④ (가)-ㄴ (나)-ㄹ
⑤ (가)-ㄷ (나)-ㄹ

22. 임 교사는 경쟁 활동 영역의 농구 수업을 지도하면서 학생들과의 상호 작용과 친밀감을 높이기 위해 웹 카페를 활용하고 있으며, 답글 형태로 학생들의 수업 후기에 피드백을 제공하고 있다. 특히 임 교사는 학생들의 심리적인 성향과 신체적 능력을 파악하여 적극적인 수업 참여를 유도하기 위해서 수업 후기 내용을 활용하고 있다. [30점]

'12. 2차

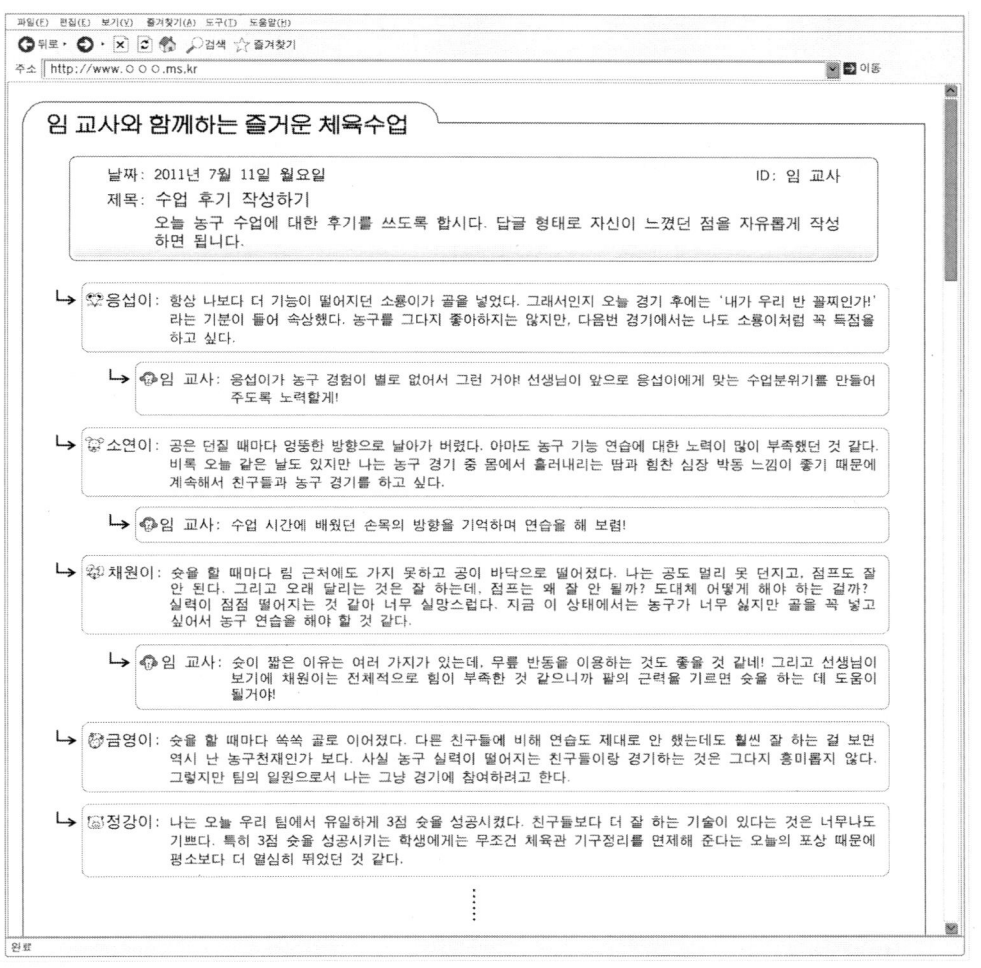

22-1. 응섭이와 동일한 목표성향을 갖고 있는 학생들을 찾아 니콜(Nicholls, J G.)의 성취목표성향 이론에 근거하여 설명하시오. 또한 데시와 라이언(Deci, E. L. & Ryan, R. M.)의 자결성 이론과 자결성 연속체의 개념을 기술하고, 임 교사가 응섭이와 동일한 목표성향을 갖고 있는 학생들의 자결성을 높여 적극적인 수업 참여를 유도할 수 있는 방안을 자결성 연속체의 '내적 동기 3가지 규제 유형'에 근거하여 설명하시오. [18점]

22-2. 수업 후기의 내용과 같이 채원이가 힘차게 슛을 하는 데 적용되는 근력 조절 기전을 '운동단위'와 '근육의 초기 길이' 측면에서 각각 3가지씩 서술하시오. 또한 아래 그림의 X축 변인 (가)를 제시한 후 그림을 참고하여 최대 파워를 발현하기 위한 2가지 조건을 서술하시오. [12점]

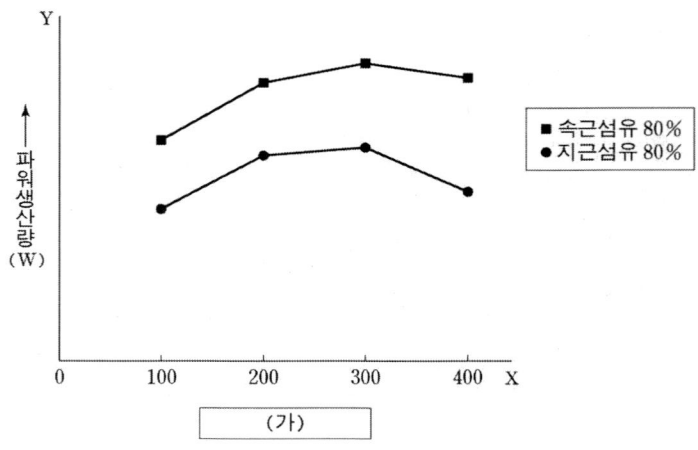

23. 다음 학자들이 제시한 운동 학습 단계와 그 단계의 특징으로 옳지 <u>않은</u> 것은?

'11. 기출

① 피츠(P. Fitts)와 포스너(M. Posner)의 자동화(자율화) 단계에서는 의식적 주의가 크게 요구되지 않은 상태에서 일관적인 동작을 할 수 있다.
② 피츠와 포스너의 연합 단계에서는 과제 수행을 위한 전략을 선택하고 일부 동작의 오류를 확인할 수 있다.
③ 번스타인(N. Bernstein)의 자유도 풀림 단계에서는 사용 가능한 자유도를 늘리고, 이를 결합하여 기능적 단위로 만든다.
④ 번스타인의 반작용 활용 단계에서는 관성이나 마찰력을 이용하여 다양한 환경에 적합한 동작을 숙련시킨다.
⑤ 젠타일(A. Gentile)의 고정화 및 다양화 단계에서는 개방 운동을 일관적으로 수행할 수 있도록 고정화시킨다.

24. 다음은 심리 기술 훈련 계획표이다. 이 계획표의 기본 내용 중 옳지 <u>않은</u> 것은? [1.5점]

'11. 기출

○○중학교 양궁부 심리 기술 훈련 계획표	
목 표	2011년 ○○○기 대회 대비 자신감 증진을 통한 기록 향상
훈련 장소	숙소, 교실, 양궁장
기본 내용	• 훈련 기간 : 6개월 • 훈련 시간 : 월·수·금요일, 연습 전·후 15분씩 • 훈련 절차 : 교육→연습→습득 단계의 순서로 진행 • 훈련 방법 : 빌리(R. Vealey)의 목표 설정, 심상, 신체 이완, 사고 조절 • 훈련 대상 : 주전과 비주전을 포함한 팀 전원

① 훈련 기간　　② 훈련 시간　　③ 훈련 절차
④ 훈련 방법　　⑤ 훈련 대상

25. 다음은 불안과 운동 수행에 관련된 그래프이다. (가)~(다)에서 설명하고 있는 내용에 가장 적합한 그래프를 고른 것은?

'11. 기출

(가) 팔굽혀펴기, 축구, 양궁 중에서 양궁을 잘하기 위해 필요한 최적의 각성 수준을 설명하는 그래프

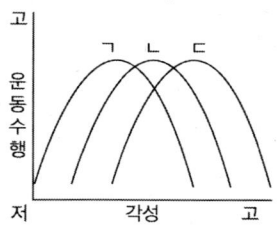

(나) 체육 실기 시험 전에 실수를 미리 염려하면 할수록 운동 수행에 방해가 됨을 설명하는 그래프

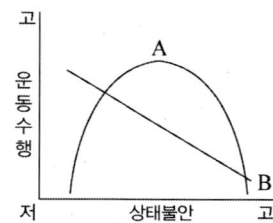

(다) 체육 시험을 잘 보고 싶은 동기 때문에 각성 수준이 높아지는 것을 불안으로 생각할 수 있음을 설명하는 그래프

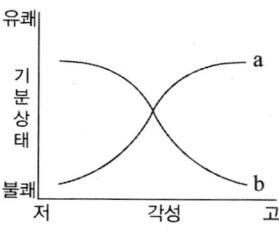

	(가)	(나)	(다)		(가)	(나)	(다)
①	ㄱ	A	a	②	ㄱ	B	b
③	ㄴ	A	a	④	ㄴ	B	a
⑤	ㄷ	B	b				

26. 그림은 데시(E. Deci)와 라이언(R. Ryan)의 인지 평가 이론을 나타낸 것이다. (가)~(라)를 설명하는 적합한 상황을 <보기>에서 바르게 고른 것은?   '11. 기출

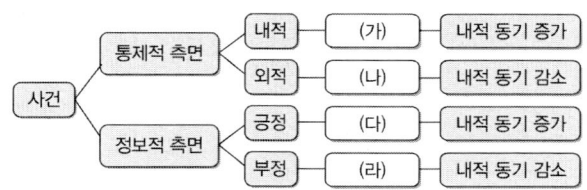

―――――― <보 기> ――――――
ㄱ. 솔하는 휴식시간에도 자발적으로 연습하여 새로 배운 테니스 발리 기술을 습득하였다.
ㄴ. 홍길동 선수는 요즘 이유 없이 힘이 빠져 운동을 계속할지 망설이고 있다.
ㄷ. 철수는 수영을 잘한다는 체육 선생님의 칭찬을 받고 기분이 좋아졌다.
ㄹ. 영수는 선배의 눈치 때문에 억지로 야간 훈련에 참가 하였다.
ㅁ. 김영희 선수는 실업팀에 입단하고 싶었지만 실력 부족으로 실패하였다.

	(가)	(나)	(다)	(라)
①	ㄱ	ㄴ	ㅁ	ㄹ
②	ㄱ	ㄹ	ㄷ	ㅁ
③	ㄴ	ㅁ	ㄷ	ㄹ
④	ㄷ	ㄱ	ㅁ	ㄹ
⑤	ㄷ	ㅁ	ㄹ	ㄱ

27. 체육 교사는 학생들에게 다양한 신체 활동을 경험하게 하고 지속적으로 실천하게 하는 데 도움을 주는 중재자 혹은 운동실천 프로그램 관리자로서의 역할을 수행해야 한다. 아래에 제시한 철수의 면담 내용을 바탕으로 신체 활동 장애 요인(barriers to physical activity)을 개인 및 사회·환경 요인으로 분류하여 제시하고, 철수의 현재 상태를 진단한 후, 규칙적인 신체 활동 참여를 유도할 수 있는 실천 중재 방안을 구체적으로 서술하시오. [20점]

'10. 2차

건강 체력 신체 활동 면담 기록부

대상 : ○○중학교 2학년 3반 박철수

교사 : 철수는 운동을 좋아하니?

학생 : 글쎄요. 저는 몸이 좀 뚱뚱한 편이고, 운동도 그다지 잘하는 편이 아니라 그런지 조금 뛰면 숨이 차고 힘들어요. 그래서 학교에서 하는 체육 시간에도 운동장을 뛰거나 계속해서 땀 흘리는 운동을 하는 것은 힘들고 싫어요. 그리고 체육 선생님도 제게 별로 관심을 기울이지 않으시는 것 같고, 제가 운동하는 것을 다른 아이들이 보면 웃고, 비웃는 것 같아 위축이 되기도 하고……

교사 : 그렇구나. 다음에는 하루 종일 네가 어떻게 생활하는지 점검해 보자. 아침부터 네가 하는 활동들을 생각나는 대로 모두 이야기해 보렴.

학생 : 아침에 등교할 때는 부모님 두 분이 모두 직장 생활을 하시기 때문에 출근하시는 길에 차로 학교에 데려다 주시고, 집에 올 때는 두 정거장 정도 버스를 타고 와요. 학교에서 수업 마치고 돌아오면 집에 아무도 없어 혼자 좀 놀다가 학원에 가서 3시간 수업을 하고 저녁 먹을 때쯤 돌아오면 어머니와 저녁식사를 합니다.

교사 : 저녁 식사 후에는 주로 무엇을 하니?

학생 : 보통은 제 방에서 컴퓨터 게임을 하거나 TV 시청을 하죠. 가끔 부모님은 제가 너무 앉아서 컴퓨터만 한다고, 나가서 운동이라도 좀 하라고 꾸짖으시지만, 학교 공부도 해야 하고 학원도 가야하고 특별히 운동할 시간도 여유도 없는 것 같아요. 또 저도 특별히 운동을 좋아하는 것도 아니고, 성격이 활달하거나 활동적이지는 않은 편이라 혼자 지내는 것이 편해요. 그래서 그냥 제 방에서 혼자 컴퓨터 게임을 하거나 친구들과 채팅하면서 시간을 보내는 것이 더 좋아요.

교사 : 친구들하고는 같이 어울려 놀지는 않니? 주로 뭘 하고 시간을 보내니?

학생 : 시간은 별로 없는데요. 같은 동네에 사는 친구들이 가끔 같이 놀자고 하면 PC방에 가서 서로 게임을 하면서 놀다 옵니다.

교사 : 동네에서 같이 운동하면서 놀지는 않니?

학생 : 친구들과 같이 운동을 한 적은 거의 없어요. 우리 아파트 주변에는 작은 어린이 놀이터 외에는 특별한 운동 시설도 없거든요.

교사 : 부모님하고는 어떠니? 같이 운동할 수 있지 않을까?

학생 : 부모님도 평일에는 직장에 다니시느라 너무 시간이 없으시고 주말에는 피곤해서 그러신지 집에서 쉬시는 것이 대부분이에요. 주말에 가끔 가족들과 외식을 하러 나가거나 마트에 장보러 가는 것 외에는 같이 하는 것이 별로 없어요.

교사 : 운동을 해야겠다는 생각은 안 해 보았니?

학생 : 제가 뚱뚱하기도 하구요. 가끔은 운동을 잘하고 싶다는 생각도 들긴 하지만 무엇을 어떻게 해야 할 지 잘 모르겠고, 귀찮기도 하고……

28. 그림은 테니스 서브 연습을 마친 학생에게 보여준 결과지식(knowledge of results)이다. 서브 할 때마다 결과를 매번 제시하는 것에 비해 이 방법을 사용할 때 기대되는 효과로 가장 적절한 것은? '10. 기출

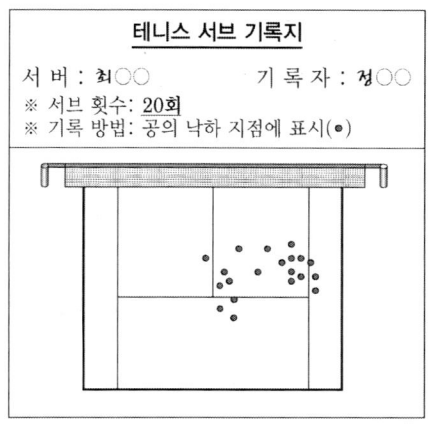

① 피드백의 상대 빈도를 낮출 수 있다.
② 피드백의 절대 빈도를 높일 수 있다.
③ 피드백의 지연 간격을 줄일 수 있다.
④ 피드백에 의존하는 경향을 높일 수 있다.
⑤ 서브 동작의 협응에 관한 정보를 제공할 수 있다.

29. 다음은 시합에서 졌을 때 나타나는 심리 반응과 관련된 설명이다. (가), (나)에 들어갈 단어로 가장 적절한 것은? '10. 기출

> ○ 시합에서 졌을 때 (가) 와/과 같이 통제 가능한 요인에 귀인하면 미래에 대한 기대감을 높일 수 있다. 패배 상황에서 이 요인에 귀인했을 때 학생은 포기나 절망보다는 희망을 가질 수 있고, 미래에는 현재와 다른 수행을 할 수 있다는 믿음을 갖게 된다.
> ○ (나) 이/가 높은 학생들은 시합에서 졌을 때 실망 하거나 좌절하지 않고 긍정적인 태도를 유지하는 경향이 높다. 이들은 타인과의 비교가 아니라 자신과의 비교를 통해서 성공을 정의하기 때문에 패배에 따른 심리적 타격을 덜 받는다.

	(가)	(나)
①	능력	자아 성향
②	기분	내적 동기
③	운	무동기
④	과제 난이도	외적 동기
⑤	노력	과제 성향

30. 박 교사는 불안과 운동 수행에 관한 카타스트로피(catastrophe) 이론에 근거하여 체육 실기 평가 시 학생의 불안을 조절하고자 한다. 가장 적절한 방법은? [2.5점]

'10. 기출

① 운동 기능이 낮은 학생의 경우 인지 불안을 높여 준다.
② 인지 불안이 높을 때 신체적 각성이 적정 수준을 넘지 않게 한다.
③ 과거에 최고 기록을 보였을 때의 불안 수준을 찾아 유지하게 한다.
④ 과도한 불안으로 수행이 급격하게 추락하면 즉시 다시 시도하게 한다.
⑤ 불안을 긍정적으로 해석하여 불쾌한 감정을 유쾌한 감정으로 바꾸게 한다.

31. 그림은 프로차스카(Prochaska)와 디클레멘테(DiClemente)의 '행동 변화의 통합 이론 모형'을 적용하여 학생의 운동 변화 단계에 따른 특성을 나타낸 것이다. (가), (나)의 변화 양상을 보이는 요인으로 적절한 것은?

'10. 기출

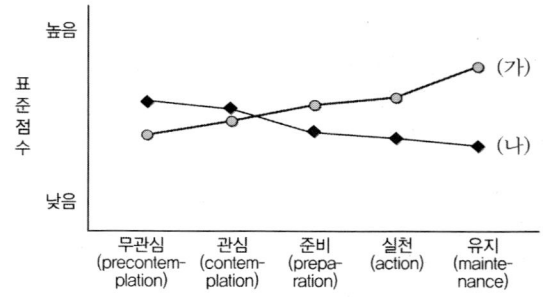

	(가)	(나)
①	운동 자기효능감	운동 자결성 (self-determination)
②	최대 산소 섭취량	운동 자기효능감
③	외적 동기	운동에 따른 손실 인식 (perceived cost)
④	운동 자결성	외적 동기
⑤	운동에 따른 손실 인식	최대 산소 섭취량

32. 다음 반 칸에 들어갈 개념을 근거로 (가)와 (나) 모형을 설명하시오. 또한 (다)와 (라)의 내용을 설명하기에 적합한 모형을 (가)와 (나) 중에서 선택하여 그 이유를 진술하고, (가)와 (나)의 모형이 리더십 개선과 팀 응집력 향상에 주는 시사점에 대해 논하시오. [20점]

'09. 2차

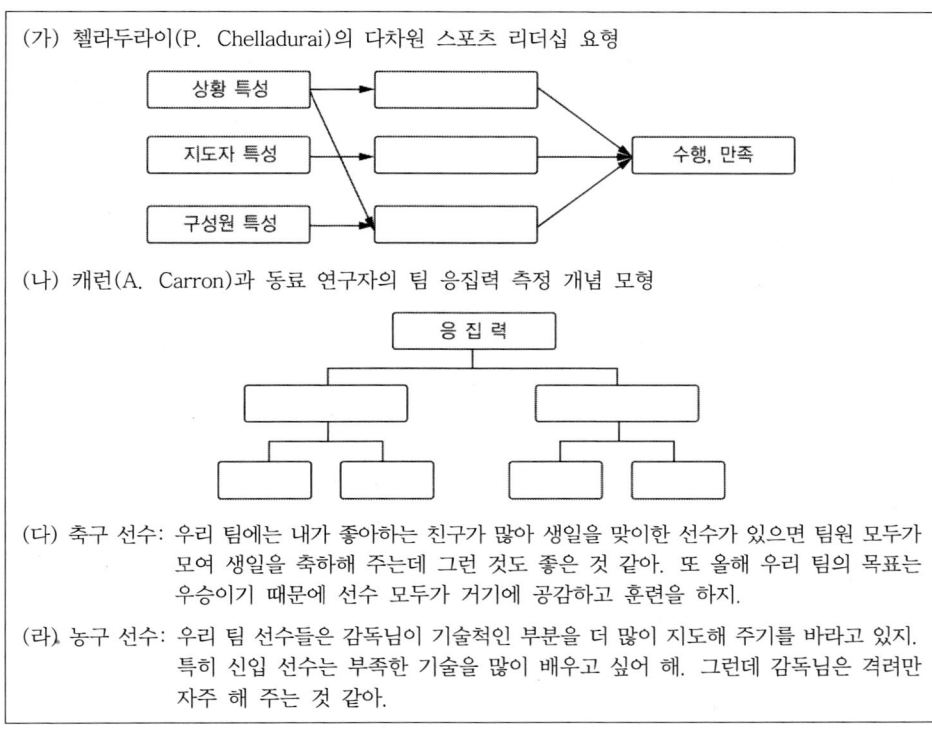

(다) 축구 선수: 우리 팀에는 내가 좋아하는 친구가 많아 생일을 맞이한 선수가 있으면 팀원 모두가 모여 생일을 축하해 주는데 그런 것도 좋은 것 같아. 또 올해 우리 팀의 목표는 우승이기 때문에 선수 모두가 거기에 공감하고 훈련을 하지.

(라) 농구 선수: 우리 팀 선수들은 감독님이 기술적인 부분을 더 많이 지도해 주기를 바라고 있지. 특히 신입 선수는 부족한 기술을 많이 배우고 싶어 해. 그런데 감독님은 격려만 자주 해 주는 것 같아.

33. 인간의 운동행동 연구에 관련된 이론에 대한 설명으로 옳지 <u>않은</u> 것은? '09. 기출

① 다이내믹 시스템 이론(dynamic system theory)은 신경 체계의 조절을 고려하지 않고 유기체와 환경의 물리적 체계의 상호관계만을 강조한다는 단점이 있다.
② 반사 이론(reflex theory)은 외부 자극에 의해서 운동행동이 생성된다는 이론으로 움직임의 결과에 관심을 갖는 행동주의적 접근에서 비롯되었다.
③ 도식 이론(schema theory)에서의 회상도식(recall schema)은 피드백 정보를 통하여 잘못된 동작을 평가하고 수정하며 느린 움직임을 조절하기 위하여 동원된다.
④ 폐쇄회로 이론(closed-loop theory)에서는 기억되어 있는 동작에 대한 참조 준거와 실제 동작 간의 오류에 대한 정보가 운동행동의 조절에 활용된다고 본다.
⑤ 생태학적 이론(ecological theory)은 자세 유지, 이동 운동, 캐칭과 배팅처럼 시각의 기능이 중요한 운동 수행의 원리를 설명하는 데 매우 유용하다.

34. 그림은 운동참여 권고 포스터를 붙인 후 운동참여율의 변화를 조사한 결과이다. 이에 대한 해석으로 가장 적절한 것은? '09. 기출

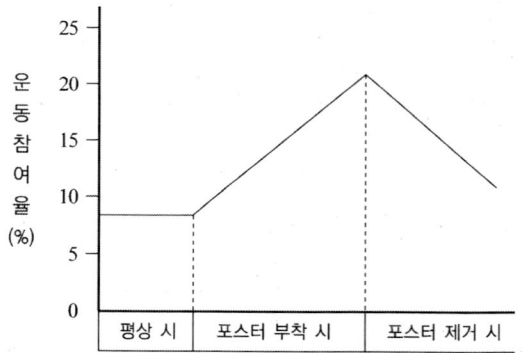

※ 포스터 외의 모든 조건은 동일함

① 개인적 의지는 운동참여율 증가에 필수적 요인이다.
② 활동에 대한 선택권 부여가 운동참여율을 증가시킨다.
③ 물질적 보상이 운동참여율 증가에 긍정적인 영향을 미친다.
④ 환경적 자극 제공이 운동참여율 증가에 긍정적인 영향을 미친다.
⑤ 참여율 피드백 제공이 운동참여율 증가에 긍정적인 영향을 미친다.

35. 다음과 같은 일련의 행동 절차를 지칭하는 것으로 가장 적절한 것은? '09. 기출

○ 골프 드라이브샷을 위해 티의 위치를 결정한다.
○ 티를 꽂고 그 위에 볼을 올려놓는다.
○ 바람의 방향과 속도를 파악한 후 목표지점을 설정한다.
○ 2회의 연습 스윙을 하면서 공이 목표지점으로 날아가는 장면을 생각한다.
○ 어드레스한 후 자신만의 일관성 있고 습관화된 전형적인 몸동작을 하면서, 한 번 더 목표지점을 확인한다.
○ 호흡을 가다듬고 난 후 스윙을 한다.

① 연습의 법칙(law of exercise)
② 내현적 모델링(covert modeling)
③ 수행 루틴(performance routine)
④ 최고 또는 절정경험(peak experiences)
⑤ 주의집중주의분리(concentration-dissociation)

36. 그림은 회전판추적과제를 이용하여 연습수행(가)을 실시하고 10분이 경과한 후 파지검사(나)를 실시한 결과이다. 이에 대한 설명으로 옳지 않은 것은? '09. 기출

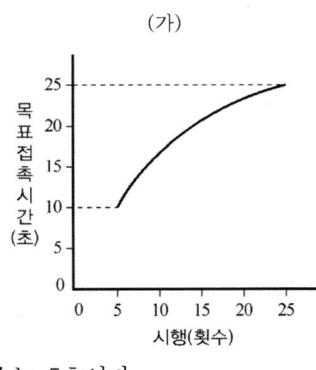
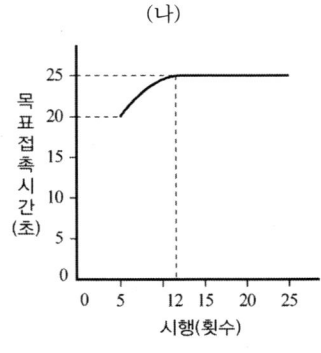

① 차이 점수는 5초이다.
② 백분율 점수는 25%이다.
③ 저장 점수는 12시행이다.
④ 절대파지 점수는 20점(초)이다.
⑤ 연습시행동안 수행 점수의 변화 폭은 15초이다.

37. 김 교사는 학생들에게 테니스의 포핸드 스트로크 동작을 3개의 부분 동작으로 나누어 분습법으로 연습시키고자 한다. 전습법에 비하여 분습법이 더 효과적으로 적용될 수 있는 운동 과제의 특성을 2가지 쓰고, 반복적 분습법을 <보기>와 같은 형식으로 아래의 그림에 그려 넣으시오. [3점]   '08. 기출

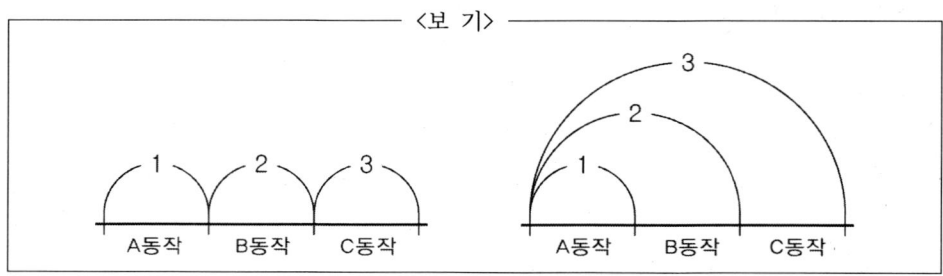

- 운동 과제의 특성 : ① _____ ② _____
- 반복적 분습법(반드시 순서 표시) :

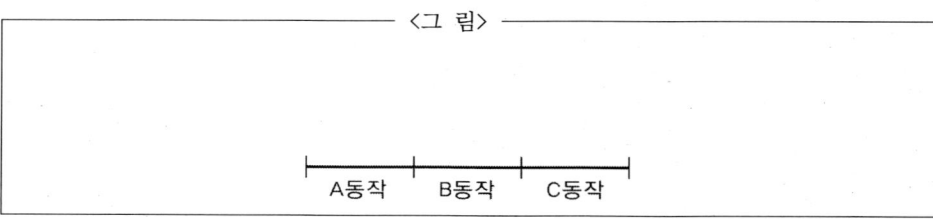

38. 다음 글을 읽고 물음에 답하시오.

> ○○고등학교의 야구팀 선수들은 김 코치를 신뢰하고 존경한다. 이 팀은 운영 절차가 분명하고 수행 과제가 명확하다. 또한, 김 코치는 학교의 적극적인 지원에 힘입어 선수들의 선발 및 상벌 등에 대하여 강력한 결정권을 갖고 있다.

위의 야구팀에 효과적인 지도자의 특성(리더십 스타일)을 피들러(Fiedler)의 리더십 유관성 모델(contingency model of leadership) 이론의 관점에 근거하여 쓰고, 그와 같은 지도자의 특성이 위의 야구팀에 효과적인 이유를 상황적 호의성(situational favorability)을 결정하는 3가지 요인을 포함하여 2줄 이내로 설명하시오. [3점]   **'08. 기출**

• 지도자의 특성(리더십 스타일) : _____
• 효과적인 이유 : _____

39. 다음 글을 읽고 물음에 답하시오.

> 영철이는 축구를 매우 좋아하고 항상 자신의 포지션에서는 자신감 있는 경기를 한다. 그러나 유독 마지막 승부를 결정지어야 하는 승부차기만은 키커(kicker)로 나서려 하지 않는다.

김 교사가 영철이와 같은 학생들에게 자신감을 길러 주기 위해 활용할 수 있는 방법을, 근거하여 4가지를 쓰시오. [4점]   '07. 기출

① _____
② _____
③ _____
④ _____

40. 다음은 뜀틀 수업에서 학생들이 해 볼 수 있는 2가지 심상 유형이다. <그림 1>과 <그림 2>에 해당하는 심상 유형의 명칭을 쓰고, 각 유형의 개념을 1줄로 설명하시오. [4점]   '07. 기출

<그림 1>   <그림 2>

- <그림 1>의 심상 유형 명칭 : _____
  개념 : _____
- <그림 2>의 심상 유형 명칭 : _____
  개념 : _____

41. 번스타인(Bernstein)이 제시한 운동 학습 단계를 순서대로 쓰고, 그의 운동 학습 단계를 바탕으로 형성된 이론의 명칭을 쓰시오. [3점]   '06. 기출

- 운동 학습 단계 : _____
- 이론의 명칭 : _____

42. 체육 교사는 운동기술의 연습방법을 선택할 때 운동기술 특성을 고려할 필요가 있다. 운동학습 관점에서 운동기술 특성을 구성하는 2가지 요소를 제시하고, 각 요소의 개념을 1줄 이내로 기술하시오. [4점]   '05. 기출

- 요소 1 :
  개념 :

- 요소 2 :
  개념 :

43. 자기통제 (자기조절) 피드백 정보제공 방식의 개념을 1줄 이내로 설명하고, 기존 피드백 정보제공 방식과 비교하여 이 방식의 장점을 2가지만 각각 1줄 이내로 기술하시오. [3점]   '05. 기출

• 자기통제 (자기조절) 피드백 정보제공 방식의 개념

• 자기통제 (자기조절) 피드백 정보제공 방식의 장점

44. 다음 상황에 나타난 문제점에 대하여 링글만(Ringelman)이 집단역학과 관련하여 설명한 개념을 제시하고, 이를 극복하기 위한 방안을 2가지만 각각 1줄 이내로 기술하시오. [3점]   '05. 기출

> A 고교 축구팀은 국내에서 포지션별로 가장 우수한 선수급으로 구성되어 있음에도 불구하고, 성적은 항상 중위권에 머물고 있다.

• 개념 :

• 극복 방안

45. 교내 특별활동 농구 동아리인 덩크슛 팀이 지방자치단체에서 개최하는 길거리 농구 대회에 처녀 출전하게 되었다. 시합 당일 정교사는 학생들이 불안하고 긴장되어 있음을 발견하고는 불안감을 감소시키는 조치를 취하고자 한다. 이와 관련하여 다음 질문에 답하시오. [총 6점] '04. 기출

45-1. 과도한 불안으로 인해 학생들에게서 나타날 수 있는 생리적 반응(증상)을 4가지만 쓰시오. (3점)

① ②
③ ④

45-2. 학생들의 불안감을 감소시키기 위하여 정교사가 취할 수 있는 방법을 4가지만 쓰시오. (3점)

① ②
③ ④

46. 체육교사는 운동학습에서 발생하는 전이 (transfer)를 적극적으로 고려하여 수업을 계획해야 한다. 전이와 관련된 다음 질문에 답하시오. (총 5점) '03. 기출

46-1. 전이의 방향에 따른 전이 유형을 2가지 제시하시오. (1점)

①
②

46-2. 전이의 양에 따른 전이 유형을 3가지 제시하시오. (2점)

①
②
③

46-3. 전이에 영향을 미치는 요인을 3가지만 제시하시오. 단, 학습자의 개인차 요인은 제외하시오. (2점)

①
②
③

47. 다음 내용을 읽고 질문에 답하시오. (총 8점) '03. 기출

> 박교사는 적절하게 처방된 1회 운동이 기분 상태를 개선하여 정신적으로 건강한 상태에 이르게 한다는 사실을 알고, 학생들이 직접 이 상태를 경험할 수 있도록 낮은 강도로 30분간 달리기 운동을 실시하고자 하였다. 그러나 오래달리기 참가 경험이 부족한 많은 학생들이 성공적으로 운동을 할 수 있다는 자기 확신이 부족해 보여서 박교사는 망설이게 되었다.

47-1. 박교사는 오래달리기에 앞서 학생 각자의 자기효능감(self-efficacy)을 증대시킬 필요성이 있다는 것을 깨달았다. Bandura(1977)가 주장한 자기효능감에 영향을 미치는 4가지 요인을 제시하시오. (4점)

①
②
③
④

47-2. 오래달리기 운동 직후 학생들은 Morgan(1979)이 제시한 빙산형 프로화일(icebergprofile)의 기분 상태를 경험할 것으로 기대된다. 이 프로화일에서 평균보다 낮은 점수를 나타내는 부정적 기분 상태 요인을 4가지만 제시하시오. (4점)

①
②
③
④

48. 체육 실기수업에서 효율적인 운동가술 학습을 위하여 피드백을 부여할 때 적용해야 하는 피드백 제공 원칙을 5가지만 간략하게 설명하시오. (5점) '02. 기출

① _____
② _____
③ _____
④ _____
⑤ _____

49. 체육수엽에서 교사가 학생의 동기유발을 극대화시키기 위해 목표를 설정할 때 적용할 수 있는 원리를 6가지만 간략하게 설명하시오. [6점]　　　　　　　　　　'02. 기출

① _____
② _____
③ _____
④ _____
⑤ _____
⑥ _____

50. 다차원 리더십 모형(multidimensional model of leadership; Chelladurai, 1990)이 제시하고 있는 지도자 행동의 3가지 유형(요인)을 쓰고, 체육 수업에서 학습자의 수행력과 만족도를 증가시키기 위한 지도자 행동 유형간의 관계를 설명하시오. [5점]
　　　　　　　　　　　　　　　　　　　　　　　　　　　　　　　　'02. 기출

• 지도자 행동 유형(3점): ① _____
　　　　　　　　　　　　② _____
　　　　　　　　　　　　③ _____

• 지도자 행동 유형간의 관계(2점):
_____
_____
_____

인문과학편

중등체육임용고사 기출문제집 07

스포츠사회학

1. 다음은 송 교사가 작성한 청소년의 스포츠사회화 과정에 관한 현장개선연구 계획서를 요약한 내용이다. <작성 방법>에 따라 순서대로 서술하시오. [4점] '17. 기출

현장개선연구 계획서 요약

주제 : 청소년의 스포츠사회화 과정 연구

1. 서론
  1) 연구의 필요성
    - 사회는 인간 행위와 사회 세계의 관계에서 나타나는 의미, 상징들에 의해 구성되는 실체임.
    - 인간은 복잡한 상징 조작의 동물이며, 자신이 부여한 의미에 기반을 두고 행위를 함. 그리고 그 의미는 타인과의 교류를 통해 사회적으로 꾸준히 재생산됨.
    - 인간은 사회제도나 규칙을 무비판적으로 수용하는 수동적 존재가 아니라 사고하고 해석하며 의미를 부여하는 성찰적 존재임.
    - 따라서 청소년들이 스포츠 참가와 관련된 의미와 정체성을 어떻게 발전시키는지, 그러한 의미와 정체성이 그들의 행위와 타인들과의 관계에 어떻게 영향을 미치는지를 살펴볼 필요가 있음.
  2) 목적 : 청소년의 스포츠사회화 과정에 대한 심층적 이해

2. 연구 방법
  1) 연구 참여자 : ○○고등학교 학교스포츠클럽에 규칙적으로 참가하고 있는 1학년 남학생 5명, 여학생 5명
  2) 연구 기간 : 2017년 3월 ~ 12월
  3) 자료 수집 방법 : 심층 면담 및 참여 관찰
  4) 자료 분석 방법 : 질적 분석 방법

3. 연구 내용
  1) 연구 참여자의 학교스포츠클럽 참가 의미
  2) 학교스포츠클럽 참가가 연구 참여자의 정체성 형성에 미치는 영향
  3) 연구 참여자가 학교스포츠클럽에 참가하는 과정에서 겪는 친구들과의 협동, 경쟁, 갈등의 양상

<작성 방법>

○ 송 교사가 현장개선연구에 적용한 이론적 관점을 스포츠 사회학에서 활용되는 이론을 중심으로 제시하고, 이 이론의 기본 가정이 갖는 일반적인 한계점 1가지를 기술할 것.
○ 스나이더(E. Snyder)의 주장에 근거하여 스포츠를 통한 사회화의 전이에 영향을 미치는 요인 2가지를 기술할 것.

2. 다음은 전국 학교스포츠클럽 농구 대회 중 발생한 사안에 대해 윤리위원회에서 논의한 내용 중 일부이다. <작성 방법>에 따라 순서대로 서술하시오. [4점]   '17. 기출

> 위원장 : 이번 사안을 간단히 말씀드리겠습니다. ○○중학교 학생 A 군은 △△중학교와 전국 학교스포츠클럽 농구 대회 결승전 도중, 상대팀 B 군이 속공을 시도할 때, 고의적으로 잡아 넘어뜨렸습니다. 넘어진 B 군은 손목이 부러지고 뇌진탕 증상이 있어 현재 병원에서 치료를 받고 있습니다. 최근 학교스포츠클럽 대회가 과열되면서 반칙과 폭력 사건이 증가하고 있어 염려가 됩니다. 이와 관련하여 A 군의 고의적인 반칙에 대한 징계 여부를 결정하기 위해 윤리위원회를 개최하게 되었습니다.
> C 위원 : B 군의 경우는 매우 안타까운 일입니다. 하지만 경기에서 발생하는 반칙은 경쟁 과정에서 불가피한 것입니다. 물론 고의성이 있다고 보이지만, 이 또한 A군이 팀의 우승과 학교의 명예를 위해 최선을 다하는 과정에서 발생한 것으로 징계까지 하는 것은 무리가 있다고 봅니다.
> D 위원 : 하지만, ㉠ 스포츠에 참여하는 사람은 승리나 명예와 상관없이 반드시 규칙을 지켜야 합니다. 스포츠가 올바른 경쟁이 되려면 개인의 일시적인 감정이나 팀의 욕심에 이끌리지 않고 모두가 지켜야 할 법칙으로서 페어플레이를 준수해야 합니다. 이런 관점에서 볼 때, A 군의 행위는 비도덕적이므로 징계가 필요합니다.
> E 위원 : 결국 이런 문제가 발생하는 주된 원인은 승리에 대한 과도한 집착이라고 생각합니다. A 군의 상황과는 다르지만, ㉡ 학교스포츠클럽에 참가하고 있는 우리 학교의 한 학생은 축구 연습 도중 발목 인대가 파열되는 부상을 입은 데다, 경기 당일에는 감기 몸살도 심했습니다. 대회에 출전해서는 안 되는 몸 상태인데도, 팀의 승리를 위해서라면 자신의 몸이야 어떻게 되든 상관없다며 출전했고, 결국 병원에 입원하게 되었습니다.
> … (하략) …

―― <작성 방법> ――
○ 밑줄 친 ㉠과 같은 주장의 근거가 되는 스포츠 윤리 이론의 명칭을 쓰고, 덕 윤리학(Virtue Ethics)을 주장한 매킨타이어(A. MacIntyre)의 '실천(practice)'의 관점에서 이러한 윤리 이론이 실제 학생 교육에서 갖는 한계점 1가지를 기술할 것.
○ 밑줄 친 ㉡에 해당하는 일탈 행동의 유형을 쓰고, 휴즈와 코클리(R. Hughes & J. Coakley)의 주장에 근거하여 이러한 일탈과 관련 있는 스포츠 규범 1가지를 기술할 것.

3. 다음은 올림픽과 정치의 관계에 대한 수업 자료이다. <작성 방법>에 따라 순서대로 서술하시오. [5점]

'17. 기출

올림픽과 정치의 관계

- 근대 올림픽은 국제 친선 및 세계 평화의 실현을 목적으로 1896년 처음 개최됨.
- 국가주의 및 민족주의(nationalism)적 성향이 강화되면서 올림픽의 정치화가 심화됨.
- 올림픽 기간 중 테러가 발생하기도 하고, 동서 이데올로기 갈등이 표출되기도 함.
- 올림픽을 통해 국가 간 긴장 완화의 계기가 마련되어 국제 평화에 이바지하기도 함.

⊙ 베를린올림픽 - 성화봉송
( ) - ⓒ 검은 구월단 사건
ⓒ 모스크바올림픽 - 개막식
② 시드니올림픽 - 캐시 프리먼 400M 우승 세레모니

─── <작성 방법> ───

- 밑줄 친 ⊙ 경기 대회의 주된 정치적 목적을 기술하고, 올림픽 경기 대회에서 국가주의나 민족주의적 성향이 드러나는 공식적 의례(ritual)의 내용 1가지를 제시할 것.
- 밑줄 친 ⓒ이 발생한 올림픽 경기 대회의 명칭을 쓰고, 밑줄 친 ⓒ경기 대회에서 미국을 비롯한 서방 국가들의 보이콧이 국제정치에서 어떠한 수단으로 이용되었는지를 스포츠사회학적 측면에서 기술할 것.
- 밑줄 친 ② 경기 대회에서 일어난, 남북 관계 개선을 의미하는 상징적인 사건에 대하여 기술할 것.

4. 다음은 ○○고등학교 학생회 회의록의 일부이다. 맥루한(M. McLuhan)의 매체 이론에 근거하여 밑줄 친 ㉠, ㉡에 해당하는 매체의 명칭과 특징을 순서대로 서술하시오. [4점]

'16. 기출

> 회 장: 우리 학교 대표 팀이 이번 전국학교스포츠클럽 창작댄스 대회에서 우승했습니다. 전교생에게 이 소식을 구체적으로 어떻게 알리면 좋을지 의견을 주세요.
>
> 학생 1: 저는 우승 소식을 대회에 참가한 학생들의 인터뷰 내용과 함께 ㉠<u>교내 신문</u>을 통해 홍보했으면 좋겠습니다.
>
> 학생 2: 교내 신문도 좋지만, 대회 장면과 인터뷰를 담은 동영상이 있으니, 이를 편집해서 학교 홈페이지에 올리고 ㉡<u>교내 TV 방송</u>을 통해 알리면 어떨까요?
>
> 회 장: 매우 좋은 생각입니다. 또 다른 의견이 있는지요?
>
> 학생 3: 이번에 홍보할 때, 우리 학교 특수학급 학생들이 방과 후 줄넘기 수업에서 익힌 기량을 축제 때 발표할 예정이라는 내용도 포함했으면 합니다.
>
> …(중략)…
>
> 회 장: 그럼… 여러분의 의견대로 동영상을 신속히 제작하여 학교 홈페이지와 교내 TV 방송을 통해 우리 학교 팀의 우승 소식을 알리는 것으로 하겠습니다.

5. 다음은 학생과 교사의 대화이다. 구트만(A. Guttmann)의 '근대 스포츠를 규정하는 7가지 요소'에 근거하여, 밑줄 친 ㉠, ㉡에 해당하는 요소를 순서대로 쓰고, 그 특징을 각각 서술하시오. [4점]

'16. 기출

선생님, 어제 저녁 TV에서 프로야구 경기를 보았어요. 해설자가 투수의 방어율을 얘기하던데, 방어율이 뭐죠?

투수의 능력을 나타내는 지표 중의 하나로 간단하게 얘기하면 한 경기당 투수가 얼마나 실점을 했는가를 나타내는 지표란다. 방어율 이외에도 야구에서는 ㉠투수의 경기력을 나타내기 위한 많은 지표들이 있단다. 이러한 지표가 기록화(기록 추구)의 전제 조건이 되지.

그러면 홀드와 세이브도 지표에 해당하나요?

홀드와 세이브도 투수의 능력을 나타내는 지표가 되지. 이러한 지표는 투수의 역할과 관련이 있단다. 프로야구는 한 시즌 동안 많은 경기를 해야 하기 때문에 ㉡선발 투수와 중간 계투, 그리고 마무리 투수로 나누어 역할을 분담하는 것이 훨씬 효과적이지.

6. 다음은 중학교 학교스포츠클럽 지도교사인 박 교사가 작성한 연습 일지 내용이다. 터크만(B. Tuckman)이 제시한 집단발달의 선형 모형(Linear Model)에 근거하여 밑줄 친 ㉠, ㉡에 해당하는 발달 단계의 명칭을 순서대로 0쓰시오. [2점]　　'15. 기출

축구팀 연습 일지

날짜	내 용
2014. 03. 07.	이번 시즌에 처음으로 학생들과 미팅을 했다. 우리는 서로 소개하는 시간을 가졌다. 지난 해 교육감배 결승까지 올랐던 2학년과 3학년 학생들은 오랜만에 운동장에 나와서 그런지 자기들끼리 모여 즐겁게 떠들고 있다. 반면에 새로 축구 팀에 들어온 1학년 학생들은 서로를 잘 몰라 분위기가 서먹서먹하다. 팀원들끼리 화합할 수 있는 분위기를 조성 해야겠다.
2014. 04. 05.	포지션을 결정했으며, 주전과 후보 선수를 선발했다. 연습도 순조롭게 진행되고 있으며, 1학년 학생들도 팀에 차츰 적응해 가고 있다. 신입생 중에 영진이는 1학년이지만 바로 시합에 들어가도 좋을 만큼의 기량을 가지고 있다. 한국 중학교와의 연습 경기에서는 주전인 2학년 민호를 대신해 두 골이나 넣었다.
2014. 05. 24.	주장인 3학년 유찬이가 대한 중학교와의 경기에서 무릎을 다쳤다. 생각보다 부상의 정도가 심해 앞으로 남은 경기출전이 불투명해졌다. 팀의 구심점이었던 유찬이가 빠지면 나머지 선수들이 동요할 수 있다. 더욱이 주전으로 뛰고 있는 1학년 영진이와 2학년 학생들 간에 갈등이 생기고 있어 걱정이다.
2014. 07. 08.	㉠ 유찬이가 빠진 상황에서 1학년과 2학년 학생들 사이에 문제가 발생했다. 연습 중 1학년 영진이와 단짝인 정우가 상급생들의 훈련 지시에 반발하고, 무단이탈을 했다. 학생들끼리 해결하기를 기다렸지만 갈등은 더 심해지고 있다. 영진이는 전화를 받지 않고 정우는 축구를 그만두겠다고 한다.
2014. 08. 18.	팀의 주장인 유찬이가 목발을 짚고 연습 시간에 나왔다. 유찬이는 1학년과 2학년 학생들에게 작년 시즌에 겪었던 팀의 어려움과 이를 극복한 이야기를 하며 시즌 초반에 함께 세웠던 팀 목표를 이루기 위해 팀원 간에 화합해 줄 것을 당부했다. 유찬이의 설득에 1학년과 2학년 학생 들이 모두 마음을 열었고, 시즌 초반에 함께 세웠던 교육 감배 우승이라는 팀 목표를 위해 함께 뛰기로 다짐했다.
2014. 09. 23.	㉡주전 선수와 후보 선수 모두 자신의 역할을 정확히 이해 하고 있으며 훈련 효과도 좋다. 유찬이도 재활을 마치고 팀에 합류했다. 오랜만에 함께 뛰는 주장이 힘들어 하니 후배들이 밝은 표정으로 파이팅을 외친다. 모든 선수들이 경기력 향상을 위해 최선을 다하고 있다. 어느 팀을 만나도 이길 것 같은 기분이다.
2014. 11. 15.	라이벌인 한국 중학교와의 교육감배 결승전에서 3:2로 이겼다. 작년 결승전에서 우리 팀을 이기고 우승한 팀이라 의미가 더욱 각별했다. 경기 후 유찬이는 결승전에서 멋진 활약을 한 영진이에게 자신이 중학교 대표로 뛴 마지막 경기를 멋지게 장식하게 해줘서 고맙다는 말을 전하며 울먹였다. 최고의 시즌이었고, 최고의 마무리였다.

7. 다음은 학교스포츠클럽에 참여하고 있는 민수의 일기이다. <보기>의 지시에 따라 서술하시오. [5점]

'15. 기출

일기장

2014년 ○월 ○일

나는 원래 이렇게 힘들게 축구를 하지는 않았다. 그저 공을 차고 뛰어다니는 게 좋았을 뿐이다. 지난 해 축구를 좋아하는 친구들끼리 자발적으로 ㉠ 학교스포츠클럽 축구팀을 만들었을 때 우리는 축구를 하는 것만으로도 매우 행복했다. 축구를 좋아하는 아이들이 모여 공을 차면서 대회에도 나가 다른 학교 학생들과 시합을 하는 것이 신기하기도 하고 뿌듯하기도 했다. 그런데 올해 부임하신 체육 선생님께서 클럽을 맡은 후 많은 것이 달라졌다. 선생님께서는 그룹 ㉡ 프로축구 구단에서 뛰었던 프로축구 선수 출신답게 새로운 기술과 전술을 체계적으로 가르쳐 주신다. 하지만 연습 때마다 열심히 했는데도 그것밖에 못하냐고 꾸중하시고 시합 때 실수라도 하면 야단을 치신다. 체육 선생님께서는 시합에서 늘 이겨야 한다고 말씀하시고, 우리의 목표는 우승이라고 강조하신다.

2014년 ○월 ○일

오랜만에 시합을 했다. ㉢ 체육 선생님은 승리만을 강조하지만, 나는 이기는 것보다는 경기에 참여하는 자체가 중요하다고 생각한다. 2:0으로 졌지만 기분이 나쁘지 않았다. 학교스포츠클럽 대회에서 꼭 이겨야만 하는지 모르겠다. 축구클럽 활동을 계속해야 할지 고민이다.

〈보 기〉

1) 블라우와 스콧(P. Blau & W. Scott)이 조직의 주 수혜자를 기준으로 구분한 스포츠 조직 유형 중 밑줄 친 ㉠, ㉡에 해당하는 명칭을 순서대로 쓰시오.
2) 머튼(R. Merton)이 제시한 목표-수단 불일치에 대한 개인의 긴장 해소 방법에 근거하여 밑줄 친 ㉢에 해당하는 긴장 해소 방법의 명칭과 특징을 서술하시오.

8. 다음은 스포츠에서의 불평등 현상에 대한 예비 체육 교사들의 대화이다. 불평등 현상에 대해 **잘못** 설명하고 있는 두 사람을 찾아 잘못된 내용을 바르게 고치시오. [5점]

'14. 기출

> 미희 : 스포츠에서 대표적인 불평등은 성 차별이라고 생각해. 그래서 자유주의적 여성주의자(liberal feminist)들은 여성에 대한 균등한 기회 부여를 강조해 왔지. 1972년 미국의 Title IX 법안은 자유주의적 여성주의의 영향을 받은 사례라고 할 수 있어.
> 정수 : 사회 계층에 따라서도 불평등은 존재한다고 생각해. 우리나라의 경우, 골프는 상류층이 하류층에 비해 상대적으로 많이 참가하고 있다는 사실을 어느 조사에서 본 적이 있어. 그래서 부르디외(P. Bourdieu)의 자본 개념을 적용할 때 스포츠는 경제 자본으로 분류되지.
> 형용 : 선수와 구단의 관계에 있어서도 불평등은 존재하는 것 같아. 우리나라의 현행 신인 드래프트 제도(draft system)는 선수 입장에서 볼 때 불평등한 규정이라고 할 수 있어.
> 영수 : 종목 간 불평등도 만만치 않은 것 같아. 대부분의 나라에는 인기 스포츠와 비인기 스포츠가 존재하지. 그리고 일반적으로 인기 종목의 선수들이 비인기 종목 선수들에 비해 연봉도 높은 편이지. 이는 스포츠 계층의 특성 중 다양성이라고 할 수 있어.
> 희정 : 미국 스포츠에서는 인종 간 차별이 중요한 문제 같아. 미국에서 흑인은 1900년대 초까지만 해도 권투를 제외한 프로스포츠에는 참가가 불가능했어. 이러한 불평등 문제는 갈등 이론이나 비판 이론의 주요 주제 중 하나이지.

9. 다음은 놀이 및 게임과 구별되는 스포츠의 특성에 관한 설명이다. 괄호 안의 ㉠, ㉡에 해당하는 말을 차례대로 쓰시오. [2점]

'14. 기출

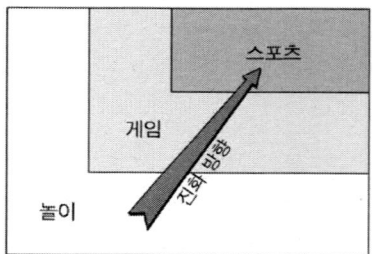

[그림] 놀이, 게임, 스포츠의 진화 과정

> 스포츠의 진화론적 관점에 따르면, 스포츠는 놀이에서 기원하였으며 중간 발전 단계라 할 수 있는 게임의 형태를 거쳐 발전하게 되었다. 스포츠가 놀이, 게임에서 진화됨에 따라 놀이나 게임의 여러 가지 특징을 공유하면서 발전함과 동시에 고유한 특징을 지니게 되었다.
> 특히, 스포츠의 (㉠)은/는 놀이 및 게임과 구별되는 스포츠의 중요한 특징으로서, 사회적 과정, 의무, 혹은 실체가 사회적 사고 및 행동의 규칙과 동등한 지위를 지니게 되는 제 과정을 말한다. 스포츠 사회학자인 코클리(J. Coakley)는 이에 대한 요소로서 활동 규칙의 표준화, 공식 규정 위원회의 규칙 시행, 활동의 조직적·전문적 측면의 강조, (㉡)을/를 제시하고 있다.

10. 다음은 '경기장 폭력'에 관한 신문 기사 내용이다. (가)의 내용을 가장 잘 설명하는 집합행동 이론의 명칭을 쓰고, (나)의 내용에 해당 하는 스포츠 폭력 유형을 스미스(M. Smith)의 주장에 근거하여 쓰시오. [2점]   '14. 기출

○○ 신문

제○○○○호 　20○○년 ○○월 ○○일

프로야구 ○○-□□전 '경기장 폭력'으로 얼룩져…….

(가) 어제 열린 프로야구 ○○-□□전은 '경기장 폭력'으로 인해 프로야구를 사랑하는 팬들의 눈살을 찌푸리게 했다. ○○팀 일부 관중들의 소란은 어제 오늘의 일이 아니다. 평소 사회에 대한 불만이 많은 일부 관중들이 ○○팀의 서포터즈를 자칭하면서 그동안의 폭력 사건을 주도해 왔다. 사실 그들은 야구장이라는 익명성이 보장되는 공간에서 자신들의 처지나 상황에 대한 불만을 쏟아내고 있다. 그들은 야구장을, 평소에 지니고 있던 자신의 난폭한 성향을 반사회적 폭력 행동으로 표출할 수 있는 최적의 장소로 여기는 것 같다.

(나) 한편 ○○-□□전에서는 선수간 폭력도 심심치 않게 발생하는데, 그 주요 원인이 투수들의 빈볼(bean ball)로 인한 시비이다. 야구 경기에서 투수가 타자의 머리 부근으로 던지는 위협구를 의미하는 빈볼은 분명 규칙을 위반하는 것이지만, 유용한 경기 전략의 일부로 인식되어 암묵적으로 용인되는 경우도 있다. 이러한 행동은 일반적으로 상대방의 보복적 행동으로 이어지기도 한다.

11. 다음은 방과 후 스포츠 참가에 대한 박 교사와 김○○의 대화이다. (가)~(마)에 대한 설명 중 옳은 것만을 <보기>에서 있는 대로 고른 것은? [1.5점] '13. 기출

박 교사 :	지금도 방과 후에 배드민턴을 하고 있니?
김 ○○ :	아니오. 예전엔 배드민턴을 많이 했는데, 운동하다가 무릎을 크게 다쳐 (가) 배드민턴을 그만두었어요.
박 교사 :	그런데, 배드민턴은 누구한테 배운 거니?
김 ○○ :	(나) 아빠, 엄마한테 처음으로 배웠고 진짜 열심히 했어요.
박 교사 :	무엇 때문에 배드민턴을 그렇게 열심히 한 거니?
김 ○○ :	(다) 저는 배드민턴 자체가 즐거웠어요.
박 교사 :	그럼 언제 부상을 당한거니?
김 ○○ :	좀 됐어요. 저보다 잘하는 사람과 시합을 하고 싶었어요. 그래서 (라) 기능도 향상시키고 대회에 나가서 우승 하려고 학교 운동부에 소속되어 주기적으로 참가하여 운동했어요. 어느 날 경기하다가 무릎을 크게 다쳐 수술을 받게 된 거예요.
박 교사 :	많이 힘들었겠구나.
김 ○○ :	예, (마) 한 동안 운동을 못했다가 요즘은 배드민턴 대신 수영을 하고 있어요.

─── <보 기> ───
ㄱ. (가)는 스포츠로부터의 탈사회화에 해당된다.
ㄴ. (나)는 스포츠 참가에 대한 중요 타자의 영향에 해당된다.
ㄷ. (다)는 스나이더(E. Snyder)와 스프라이처(E. Spreitzer)의 스포츠 개입의 정도 중 '노력'에 해당된다.
ㄹ. (라)는 스포츠 참가 수준 중 조직적 스포츠 참가에 해당된다.
ㅁ. (마)는 스포츠로의 재사회화에 해당된다.

① ㄱ, ㄴ ② ㄱ, ㄹ ③ ㄴ, ㄷ, ㅁ
④ ㄱ, ㄴ, ㄹ, ㅁ ⑤ ㄴ, ㄷ, ㄹ, ㅁ

12. 다음은 스포츠와 상업주의 및 정치에 대한 내용이다. (가)~(마)에서 옳은 것을 고른 것은? '13. 기출

(가) 상업주의는 경기의 흥미를 유도하기 위한 경기 규칙의 변화에 영향을 미친다.
(나) 상업주의는 개·폐회식의 의전 행사, 치어리더의 연기 등의 스포츠 경기 기획 및 조직 방식에 영향을 미친다.
(다) 상업주의는 위험, 과감성, 스타일 등의 영웅적 가치보다는 선수의 동작, 재능, 노력, 탁월성 등의 심미적 가치에 대한 중요도를 증가시킨다.
(라) 스포츠는 제도적 특성 때문에 진보적인 성향을 지니며 현 질서를 변화시키려는 경향이 있다.
(마) 국제 수준의 스포츠는 국내 문제를 반영하는 사회·정치적 반사경 역할을 한다.

① (가), (나), (마) ② (가), (다), (라) ③ (나), (다), (라)
④ (나), (라), (마) ⑤ (다), (라), (마)

13. 머튼(R. Merton)이 제시한 '목표-수단 불일치에 의해 개인에게 주어지는 긴장 해소 방법'과 이를 스포츠에 적용한 사례의 설명으로 옳은 것은? [1.5점]   '13. 기출

> (가) '동조'는 문화적 행동 목표를 수용하지만, 이를 성취하기 위한 수단은 거부하는 행위이다. 이의 예로는 고의적 경기규칙 위반과 담합에 의한 승부 조작 등이 있다.
> (나) '혁신'은 문화적으로 규정된 성공적인 목표와 그 목표를 성취하기 위한 수단을 모두 수용하는 행위이다. 이의 예로는 규칙 허용 범위 내에서의 지연 작전이나 파울 작전 등이 있다.
> (다) '의례주의'는 문화적으로 승인된 목표의 수용을 부정하는 반면, 목표에 도달하기 위한 수단과 방법은 수용하는 행위이다. 이의 예로는 승패에 집착하지 않고 참가에 의의를 두는 것 등이 있다.
> (라) '반역' 또는 '반란'은 문화적 목표와 합법적 수단을 모두 거부하지만, 새로운 목표와 수단을 주창함으로써 적극적으로 사회 변혁을 시도하는 행위이다. 이의 예로는 엘리트 스포츠 풍토를 배격하고 생활체육 운동으로의 전환을 추구하는 것 등이 있다.
> (마) '도피주의'는 문화적으로 승인된 목표와 사회적으로 용인 되는 수단을 모두 부정함으로써 스트레스에 적응하는 행위 이다. 이의 예로는 유명 선수가 프로 스포츠의 배금주의(拜金主義)와 비인간적 처사에 반발하여 유니폼을 벗고 은퇴한 경우 등이 있다.

① (가), (나), (라)　② (가), (나), (마)　③ (나), (다), (라)
④ (나), (라), (마)　⑤ (다), (라), (마)

14. 다음은 체육 수업에서의 성차별에 대한 정○○과 민○○의 대화 내용이다. (가)~(라)에 대한 설명으로 <보기>에서 옳은 것만을 있는 대로 고른 것은?   '13. 기출

> 정○○ : 체육 수업에서 항상 피구만 하니까 너무 재미없어. 여자도 축구나 야구 같은 수업을 하면 좋을 텐데……
> 민○○ : 완전 동감! (가) 여자라고 축구나 야구를 못하라는 법도 없지. 체육 선생님께 우리도 남학생들과 동등하게 축구, 야구에 참가하게 해 달라고 말씀드려 볼까?
> 정○○ : 그래, 사실 축구, 야구 같은 운동을 남자들만 해야 한다는 생각도 문제고, (나) 여자는 남자보다 운동을 못하고 운동에 대한 흥미도 없다는 생각도 문제야.
> 민○○ : 맞아. 더 근본적인 문제는 (다) 여자들이 남자가 하는 운동을 하면 주변의 시선이 곱지 않아 머뭇거리기도 하고, 심지어 혐오스럽게까지 보는 경우도 있어.
> 정○○ : 우리 부모님께서도 (라) 언니와 내게 인형 놀이, 소꿉 놀이 세트를 사 주시고, 앉아서 조용히 노는 것을 좋아 하셨어. 그런데 남동생에게는 축구공, 야구 글러브를 사 주시고, 나가서 뛰어놀라고 하셨던 기억이 나.
> 민○○ : 나도 그랬어. 이제라도 축구나 야구 한번 해 봤으면 좋겠다.

< 보 기 >
ㄱ. (가)는 페미니즘(feminism)과 관련된다.
ㄴ. (나)는 여성 스포츠에 대한 편견에 해당된다.
ㄷ. (다)는 여성의 스포츠 일탈에 해당된다.
ㄹ. (라)는 스포츠에서의 차별적 성 역할 사회화에 해당된다.

① ㄱ, ㄷ　② ㄷ, ㄹ　③ ㄱ, ㄴ, ㄹ
④ ㄴ, ㄷ, ㄹ　⑤ ㄱ, ㄴ, ㄷ, ㄹ

15. 다음은 스포츠 사회 현상에 관한 신문 기사이다. (가)~(라)에 대한 설명으로 <보기>에서 옳은 것만을 있는 대로 고른 것은? [2.5점]

'13. 기출

(가) **올림픽 금메달리스트 김○○ 선수 포상금·후원금 두둑**
올림픽에서 금메달을 획득한 김○○ 선수는 정부로부터 포상금과 기업의 각종 후원금을 받게 돼 부와 명예를 거머쥐게 되었다. 경제적으로 어려웠던 시절을 극복하고 따낸 금메달이어서 …(이하 생략)

(나) **Again 2002, 대형 태극기 관중석 뒤덮어**
2002년 월드컵이 개최된지 10주년, 이를 기념하기 위해 한일전 축구 경기를 개최하였다. 애국가가 울려 퍼지면서 대형 태극기가 관중석을 뒤덮었다. 태극마크를 단 선수들과 우리 국민들…(이하 생략)

(다) **올림픽 경기 볼 거리 풍성**
한국 선수들이 기대 이상의 선전을 펼치면서 시청률이 높아지고 있다. 시청자들을 위해 흥미진진한 경기의 주요 장면들과 결과들을 모아서 방영하여 시청자들의 마음을 사로 잡고 있다. (이하 생략)

(라) **축구 경기에서 패한 국가의 관중들 경기장 밖에서 집단 난동 벌여**
정치·경제적으로 대립관계에 있는 국가 간의 경기에서 패한 국가의 관중들이 경기장 기물을 파손하더니, 경기장 밖에서 상대 국가의 관중들과 집단 난투극을 벌이는 사태가 벌어졌다. (이하 생략)

─── <보 기> ───

ㄱ. (가)는 올림픽에서 금메달을 획득한 선수들에게 포상금이나 후원금 등을 줌으로써 스포츠를 통한 사회적 상승 이동의 통로를 제공하는 사례를 나타낸다.
ㄴ. (나)의 대형 태극기, 애국가, 태극 마크는 스포츠와 정치의 결합 중 '상징'에 해당된다.
ㄷ. (다)는 대중매체가 스포츠에 대한 일반 대중의 욕구를 충족시켜 주는 기능을 보여 주는 것이다.
ㄹ. (라)는 스미스(M. Smith)의 스포츠 관중 행동 유형을 적용하여 분류할 경우 무쟁점성 관중 행동에 해당된다.

① ㄱ, ㄷ 　　　　② ㄱ, ㄹ 　　　　③ ㄱ, ㄴ, ㄷ
④ ㄴ, ㄷ, ㄹ 　　⑤ ㄱ, ㄴ, ㄷ, ㄹ

16. 김 교사가 수립한 여자 농구부 지도 방침이다. (가)~(다)에 대한 설명으로 옳은 것만을 <보기>에서 있는 대로 고른 것은? [2.5점]   '12. 기출

> 2012학년도 한국중학교 여자 농구부 지도 방침
>
> (가) 경기력 향상과 선수의 만족감 고양
>   • 상황적 특성, 선수의 특성을 모두 고려
>   • 상황적 요구와 선수의 선호를 반영한 의사 결정 및 실천
>
> (나) 생활 지도 철저
>   • 선수의 유해 지역 출입 통제
>   • 모범적인 친구를 통한 멘토링 확대
>
> (다) 성(性)적 불평등 해소
>   • 남자 운동부와 동등한 장학 혜택 요구
>   • 우수한 성적 획득 시 학교의 지원 확대 요청

<보 기>
ㄱ. (가)는 상황적 행동이론으로 설명된다.
ㄴ. (나)는 낙인 이론(Labeling theory)으로 설명된다.
ㄷ. (다)는 급진적 페미니즘(Radical feminism)으로 설명된다.

① ㄱ   ② ㄴ   ③ ㄱ, ㄴ
④ ㄴ, ㄷ   ⑤ ㄱ, ㄴ, ㄷ

17. 스포츠와 사회 제도의 관계를 주제로 학생들이 신문 기사를 스크랩한 것이다. (가)~(라)에 관한 <보기>의 설명으로 옳은 것만을 있는 대로 고른 것은? '12. 기출

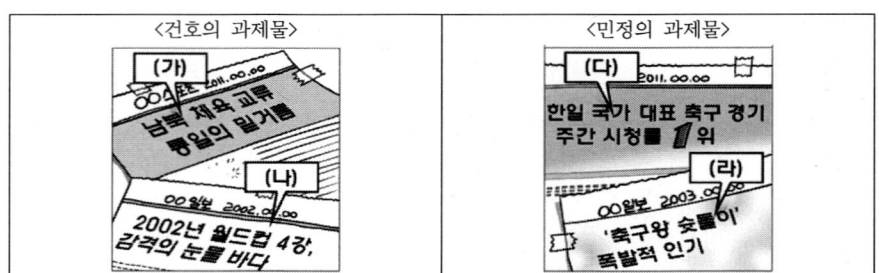

─────────────── <보 기> ───────────────
ㄱ. (가)에서 남북 체육 교류는 스포츠가 국위선양을 위한 도구로 활용되고 있음을 보여주는 사례이다.
ㄴ. (나)에서 국가 대표 팀이 이겼을 때 국민이 감격의 눈물을 흘리는 것은 스포츠와 정치의 결합 방법 중 동일화를 의미한다.
ㄷ. (다)에서 맥루한(M. McLuhan)의 매체 이론을 스포츠에 적용할 경우, 축구는 정의성(definition) 및 관람자의 감각 참여성이 높은 쿨(cool) 스포츠이다.
ㄹ. (라)에서 대중 매체가 스포츠 경기 방송을 통하여 관중에게 흥미를 제공하는 것은 대중 매체의 통합적 기능을 의미한다.

① ㄴ　　　　　② ㄹ　　　　　③ ㄱ, ㄴ
④ ㄴ, ㄷ　　　⑤ ㄷ, ㄹ

18. 아래의 <문제 2>에서 제시된 현상의 특성과 구체적 사례를 기술한 수험생의 답안지 내용 중 옳은 것은?   '12. 기출

```
20○○학년도 중등교사신규임용후보자선정경쟁시험

<문제 2> 아래 현상의 특성을 제시하고, 이에 대한 구체적 사례를
        기술하시오.

  이 현상은 스포츠라는 특정 사회 체계 내에서 개인의 사회적, 문화적,
  생물학적 특성에 따라 권력, 부, 사회적 평가, 심리적 만족 등이 특정
  집단 및 종목에 차별적으로 배분되어 상호 서열의 위계적 체계를 이루고
  있는 것을 말한다.

                        답 안 지
    특성              구체적 사례
  ㄱ. 영향성 - 감독이 되기 위해서는 기능뿐만 아니라, 운동 경력,
             인격 등과 같은 특성이 요구됨.
  ㄴ. 다양성 - 미국의 경우 1900년대 초까지 흑인은 권투를 제외한
             프로 스포츠 참가가 불가능하였으나, 현대 사회에서는
             선수의 노력 여하에 따라 사회적 상승 이동이 가능함.
  ㄷ. 보편성 - 우리나라의 경우 상류층은 골프, 하류층은 걷기에 참여하는
             비율이 상대적으로 높음.
  ㄹ. 사회성 - 중세 시대에는 귀족과 상류 계층이 주로 스포츠 활동에
             참가하였으나, 오늘날에는 누구나 참가할 수 있음.
  ㅁ. 고래성 - 여러 나라에서 인기 스포츠와 비인기 스포츠로 구분되며,
    (古來性)   스포츠 종목 내에서도 체중 및 능력에 따라 '급'이 구분됨.
```

① ㄱ   ② ㄴ   ③ ㄷ
④ ㄹ   ⑤ ㅁ

19. 박 교사가 팀 성적을 주제로 핸드볼부 선수들과 나눈 대화이다. 그루버(J. Gruber)와 그레이(G. Gray)의 분류에 근거한 (가)~(마)에 대한 설명으로 옳은 것만을 <보기>에서 있는 대로 고른 것은?

'12. 기출

박 교사 :	우리 팀이 최근 들어 성적이 저조한 이유가 무엇일까?
경 수 :	우리 팀 선수들이 너무 모래알 같아요. 그러다 보니 (가) 저 또한 소속감이 별로 없어요.
형 민 :	애들이 전체적으로 (나) 핸드볼에 대한 관심이 떨어진 것 같아요.
박 교사 :	다른 친구들은 어떻게 생각하니?
준 혁 :	(다) 저는 요즘 슬럼프 같아요. 3학년인 제가 실력 발휘를 못해 속상해요.
박 교사 :	그럼 내가 어떻게 하면 좋을까?
경 수 :	선생님께서 저희들에게 칭찬을 더 많이 해주셨으면 좋겠어요. (라) 인정받으면 누구나 좋잖아요.
박 교사 :	너희들 모두 (마) 핸드볼 팀의 구성원으로서 자부심을 갖기를 바라는 것 같구나.

―――― <보 기> ――――

ㄱ. (가)는 사회적 응집성을 의미한다.
ㄴ. (나)는 과제 응집성을 의미한다.
ㄷ. (다)는 사회적 응집성을 의미한다.
ㄹ. (라)는 과제 응집성을 의미한다.
ㅁ. (마)는 과제 응집성을 의미한다.

① ㄱ, ㄴ ② ㄴ, ㄷ ③ ㄱ, ㄴ, ㄷ
④ ㄱ, ㄹ, ㅁ ⑤ ㄴ, ㄷ, ㄹ

20. 그림은 교내 축구 대회에 출전하는 학급 대표팀의 출전 과정을 보여 준다. 선형모형에 따른 집단 발달 단계에 근거할 때 (가)~(라)에 들어갈 내용을 <보기>에서 찾아 바르게 제시한 것은?   '11. 기출

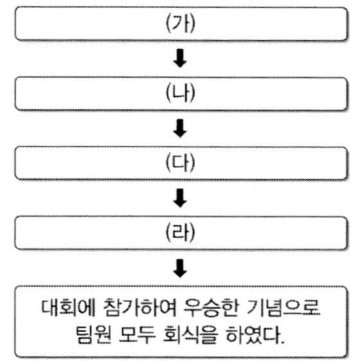

─── <보 기> ───
ㄱ. 팀의 공격 및 수비 전술에 대한 연습을 집중적으로 실시 하였다.
ㄴ. 모든 선수가 힘을 합쳐 대회에서 우승을 하자고 다짐하였다.
ㄷ. 팀 공격 전술에 대한 이견이 제기되어 이에 대하여 논의 하였다.
ㄹ. 각 포지션별로 주전 및 후보 선수를 선발하였다.

	(가)	(나)	(다)	(라)
①	ㄴ	ㄱ	ㄹ	ㄷ
②	ㄴ	ㄹ	ㄱ	ㄷ
③	ㄷ	ㄴ	ㄹ	ㄱ
④	ㄹ	ㄱ	ㄷ	ㄴ
⑤	ㄹ	ㄷ	ㄴ	ㄱ

21. 다음은 축구 경기 관람 보고서이다. 이 보고서의 ㉠~㉤에 대한 설명으로 옳은 것을 <보기>에서 고른 것은? [2.5점]   '11. 기출

> 최초로 3억 원의 우승 상금이 걸려 양 팀 간의 치열한 경기가 예상되는 올 시즌 프로축구 챔피언 결정전이 개최되었다. 이 경기에는 ㉠국내 최고령 축구 선수인 45세의 ○○○ 선수가 주전으로 출전하여 화제를 모았다.
> 전반 시작 1분 만에 ㉡A 팀의 선수가 B 팀의 주 공격수에게 고의적인 반칙을 하였으며, 그 공격수는 반칙으로 인한 부상으로 바로 교체되었다. 이에 ㉢흥분한 B 팀의 서포터들이 경기장으로 빈병을 던져 경기가 잠시 중단되기도 하였다. 이후 경기가 과열되어 ㉣양 팀 간의 보복성 반칙이 난무하였다.
> 경기 결과, B 팀이 1 : 0으로 승리하였으며, 경기 후 ㉤열광한 B 팀의 서포터들이 승리에 도취되어 인근에 주차된 차량 지붕에 올라가 차량을 훼손한 사건이 있었다.

─── <보 기> ───
ㄱ. ㉠은 스포츠 일탈 중 부정적 일탈에 해당한다.
ㄴ. ㉡은 스포츠 폭력의 원인 중 운동 선수의 역할 사회화와 가장 관련이 높다.
ㄷ. ㉢은 페데리코(R. Federico)가 분류한 활동적 관중의 집합 행동 유형 중 표출 군중에 해당한다.
ㄹ. ㉣은 스포츠 폭력의 형태 중 적대적(개인적) 공격에 해당한다.
ㅁ. ㉤은 스미스(M. Smith)가 분류한 관중 행동 유형 중 쟁점성 관중 행동에 해당한다.

① ㄱ, ㄴ   ② ㄱ, ㄷ   ③ ㄴ, ㅁ
④ ㄷ, ㄹ   ⑤ ㄹ, ㅁ

22. 다음 대화에서 나타나는 스포츠에서의 현상과 가장 관계가 깊은 사회학 이론과, 이러한 현상으로 인하여 변화된 스포츠의 영역으로 옳은 것은?   '11. 기출

> 학　생: 선생님, 어제 텔레비전에서 배구 경기를 봤는데, 이상한 점이 있었어요. 왜 우리나라 배구 국가대표팀 유니폼에 ○○은행의 이름이 새겨져 있어요?
> 윤 교사: 그건 이번에 배구협회가 마케팅 팀을 신설하면서 국가 대표팀 유니폼에 ○○은행 이름을 넣을 수 있는 권리를 팔아서 그래. 이제 배구협회는 그 수익금으로 협회를 안정적으로 운영할 수 있게 되었지.

	사회학 이론	변화된 영역
①	비판이론	스포츠의 조직
②	비판이론	스포츠의 내용
③	갈등이론	스포츠의 조직
④	갈등이론	스포츠의 내용
⑤	비판이론	스포츠의 구조

23. 다음은 예비 체육 교사인 A대학 3학년 학생이 수업 과제로 제출한 메일 내용이다.

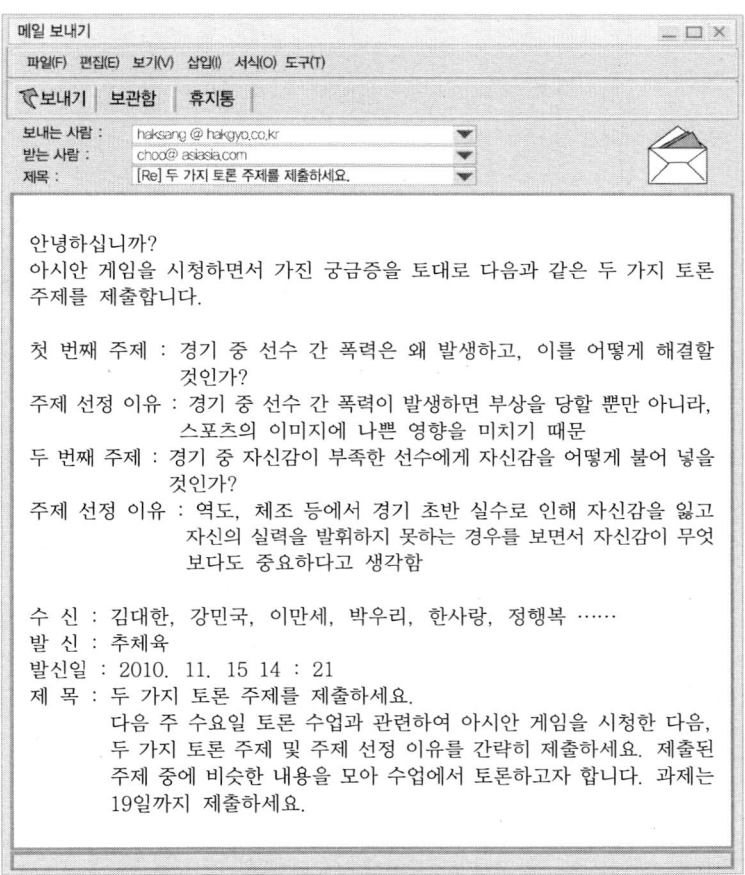

'경기 중 선수 간 폭력'의 발생 원인을 Merton의 아노미 이론에 근거하여 설명하고, 갈등 이론 및 상징적 상호작용론 관점에 비추어 선수 간 폭력에 대한 아노미 이론의 한계점을 설명하시오. 또한, '경기 중 자신감'의 향상 방안을 Vealey의 스포츠자신감 모형에 근거하여 제시하시오. [20점]

'11. 2차

24. 다음은 프로축구 리그 우승팀 결정전에서 승리한 팀에 관한 신문기사의 일부이다. 이에 대한 설명으로 옳은 것은? '10. 기출

> (가) 경기장에는 양 팀의 서포터즈를 비롯한 2만여 관중이 입장하여 예측 불허의 승부를 지켜보았다.
> (나) 이 팀의 감독은 이번 우승으로 선수, 코치, 감독으로 우승을 기록한 국내 1호 축구인이 되었다.
> (다) 초등학생 팬에게 최우수선수상을 받은 A 선수에 대한 평가를 묻자, "너무 멋져요, 나도 열심히 축구를 해서 A 선수처럼 훌륭한 선수가 되고 싶어요"라고 말했다.
> (라) 프로 입문 10년차인 B 선수는 무명의 설움을 떨치고 득점왕에 올라 내년도에는 올 시즌보다 300% 인상된 연봉을 받을 것으로 보인다.
> (마) 이 팀의 C 선수는 항상 천원 권 지폐 3 장을 양말 속에 넣고 경기에 참가했다고 한다.

① (가)는 스포츠 참가 유형의 분류 기준에 따르면 인지적 참가 또는 이차적 직접참가이다.
② (나)는 스포츠에 있어서 세대 간 상승이동이다.
③ (다)의 초등학생 팬의 말은 스포츠 계층 형성의 한 과정인 '평가'의 요소 중 호감(preferability)에 해당한다.
④ (라)와 같이 운동선수의 능력 및 팀 기여도에 따른 차별적 보상 체계를 지지하는 스포츠 계층 이론은 갈등이론이다.
⑤ (마)는 의사 종교적 행위 중 마법(witchcraft)에 해당한다.

25. 맥루한(McLuhan)의 매체 이론을 적용한 스포츠매체와 매체 스포츠를 바르게 설명한 것을 <보기>에서 고른 것은? '10. 기출

> ── <보 기> ──
> ㄱ. 핫(hot) 스포츠매체는 메시지의 정의성이 높기 때문에 이를 수용하는 스포츠 팬은 높은 감각의 참여와 몰입 상태로 스포츠를 간접적으로 즐긴다.
> ㄴ. 쿨(cool) 매체스포츠는 경기자의 행동반경이 넓고 경기장 에서의 확산 정도가 높아서 스포츠 자체의 정의성이 낮다.
> ㄷ. 핫 매체스포츠를 관람하는 스포츠 팬은 낮은 감각의 몰입과 참여를 통하여 스포츠 메시지를 심리적 부담 없이 쉽게 수용할 수 있다.
> ㄹ. 쿨 스포츠매체의 스포츠 메시지를 수용하는 스포츠 팬은 높은 감각의 참여 및 몰입을 통하여 수용하고자 하는 메시지를 제공받는다.
> ㅁ. 핫 매체스포츠 유형으로는 주로 동적이며 수비 측과 공격 측이 구분되지 않는 단체 경기의 스포츠 종목이 많다.

① ㄱ, ㄴ, ㄷ   ② ㄱ, ㄴ, ㅁ   ③ ㄴ, ㄷ, ㄹ
④ ㄴ, ㄹ, ㅁ   ⑤ ㄷ, ㄹ, ㅁ

26. 스나이더(Snyder)와 스프라이처(Spreitzer)가 제시한 스포츠 개입(commitment)의 요소와 거리가 먼 것을 <보기>에서 고른 것은?　　　　　　　　　　　　　　　　'10. 기출

─────────── <보 기> ───────────
ㄱ. 중요 타자(significant others)의 인정으로 생긴 만족감
ㄴ. 생활 양식 개선에 따른 여가 기회의 확대
ㄷ. 지위 상실, 불명예 등과 같은 부정적 제재로부터의 회피
ㄹ. 이용 시설의 근접성, 편리성 등과 같은 환경에 대한 만족감
ㅁ. 승리, 금전 등과 같은 외적 보상에 대한 기대감

① ㄱ, ㄴ　　　　② ㄴ, ㄹ　　　　③ ㄴ, ㅁ
④ ㄷ, ㄹ　　　　⑤ ㄷ, ㅁ

27. 다음의 진술에 반영된 페미니즘(feminism) 관점에 가장 가까운 것을 <보기>에서 고른 것은?　　　　　　　　　　　　　　　　'10. 기출

(가) 남성이 지배하고 있는 스포츠와는 별도로 여성의 신체에 적합한 새로운 형태의 스포츠를 창안하여 여성의 위상을 확보해야 한다.
(나) 여성의 스포츠 참가 제한이 계급적, 성적 차별과 편견의 결과이기 때문에 이러한 차별과 편견을 불식시켜야 여성의 스포츠 참가 기회를 확대할 수 있다.
(다) 남녀의 스포츠 참여 기회를 균등하게 만드는 데 주된 관심이 있으며, 이 관점을 지지하는 운동의 영향으로 나타난 대표적 사례는 미국의 Title Ⅸ이다.

ㄱ. 자유주의적 페미니즘(liberal feminism)
ㄴ. 급진주의적 페미니즘(radical feminism)
ㄷ. 사회주의적 페미니즘(socialist feminism)

	(가)	(나)	(다)
①	ㄱ	ㄴ	ㄷ
②	ㄱ	ㄷ	ㄴ
③	ㄴ	ㄱ	ㄷ
④	ㄴ	ㄷ	ㄱ
⑤	ㄷ	ㄱ	ㄴ

28. 다음은 ○○일보에 실린 프로야구 포스트시즌 입장수입에 관한 기사의 일부이다. 입장수입에 영향을 미치는 사회적 요인과 기사 내용에 나타난 스포츠의 특성을 각각 바르게 제시한 것은?

'09. 기출

> "2차전도 매진, PS 입장수입 38억 신기록···
> 6차전 가면 50억 원 돌파"
>
> 2008년은 한국 프로야구 흥행 돌풍의 해이다. 이제 포스트시즌은 50억 원짜리 돈 잔치가 될 전망이다. 한국야구위원회(KBO)는 27일 두산-SK의 한국시리즈 2차전이 시작된 지 12분 만인 오후 6시 12분에 3만 400장의 입장권이 모두 매진됐다고 밝혔다. 이날 판매된 입장권 수입만 4억 7742만 원으로 포스트시즌 누적 입장수입은 모두 38억 4802만 원에 이른다. 6차전 이상 갈 경우 50억 원대의 입장수입이 보장된다. 인기는 물론 경제적인 측면에서도 '흥행대박'이 터지는 것이다. 이날 경기로 올 포스트시즌 입장수입은 이미 지난해의 36억 3271만 원을 넘어섰다. 한국 프로야구 포스트시즌 흥행의 역사가 새로 만들어진 것이다. 작년에 이어 다시 맞붙은 SK-두산 중 어느 팀이 한국시리즈 우승을 거머쥘지 숨 막히는 챔프레이스에 대한 관심이 한층 고조되고 있다.
>
> — ○○일보, 2008년 10월 29일자 —

	사회적 요인	스포츠의 특성
①	팬의 관심도	비생산성
②	날씨	규칙성
③	경기의 중요도	불확실성
④	경기장의 크기	분리성
⑤	구단의 성적	허구성

29. 스포츠 사회화에 관한 설명으로 옳은 것은?

'09. 기출

① 스포츠에서의 탈사회화는 특정 연령층에서만 일어나는 것은 아니다.
② 운동기능에 대한 참가자 개인의 자아인지는 스포츠를 통한 사회화의 전이에 영향을 미치지 않는다.
③ 건강, 돈, 승리와 같은 외적 보상은 스포츠 활동을 통한 내적 즐거움과는 달리 스포츠 활동에 대한 개입을 감소시킨다.
④ 스포츠로의 사회화는 스포츠에 참가하는 그 자체만을 의미하기 보다는 참가를 통하여 어떤 가치나 태도를 학습하는 것을 의미한다.
⑤ 스포츠를 통한 사회화는 개인의 노력에 의해서 이루어지는 특성이 강하기 때문에 사회화 주관자의 위력과 위광의 영향을 거의 받지 않는다.

30. 다음은 머턴(MErton)의 아노미 이론(anomie theory)을 적용하여 스포츠 일탈을 설명한 것이다. (가), (나)에 들어갈 단어로 가장 적절한 것은?   '09. 기출

> 현대사회의 스포츠는 [(가)] 수준이 매우 높은 특성을 가진 조직체계로 규정할 수 있다. 왜냐하면 스포츠에서 추구하는 문화적 목표인 승리에 대한 사회적 압력은 대단히 높으나 승리를 성취하기 위한 구조적 기회인 수단은 여러 가지 스포츠 규범에 의해 제한되기 때문이다. 이와 같은 스포츠에서의 목표와 수단 간의 괴리는 [(나)]을(를) 유발하여 여러 가지 일탈행동을 발생시킨다.

	(가)	(나)
①	사회적 규범	역할 갈등
②	통제	분노
③	구조적 역기능	긴장
④	경쟁적 보상	역할 갈등
⑤	동조	긴장

31. <보기>를 스포츠 계층의 형성과정 순서대로 바르게 배열한 것은?   '09. 기출

— <보 기> —
ㄱ. 필요한 인재를 적재적소에 효율적으로 배치하는 과정으로 역할 수행이 팀 전체에 미치는 영향과 효과에 따라 달라진다.
ㄴ. 특정 지위에 적절한 자원을 배분하는 과정으로 스포츠 내에서 한 개인이 차지하고 있는 지위나 특성 수준에 따라 달라진다.
ㄷ. 감독, 코치, 선수와 같은 사회적 지위에 특정한 역할이 정해짐으로써 다른 지위와 구별되게 하는 과정이다.
ㄹ. 서로 다른 위치에 지위를 적절하게 배열하는 과정으로 선수나 감독이 얻는 명성이 이 과정을 판단하는 요소가 될 수 있다.

① ㄱ-ㄴ-ㄹ-ㄷ ② ㄱ-ㄹ-ㄷ-ㄴ ③ ㄷ-ㄱ-ㄹ-ㄴ
④ ㄷ-ㄹ-ㄱ-ㄴ ⑤ ㄷ-ㄹ-ㄴ-ㄱ

32. 다음 글을 읽고 물음에 답하시오. '08. 기출

> 정 감독은 20세에 프로 야구팀의 후보 선수로 입단한 후 45세에 팀의 감독이 되었고, 팬들의 인기와 존경을 얻게 되어 삶의 행복감을 느끼게 되었다.

정 감독에게 나타난 사회 이동 현상의 2가지 유형을 쓰고, 스포츠의 계층 형성과 관련하여 정 감독이 얻게 된 사회적 희소가치(scarce values)를 3가지 쓰시오. [3점]

- 사회 이동 현상의 유형 ①: _____
  　　　　　　　　　　　② : _____
- 사회적 희소가치: _____, _____, _____

33. 다음 글을 읽고 물음에 답하시오.

> 최 교사는 학생들이 스포츠에 참여함으로써 스포츠맨십이나 페어플레이 정신을 갖게 되고, 나아가서 민주 시민 의식, 도덕성, 협동심 같은 사회성이 함양된다고 주장한다. 그러나 김 교사는 스포츠 상황과 같은 특수한 맥락에서 학습된 태도가 일상적 상황으로 전이되는 것은 <u>특정 조건</u> 하에서만 가능하다는 다소 다른 의견을 보인다.

스포츠를 통한 사회화에 있어서 전이의 일반적 특성을 연구한 스나이더(Snyder)의 이론적 관점에서 볼 때, 위의 김 교사가 주장하는 특정 조건이 무엇인지 쓰고, 스포츠를 통한 사회화에 있어서 전이를 결정하는 요인을 3가지 쓰시오. [4점] '08. 기출

- 특정 조건: _____
- 결정 요인: ① _____
  　　　　　② _____
  　　　　　③ _____

34. 다음을 읽고 물음에 답하시오.

> <상황 1> 우리나라의 공식적 야구 경기는 대한야구협회에서 제정한 규칙에 따른다. 대한야구협회는 필요에 따라 규칙을 개정 하고 이를 담은 규정집(rule book)을 발간하여 배포한다.
> <상황 2> 과거 야구팀의 코칭은 감독 1인이 전담하였으나 근래에는 감독 이외에도 투수 코치, 타격 코치, 수비 코치 등이 분담한다.
> <상황 3> 근래의 야구 경기 중계에서 투수 방어율의 경우, 주자 1루에서의 방어율, 주자 1·2루에서의 방어율, 주자 만루에서의 방어율 등과 같은 새로운 통계치가 사용된다.

구트만(Guttmann)이 제시한 근대 스포츠의 특성 중에서 위의 3가지 상황과 가장 밀접한 관련이 있는 특성을 각각 2줄 이내로 설명하시오. [3점]   '07. 기출

• <상황 1>에 나타난 근대 스포츠의 특성 : _____

• <상황 2>에 나타난 근대 스포츠의 특성 : _____

• <상황 3>에 나타난 근대 스포츠의 특성 : _____

35. 다음 글을 읽고 물음에 답하시오.

> A중학교의 학생들은 가을에 있을 아마추어 배구 대회에 참가하여 입상을 목표로 배구 동아리를 만들었다. 동아리가 만들어진 후 구성원들은 호감이나 우애로써 정보를 교환했지만, 점차 구성원 간에 의견이 상충하면서 불만이 나타났다.

터크만(Tuckman)이 제시한 스포츠 집단의 발달 과정에 근거하여 현재 위의 동아리가 처한 단계와 바로 다음 단계의 명칭을 쓰고, 각 단계의 특징을 2줄 이내로 쓰시오. [4점]   '07. 기출

• 현재 위의 동아리가 처한 단계의 명칭 : _____
  특징 : _____

• 바로 다음 단계의 명칭 : _____
  특징 : _____

36. 다음 글을 읽고 물음에 답하시오.

> 영희는 복싱에서 맹활약을 펼치고 있는 최○○ 선수를 무척 좋아한다. 그러나 영희는 복싱을 해보지 않았고 그와 관련된 일을 하는 것도 아니며 복싱의 역사, 규칙, 기술 등에 대해서 잘 알고 있는 것은 더욱 아니다. 그냥 복싱 이야기만 나오면 좋아하고 최○○ 선수에 대해 열광한다.

캐년(Kenyon)이 제시한 3가지 스포츠 참가 유형 중 영희에 해당하는 참가 유형의 명칭을 쓰고, 그 개념을 2줄 이내로 설명하시오. [2점]   '07. 기출

• 영희의 참가 유형 명칭 : _____
           개념 : _____

37. 스포츠사회학자 맥킨토시(McIntosh)는 다음과 같이 말하였다.

> 국제적인 수준의 선수는 자신의 의사와는 상관없이 국가와 동일시되기 때문에 스포츠에서 승리를 거두는 것은 정치적으로 중요한 의미를 띠게 된다.

위 글을 참조하여, 국가 수준에서 스포츠의 정치적인 역할에 대한 3가지 관점과, 이러한 관점을 설명하는 정치와 스포츠의 결합 방법을 1가지만 쓰시오. [4점]   '06. 기출

• 스포츠의 정치적인 역할에 대한 관점: ① _____
                                  ② _____
                                  ③ _____
• 정치와 스포츠의 결합 방법: _____

[38~39] 다음 글을 읽고 물음에 답하시오. '06. 기출

> 김 교사는 체육 시간에 여학생에게는 율동적이고 미적인 활동이 적합하다고 판단하여 댄스스포츠를 연습시키고, 남학생에게는 축구 페널티킥을 연습시켰다. 김 교사는 남학생에게 축구 페널티킥 과정을 아래와 같이 설명하였다.
> ㉮ 공을 페널티킥 위치에 가져다 놓으면서 골대의 위치를 확인한다.
> ㉯ 뒤로 물러서면서 킥의 종류, 방향 등을 구상한다.
> ㉰ 머리 속으로 슛의 상(image)을 그려 본다
> ㉱ 자신감을 가지고 공에 시선을 집중한다.

38. 김 교사의 성에 따른 수업 내용 선정을 지지하는 스포츠사회학 이론의 명칭을 쓰고, 김 교사의 판단 및 태도 형성에 영향을 미치는 사회적 근원을 3가지만 쓰시오. [4점]

- 스포츠사회학 이론의 명칭: _____
- 사회적 근원: ① _____
　　　　　　　② _____
　　　　　　　③ _____

39. 위의 페널티킥 각 단계에 일치하는 니데퍼(Nideffer)의 주의 집중 형태를 쓰시오. [4점]

㉮ _____　㉯ _____
㉰ _____　㉱ _____

40. 다음 글은 스포츠 사회학에서 강조하는 스포츠의 교육적 순기능 중 한 가지와 밀접한 관계가 있다. 그 순기능을 제시하고, 제시한 순기능의 특징에 대하여 3줄 이내로 설명하시오. [4점]　　　　　　　　　　　　　　　　　　　　　　　　　'05. 기출

> 학교의 모든 교육 프로그램은 학생의 잠재력을 계발시키는 데 중점을 두고 있다. 이러한 의미에서 스포츠는 교육의 수단이 되어 학생을 최적의 상태에서 육체적, 정신적, 사회적으로 건강하게 성장시키는 역할을 담당하고 있다.

· 순기능 :

· 특징

41. 스포츠 사회학적인 측면에서 상업주의가 학원 스포츠에 미치는 부정적인 영향을 3가지만 각각 1줄 이내로 기술하고, 스포츠 상업주의를 비판하는 스포츠 사회학의 대표적인 이론을 제시하시오. [4점]　　　　　　　　　　　　　　　　'05. 기출

· 부정적인 영향

· 이론 :

42. 체육과 유사한 개념으로 쓰이는 용어들이 있다. 아래 용어들에 알맞은 개념을 각각 60자 이내로 쓰시오. [4점]　　　　　　　　　　　　　　　　　　　　'04. 기출

① 놀이 :

② 게임 :

③ 스포츠 :

④ 레크리에이션 :

43. 스포츠 계층은 스포츠라는 특정 사회체계 내에서 권력, 부, 사회적 평가, 심리적 만족 등이 특정 집단이나 개인 및 종목에 차별적으로 배분되어 상호서열의 위계적인 체계를 이루고 있는 현상을 의미한다. 이러한 스포츠 계층 과 관련된 다음 질문에 답하시오. [총 5점]

'04. 기출

43-1. 스포츠 계층은 일반적으로 공통적인 사회과정을 거치면서 형성된다. 그 형성 과정을 순서대로 쓰시오. (3점)

①   → ②   → ③   → ④

43-2. 다음 내용을 읽고 Tumin 이 제시한 5가지 사회계층의 현상(특성)을 토대로 알맞은 스포츠 계층의 특성을 빈 칸에 쓰시오. (2점)

	스포츠 계층의 특성	특성의 예
①		특정 스포츠를 처음 시작한 상류 지배계급은 그 스포츠가 하류층이나 대중에게 관심을 끌게되면 더 이상 그 스포츠를 즐기지 않는다.
②		스포츠 제도 내에는 연봉계약이나 신인 선수 모집시 보수책정에 관한 규범과 관행이 존재한다.

44. 스포츠사회화의 과정을 설명하는 이론 중 사회학습이론은 특정 개인이 어떻게 사회적 행동을 습득하고 수행하는 가를 규명하려는 이론이다. 사회학습이론에 근거하여 스포츠 참가자의 역할 학습에 영향을 미치는 사회화 과정의 요인을 3가지만 쓰시오. [3점]

'04. 기출

①   ②   ③

45. 핫(hot) 매체스포츠와 쿨(cool) 매체스포츠의 특성을 각 항목별로 '높다'와 '낮다'로 답하시오. (총 4점)

'03. 기출

⊙ 핫 매체스포츠 (2점)
① 스포츠의 정의성(definition) :
② 수용자의 감각 몰입성 :
③ 경기장의 확산 정도 :

⊙ 쿨 매체스포츠 (2점)
① 수용자의 감각 참여성 :
② 경기자 행동경로의 확산 정도 :
③ 경기 진행 속도 :

인문과학편

중등체육임용고사 기출문제집

08

체육사·철학

1. 다음은 개화기와 일제강점기의 체육에 대한 설명이다. 괄호 안의 ㉠에 해당하는 체육 활동의 명칭과 괄호 안의 ㉡에 공통으로 들어 갈 체육 단체의 명칭을 순서대로 쓰시오. [2점]

'17. 기출

명칭	내용
(㉠)	○ 1896년 5월 영어학교가 개최한 우리나라 최초의 근대 운동회임. ○ 영국인 교사 허치슨(W. Hutchison) 등의 진행으로 실시됨. ○ 300보 달리기, 600보 달리기, 1350보 달리기, 공던지기, 멀리뛰기, 높이뛰기, 2인 3각 달리기, 줄다리기 등을 실시함. ○ 각급 학교에서 운동회를 개최하는 계기가 됨.
조선 체육회	○ 대한체육회의 전신으로 1920년 7월 창립됨. ○ 일제가 만든 체육 단체인 (㉡)이/가 주최하는 육상경기 대회에 자극을 받아 민족운동의 일환으로 각종 경기 대회를 개최함. ○ 1920년 11월 제1회 전조선야구대회를 개최하였고, 이 대회는 오늘날 전국체육대회 통산 횟수의 출발점이 됨. ○ 1938년 일제의 탄압으로 (㉡)에 흡수, 통합됨.

2. 다음은 고려 시대의 무예에 대한 설명이다. 괄호 안의 ㉠, ㉡에 해당하는 무예의 명칭을 순서대로 쓰시오. [2점]

'16. 기출

> 고려 시대 무예의 대부분은 삼국 시대에서 계승되었으며, 무인정신은 충, 효, 의에 기반을 두고 있었다. 고려 시대의 대표적인 무예에 대한 설명은 다음과 같다.
>
> (㉠)
>
> 이 무예는 비협, 당 등의 기법을 사용하며, 고려 시대에 무인들에게 적극 권장되었던 무예이다. 고려 명종(明宗) 때에는 이것을 서로 겨루게 하여 벼슬을 주기도 하였다. 또한 무인 집권 시대에는 인재 선발의 중요한 수단이었다.
>
> (㉡)
>
> 이 무예는 고려 시대 6예의 어(御)에 속했으며, 군자의 중요한 덕목 중 하나였다. 중국의 영향을 받아 격구 등과 연계 되어 발달하였다. 또한 이 무예는 조선 시대에 발행된 《무예도보통지》에도 그 설명이 나와 있다.

3. 다음은 스포츠 규범의 역사적 발달 과정에 대한 설명이다. 괄호 안의 ㉠, ㉡에 해당하는 용어를 순서대로 쓰고, 밑줄 친 ㉢에 해당하는 현대 스포츠의 규범과 목적을 서술하시오. [5점]

'16. 기출

> (㉠)은/는 근대 스포츠의 탄생과 밀접한 연관을 가진다. 귀족 및 평민의 여가 활동이었던 놀이와 게임이 스포츠로 제도화된 데에는 공식적인 규칙의 제정이 큰 역할을 하였다. 통일된 규칙을 사용함으로써 평등한 경쟁 조건인 (㉡)의 확립으로 이어졌고, 경기화를 촉진하는 계기가 되었다. 이에 따라 규칙의 준수를 의미하는 (㉠)은/는 스포츠의 중요한 규범으로 간주되기 시작하였다. 스포츠가 단순히 강건한 육체의 단련을 넘어 교육의 수단으로 인식되면서, (㉠)은/는 퍼블릭 스쿨 등의 엘리트 교육기관에서 도덕 훈련의 일환으로 정착되어 갔다. 이런 과정을 통해 (㉠)은/는 진실과 성실의 정신을 바탕으로 경기에 임하는 도덕적 태도와 동일한 의미로 쓰이게 되었다.
>
> 특히, 팀 경기를 중요시하였던 퍼블릭 스쿨은 리더십, 충성심, 협동심, 규율, 솔선 등 젠틀맨에게 요구되었던 덕목의 훈련에서 스포츠를 유용한 도덕 교육의 방법으로 정착시켰다. 팀 정신에 바탕을 둔 희생, 봉사, 책임, 인내, 침착, 절제 등은 스포츠 활동을 통해 얻어지는 훌륭한 덕목이었으며, 시민계급의 도덕을 반영하는 정신적인 미덕이기도 하였다. 이런 역사적 과정을 거쳐 ㉢<u>젠틀맨의 스포츠 윤리는 오늘날 대표적인 스포츠 규범으로 자리 잡게 되었다.</u>

4. 다음은 근·현대 체육 사조의 특징이다. <보기>의 지시에 따라 서술하시오. [5점]

'15. 기출

강건한 기독교주의(Muscular Christianity)		(㉢)	㉣ <u>인간 움직임(Human Movement)</u>
영국	미국		
•계몽주의적 성향 •㉠ <u>애슬레티시즘 (Athleticism)</u>의 종교적 이념 체계 •남성다움, 힘과 용기, 단결(협동 정신) 등 중시 •미국 체육에 영향을 줌.	•대학 및 YMCA 등에서 체육활동 장려 •㉡ <u>체육 활동을 위한 공원과 운동장 설립의 확산</u> •레크리에이션 및 청소년 활동 활성화 •중등교육을 비롯한 청소년 여가 활동의 수단으로 스포츠 채용	•'실용주의'의 유용성 수용 •'진보주의 교육'의 영향을 받음. •'신체의 교육'에서 '신체를 통한 교육'으로 전환 •인간의 총체성(지·덕·체) 강조 •놀이, 게임, 스포츠를 교육의 수단으로 활용	•라반(R. Laban)의 '움직임 교육의 원리'에 영향을 받음. •움직임 지식의 요소로서 신체, 노력, 공간, 관계 틀 구성 •체육 학문화 운동의 계기를 만듦. •초등학교에서는 교육게임, 교육무용, 교육체조의 3개 영역으로 단원 구성

─〈보 기〉─

1) 밑줄 친 ㉠이 갖는 체육사적 의의를 2가지만 쓰시오.
2) 밑줄 친 ㉡과 관련된 운동(movement)의 명칭과 괄호 안의 ㉢에 해당하는 체육 사조의 명칭을 순서대로 쓰시오.
3) 미국 중등학교 체육 교육에서 밑줄 친 ㉣의 영향으로 나타난 수업 내용적 측면의 변화를 1가지만 서술하시오.

5. 다음은 ○○중학교 체육과 연간지도계획에 대한 최 교감과 김 교사의 대화 내용이다. 대화 내용 중에 김 교사가 설명하는 ㉠, ㉡, ㉢에 대해 서술하시오. (단, 대화 내용에 나오는 체육과 교육과정은 '2009 개정 교육과정에 따른 체육과 교육과정'을 의미함.)
[5점]

'15. 기출

최 교감 : 연간지도계획은 체육과 교육과정의 내용에 따라 충실히 수립된 것 같습니다. 다만 영역별로 서구식 신체 활동의 비중이 너무 높은 것 같군요.

김 교사 : 대안 활동으로 우리나라의 전통 놀이(신체 활동)를 몇 가지 반영하려고 준비 중에 있습니다.

최 교감 : 그랬군요. 반영하려는 우리나라 전통 놀이(신체 활동)에는 어떤 것들이 있나요?

김 교사 : 다음과 같은 전통 놀이들을 조사해 보았습니다.

> 우리나라 전통 놀이(신체 활동) 조사표
> ==============================
>
> 도색희(跳索戲), 방응(放鷹), 비연(飛鳶), 수박(手搏),
>
> 쌍육(雙六), 인색희(引索戲), 장치기, 저포(樗蒲),
>
> 초판희(超板戲), 추천(鞦韆), 축치구(蹴雉毬), 투호(投壺)

최 교감 : 조사 내용 중 '투호'는 이미 체육과 교육과정에 신체 활동 활용 예시로 안내된 종목이지요?

김 교사 : 네, 그렇습니다. '투호' 외에도 '지구촌 여가' 단원에서 지도할 수 있는 신체 활동 활용 예시 종목이 조사표에 3가지 더 있습니다.

최 교감 : 그래요? 체육과 교육과정에는 줄다리기, 널뛰기, 제기차기 등이 신체 활동 활용 예시로 되어 있는데, 각각 어떤 전통 놀이(신체 활동)가 이와 유사한 활동인지 조사 표의 내용에서 2가지만 말씀해 주시겠어요?

김 교사 : ㉠ _____

최 교감 : 그렇군요. 그럼 '영역형 경쟁' 단원에 적합한 종목도 있나요?

김 교사 : 네, 한 가지 있습니다.

최 교감 : 그 종목 이름이 무엇인가요? 그리고 어떤 방식으로 경기하는지를 설명해 주시겠어요?

김 교사 : ㉡ _____
_____

최 교감 : 그 종목이 '영역형 경쟁' 활동에 적합하다고 볼 수 있는 근거로 체육과 교육과정에서는 어떤 특성을 제시하고 있나요?

김 교사 : ㉢ _____

6. 다음은 한국 및 서양 체육사에 나타난 성격이 유사한 야외 심신 수련 활동을 제시한 것이다. 괄호 안의 ㉠, ㉡에 해당하는 명칭을 차례대로 쓰시오. [2점] '14. 기출

구분	내용
(㉠)	전인적 인간 육성을 위해 행해졌던 화랑도의 신체 활동 중 하나였다. 신체적 고행을 통해 신체와 정신의 강화는 물론 영적 힘을 체득하고자 했던 입산 수행과도 연계된 활동이었다. 금란굴, 삼일포 등 명산대천(名山大川)에서 행해진 기록이 있다. 신성한 국토를 지켜야 한다는 불국토(佛國土) 사상도 내재된 활동이었다.
반더포겔	1890년대 슈테글리츠 김나지움의 피셔(K. Fischer)에 의해 시작되었다. 달렘의 교회 묘비에 새겨진 시(詩)에서 유래된 명칭이다. 청소년들이 하이킹이나 야외 캠프 활동을 통해 자유를 추구했던 활동으로, 점차 도보 여행 운동으로 발전 했다. 1911년 프러시아 의회의 법령에 따라 도보 여행자 수용 시설이 생겨나면서 초기 (㉡) 확산의 기반이 되었다.

7. 다음은 근·현대 체육의 발달 과정에 관한 설명이다. 밑줄 친 ㉠의 체육사적 의미를 서술하고, ( ) 안의 ㉡에 해당하는 말을 쓰시오. [5점] '14. 기출

○ 근대 유럽 '체조 운동'이 활발하게 전개되었고, 영국에서는 각종 스포츠가 조직화되면서 '학교 및 사회 스포츠 운동'이 일어났다. 그 과정에서 성장했던 신체 문화는 전 세계로 확산 되어 현대 체육의 기반이 되었다. 많은 체육 이론가 및 실천가 중에서도 구츠무츠(J. Guts Muths)는 ㉠ '청소년을 위한 체조(Gymnastik für die Jugend)'를 출간하였고, 훗날 '근대 체육의 아버지'라는 칭호를 얻게 되었다.

○ 1885년 '체육진흥협회(AAPE)'가 창립되면서 미국 체육의 발전은 본격화되었다. 의학을 전공했던 일련의 학자 그룹은 건강 및 체력의 유지 증진에 관심을 집중했고, 체육의 개념은 체조 중심의 '신체 단련(physical training)'이란 의미가 강했다. 20세기 들어 (㉡) 이론과 실용주의(진보주의)의 영향을 받아 학교 체육 프로그램에 점차 스포츠 활동이 늘어나고, '신 체육(new physical education)' 개념이 등장하게 되었다. '신 체육'은 우드(T. Wood), 헤더링턴(C. Hetherington), 캐시디(R. Cassidy) 등에 의해 체계화되었고, 윌리엄스(J. Williams), 내시(J. Nash) 등의 지지를 받아 일반화되었다.

8. 다음은 민수가 '아마추어 학생 배드민턴 선수권 대회'에 참가한 과정이다. 캐롤린 토마스(C. Thomas)가 제시한 '스포츠 참가의 5단계'에 근거하여 괄호 안의 ㉠, ㉡에 해당하는 단계의 명칭을 차례대로 쓰시오. [2점]　　　　　　　'14. 기출

(㉠)

참가 신청서 제출 장면

· 이 단계에서 참가자의 심적 상태는 목표가 승리나 즐거움의 추구냐에 따라 달라지며, 목표에 따라 참가를 위한 준비 과정이나 스포츠 체험에 대한 의미의 근거도 달라진다. 이 단계의 초점은 계획, 목표 설정, 실현 가능성 타진 등이다.

(㉡)

경기에 참여 중인 장면

· 이 단계에서 신체는 체험으로부터 분리된 것이 아닌 체험 그 자체가 되며 '주체로서의 신체(body as a subject)'의 경험을 하게 된다. 그리고 자발적 스포츠 체험자는 기분 전환의 경지를 초월하여 '주체와 객체'의 통합체가 된다.

9. 다음은 영국 스포츠의 프로페셔널리즘에 대해 조사한 보고서이다. (가)~(바)의 내용 중 옳은 것을 고른 것은?

'13. 기출

제목: '영국 스포츠의 프로페셔널리즘'

1. **기원 및 용어의 생성 배경**
   - 19세기 중엽까지 (가) '젠틀맨'과 '플레이어'라는 용어가 빈번하게 사용되면서부터 형성된 이데올로기임.
   - 신사들이 (나) '페어플레이'와 '스포츠맨십' 등의 용어를 사용하면서 진정한 프로페셔널이라면 신사다운 태도를 유지해야 한다고 생각함.

2. **관련된 사건**
   - 럭비 연맹(RFU)을 비롯한 몇몇 종목은 아마추어리즘을 고수함.
   - (다) 축구 협회(FA)는 1863년 사회적 차별 규정을 제정함.

3. **프로페셔널리즘의 영향**
   - (라) 19세기 후반 영국에서 관중 스포츠 시대를 주도함.
   - (마) 게이트머니 스포츠(gate-money sport) 시대를 주도한 이데올로기임.
   - (바) 스포츠가 상류사회로 확산되는 과정에서 나타난 이데올로기로 계급적 갈등을 완화하는 역할을 함.

---

① (가), (나), (라)　　② (가), (다), (마)　　③ (가), (라), (마)
④ (나), (다), (바)　　⑤ (나), (마), (바)

10. 다음은 김○○의 스포츠 활동 경험 일기이다. (가)~(라)의 경험에 해당되는 카이와 (R. Caillois)의 놀이 유형을 <보기>에서 찾아 바르게 연결한 것은? [1.5점]

'13. 기출

<스포츠 활동 경험 일기>

- 2012년 ○월 ○○일 : 번지점프
  학교에서 방과 후 스포츠 활동으로 놀이 공원에 갔다. 선생님께서 (가) 제비뽑기를 하여 번지점프를 할 순서를 정한다고 하셔서 우리는 모두 동의하였다. …(중략)… 맨 나중에 뽑히기를 바랐지만 불행히도 내가 제일 먼저 할 사람으로 뽑혔다. (나) 나는 무서웠지만 어차피 뽑힌 것이니까 다른 친구들보다 더 멋진 폼으로 뛰어내리려고 마음먹었다. 무서웠지만 태어나 처음 경험해 본 번지점프의 짜릿함은 지금도 잊을 수가 없다.

- 2012년 ○월 ○○일 : 배드민턴 대회
  학교 스포츠클럽 대표로 배드민턴 대회에 참가하였다. (다) 규칙을 지키며 정정당당하게 이기기 위해 최선을 다했다. 그리고 결국 나는 경기에서 이겼다. 너무 기뻐 응원해 준 친구들을 향해 (라) 마치 유명 선수가 된 것처럼 윙크 세리머니를 했다.

<보 기>

ㄱ. 아곤(agön)
ㄴ. 아레아(alea)
ㄷ. 미미크리(mimicry)
ㄹ. 이링크스(ilinx)

	(가)	(나)	(다)	(라)
①	ㄱ	ㄴ	ㄴ	ㄷ
②	ㄴ	ㄱ	ㄱ	ㄷ
③	ㄴ	ㄱ	ㄹ	ㄹ
④	ㄷ	ㄱ	ㄱ	ㄷ
⑤	ㄷ	ㄹ	ㄱ	ㄴ

11. 다음은 근·현대 체육 사상가들이다. (가)~(라)사상가들의 업적으로 옳은 것을 <보기>에서 고른 것은? [2.5점]
'13. 기출

| (가) 맥클라렌(A. Maclaren) | (나) 아모로스(C. Amoros) |
| (다) 코튼(G. Cotton) | (라) 와렌(J. Warren) |

─── <보 기> ───
ㄱ. 운동은 체계적으로 실시해야 한다는 원칙을 제시하였고, 유연성 운동으로 도수체조를 강조하였다.
ㄴ. 과학적인 신체 단련을 강조하였고, 체육의 체계(A System of Physical Education)를 출간하였다.
ㄷ. 신체 단련(physical training)이 일반화되어 있던 상황에서 체육(physical education)이라는 용어를 최초로 사용하였다.
ㄹ. 남성다움(manliness)과 팀스피릿(team spirit)을 기를 수 있는 수단으로 스포츠를 학교 교육에 도입하였다.

	(가)	(나)	(다)	(라)
①	ㄱ	ㄹ	ㄴ	ㄷ
②	ㄴ	ㄱ	ㄹ	ㄷ
③	ㄴ	ㄱ	ㄷ	ㄹ
④	ㄷ	ㄱ	ㄴ	ㄹ
⑤	ㄹ	ㄷ	ㄱ	ㄴ

12. 다음은 조선 시대 체육에 대한 내용이다. (가)~(마)에 대한 설명 중 옳은 것을 <보기>에서 고른 것은?
'13. 기출

조선 시대의 과거 제도는 생진과와 문과, 무과, 그리고 잡과로 구분된다. (가) 무과(武科)는 세 단계로 시험을 보았다. 조선 시대의 중요한 무예서인 (나) 『무예도보통지(武藝圖譜通志)』는 한·중·일 삼국의 140여종의 서적을 참고하여 1790년에 정조의 명에 의해 완성되었다. 또한 무예의 다양한 기술이 (다) 『임원경제지(林園經濟誌)』를 통해서도 소개되었다. 한편 귀족 사회의 민속 스포츠로서 행해진 (라) 방응(放鷹)은 고려 시대의 것과 유사했다. 민중 사회에서도 장치기, 석전, 씨름, 추천(鞦韆) 등과 같은 유희들이 단오와 같은 각종 축제 행사에서 행해졌으며, (마) 활쏘기는 계층 구분 없이 사정(射亭)에서 행해졌다.

─── <보 기> ───
ㄱ. (가)는 초시, 이시, 전시로 구분되며, 합격자를 선달이라 하였다.
ㄴ. (나)는 무예제보(武藝諸譜)와 무예신보(武藝新譜)를 모체로 하였다.
ㄷ. (다)에는 다양한 창술이 소개되었다.
ㄹ. (라)를 위해 매의 사육과 사냥을 담당하는 '응방(鷹坊)'이라는 부서를 두었다.
ㅁ. (마)의 대표적인 경기형태로는 편사(便射)가 있었다.

① ㄱ, ㄴ, ㄷ   ② ㄱ, ㄷ, ㅁ   ③ ㄴ, ㄷ, ㄹ
④ ㄴ, ㄹ, ㅁ   ⑤ ㄷ, ㄹ, ㅁ

13. 다음은 스포츠의 역사에 대한 김 교사와 박○○의 대화이다. (가)~(라)에 들어갈 말로 옳은 것은?   '13. 기출

> 박○○ : 선생님, 오늘 배울 테니스는 어떻게 해서 생겨났나요?
> 김 교사: 테니스는 프랑스에서 기원이 되었다고 한다. 지금 현재의 모습으로 만들어진 건 영국의 (가) 가 스파이리스티케(Sphairistiké)라는 이름으로 고안한 뒤에, (나) 에 의해 재조직화되어 오늘에 이르고 있단다.
> 박○○ : 그런데, 다음에 배울 배구도 영국에서 만들어졌나요?
> 김 교사 : 아니란다. 배구는 미국의 모건(W. Morgan)이 테니스와 핸드볼에서 힌트를 얻어 만들었고, 그 당시에는 (다) 라고/이라고 불렀단다. 초기에는 체육 교사들이 신체 단련에는 적합하지 않다고 해서 거부하기도 했지만, (라) 에 의해 조금씩 개선되어 갔고 군대에도 소개되어 점차 해외로 확산되어 갔단다.

	(가)	(나)	(다)	(라)
①	헨리 8세 (Henry Ⅷ)	MCC	밴디볼 (bandy ball)	YWCA
②	헨리 8세 (Henry Ⅷ)	RMA	밴디볼 (bandy ball)	YWCA
③	헨리 8세 (Henry Ⅷ)	RMA	미노네트 (minonette)	YMCA
④	윙필드 (J. Wingfield)	MCC	미노네트 (minonette)	YWCA
⑤	윙필드 (J. Wingfield)	MCC	미노네트 (minonette)	YMCA

※MCC(Marylebone Cricket Club), RMA(Royal Military Academy)

[14~15] 특정 시대의 신체 활동과 관련된 기원설에 대한 내용이다. (가)~(나)에 관한 물음에 답하시오.

'12. 기출

((가))의 기원에 관한 설은 크게 두 가지가 있다. 헤라클레스(Heracles)가 엘리스(Elis)의 왕 아우게이아스(Augeas)와의 싸움에서 승리한 뒤 승리를 축하하기 위해 이 대회를 개최하여 기원이 되었다는 설이고, 다른 하나는 펠롭스(Pelops)가 피사의 왕 오이노마오스(Oenomaus)와 벌인 전차 경주에서 승리한 것을 축하하기 위해 개최했다는 설이다. 이 대회와 관련된 [그림]은 당시 한 청년이 대회를 앞두고 무거운 중량의 운동 기구로 활용된 것으로 보이는 돌로 팔의 근력을 단련하고 있는 모습이다.

─〈보 기〉─

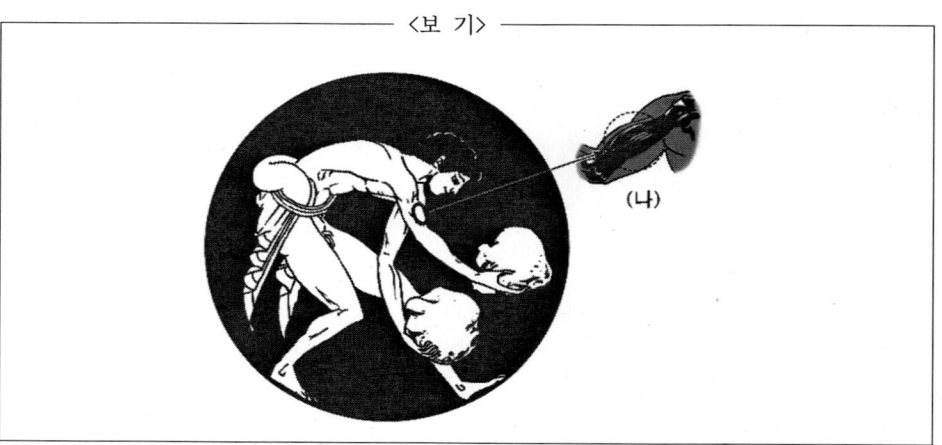

14. (가)와 관련된 역사적인 사실을 설명한 내용 중 옳은 것만을 〈보기〉에서 있는 대로 고른 것은?

─〈보 기〉─
ㄱ. 제7회 대회 때부터 승자에게 올리브 관이 주어졌다.
ㄴ. 5종 경기로 달리기, 멀리뛰기, 투원반, 투창, 레슬링이 행해졌다.
ㄷ. 달리기는 단거리인 돌리코스(dolichos)와 장거리인 스타디온(stadion)이 있었다.
ㄹ. 그리스에 거주하는 남자로 형벌을 받은 적이 없는 사람이면 누구나 참가할 수 있었다.
ㅁ. 전차 경주는 4두 마차 경주인 테트리폰(tethrippon)과 2두 마차 경주인 시노리스(synoris)가 있었다.

① ㄱ, ㄷ ② ㄴ, ㄹ ③ ㄷ, ㅁ
④ ㄱ, ㄴ, ㅁ ⑤ ㄱ, ㄷ, ㄹ, ㅁ

15. (나)의 골격근 수축의 원리 및 기전에 대하여 제시한 것 중 옳은 것을 <보기>에서 고른 것은?

<보 기>
ㄱ. 근방추는 근수축 시 과도한 힘을 내지 않도록 조절하는 역할을 한다.
ㄴ. 단일 자극이 주어질 때 근육이 한 번 수축하는 현상을 강축이라고 한다.
ㄷ. 신경 자극이 운동 신경 말단에 이르면 신경 전달 물질인 아세틸콜린이 방출된다.
ㄹ. 가중(summation)이란 역치 이상의 자극에 반응하여 근육이 수축하는 현상을 말한다.
ㅁ. ATPase에 의해 ATP가 ADP와 Pi로 분해되면서 근수축을 위한 에너지가 방출된다.

① ㄱ, ㄴ ② ㄱ, ㄷ ③ ㄴ, ㄹ
④ ㄷ, ㅁ ⑤ ㄹ, ㅁ

16. 교사들의 신체관과 <보기>에 제시된 학자들의 주장을 가장 적절하게 연결한 것은?

'12. 기출

김 교사 : 신체가 체험의 주체이기 때문에 다양한 신체활동은 학생들에게 내적 체험의 기회를 증대해 줄 것이라고 생각합니다.
이 교사 : 움직임은 생각의 영향을 받기 때문에 먼저 움직임의 원인과 결과에 대해 생각하는 시간을 갖는 것이 중요하다고 생각합니다.
박 교사 : 체육 교육은 신체 활동을 통한 심신의 조화로운 발달이라는 가치를 추구하기 때문에 학생들이 움직임을 통해 지각(知覺)할 수 있도록 유도해야 한다고 생각합니다.

<보 기>
ㄱ. 플라톤은 정신적인 것이 물질적인 것보다 우월하다는 견해를 가지고 있었다.
ㄴ. 포이어바흐(L. Feuerbach)는 몸의 표현으로 영혼의 모습을 드러낼 수 있다고 주장하였다.
ㄷ. 메를로퐁티(M. Merleau-Ponty)는 인간의 육체는 물질적인 동시에 정신적인 유일의 실재라고 주장하였다.
ㄹ. 데카르트는 실체를 스스로 존재해야 하는 실존의 사물로 보았기 때문에 각각의 실체는 독립적이어야 한다고 주장하였다.

	김 교사	이 교사	박 교사
①	ㄱ	ㄴ	ㄷ
②	ㄴ	ㄱ	ㄷ
③	ㄴ	ㄹ	ㄱ
④	ㄷ	ㄱ	ㄹ
⑤	ㄷ	ㄹ	ㄴ

17. (가)~(라)는 체육사상이 나타난 시대를 표시한 것이다. <보기>의 내용과 옳게 연결한 것은?   '12. 기출

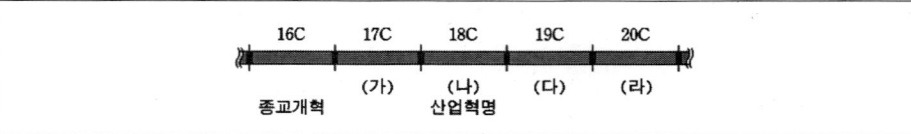

―― <보 기> ――
ㄱ. 바람직한 행동의 습관화를 위해 지속적인 단련과 훈련의 필요성이 강조되었다.
ㄴ. 남성다운 기독교인의 자질 함양을 위해 각종 스포츠가 체육 활동의 수단으로 채택되기 시작하였다.
ㄷ. 자연적인 환경 속에서 신체 활동을 장려하고 감각적 경험의 기회를 갖는 것이 중요하다는 인식이 출현하였다.
ㄹ. 놀이와 스포츠가 체육의 도구로 적절하다는 인식이 전개되어 유럽식 체조 문화와 생물학적 사고의 한계를 벗어나게 되었다.
ㅁ. 체조 운동가들을 중심으로 국토를 통일하고 민족성을 회복하기 위한 사회 운동이 나타났다.

	(가)	(나)	(다)	(라)
①	ㄱ	ㄴ	ㄷ	ㅁ
②	ㄱ	ㄷ	ㄴ	ㄹ
③	ㄴ	ㄷ	ㅁ	ㄹ
④	ㄴ	ㄹ	ㄷ	ㄱ
⑤	ㄷ	ㄱ	ㅁ	ㄴ

18. 다음의 시대적 배경에 부합하는 체육의 역사적 사실을 설명한 내용 중 옳은 것만을 <보기>에서 있는 대로 고른 것은?   '12. 기출

대내적으로 집권층의 갈등과 사회적 혼란이 있었고, 대외적으로 서세동점(西勢東漸)의 세계사적 조류와 일본의 팽창 정책으로 강제로 개항하게 되었다. 이후 조선은 서양 열강들과 수호 조약을 체결하였다. 개항은 근대화의 계기가 되었지만 다른 한편으로는 한반도가 열강의 각축장으로 전락하는 계기가 되기도 하였다.

―― <보 기> ――
ㄱ. 근대 체육의 태동기에 원산 학사에서는 전통 무술과 정구를 가르쳤다.
ㄴ. 체육('체조'라는 명칭으로)이 소학교 및 중학교에 정식 교과목으로 채택되었다.
ㄷ. 1895년 '교육조서(敎育詔書)'에는 체육의 중요성을 강조하는 내용이 포함되었다.
ㄹ. 근대 체육의 수용기에 기독교계 사립학교와 관립학교의 정규 교과과정에 서구 스포츠가 편성되었다.
ㅁ. 관립 외국어 학교에서는 체육('체조'라는 명칭으로)이 정식 과목은 아니었으며, 서구 스포츠가 영국과 미국인 교사들을 통해 소개되었다.

① ㄱ, ㄴ   ② ㄱ, ㄹ   ③ ㄴ, ㄹ
④ ㄴ, ㄷ, ㅁ   ⑤ ㄷ, ㄹ, ㅁ

19. 체육 문화의 특징 (가)~(라)가 나타난 이유를 <보기>에서 찾아 옳게 연결한 것은?
[2.5점]   '12. 기출

(가) 고대 그리스인들의 올림픽 경기가 쇠퇴하게 되었다.
(나) 로마에서는 유혈 관람 스포츠가 활발하게 행해졌다.
(다) '잉글리시 선데이(English Sunday)'와 같은 전통이 나타났다.
(라) 중세 유럽에서 신체 문화에 대한 인식이 낮아지는 경향이 나타났다.

──────── <보 기> ────────
ㄱ. 기독교를 보호하는 정책이 나타났다.
ㄴ. 중세 유럽에서 금욕주의 사상이 나타났다.
ㄷ. 상업화 경향이 나타났고 승리 지상주의 풍조가 만연했다.
ㄹ. 로마의 체육 문화는 이교도적이면서 비천한 특성을 가지고 있었다.
ㅁ. 로마 정치가들은 시민들의 지지를 얻기 위해 다양한 노력을 하였다.

	(가)	(나)	(다)	(라)
①	ㄱ	ㄴ	ㄹ	ㄷ
②	ㄱ	ㅁ	ㄷ	ㄴ
③	ㄴ	ㄹ	ㅁ	ㄱ
④	ㄷ	ㄱ	ㄴ	ㄹ
⑤	ㄷ	ㅁ	ㄴ	ㄹ

20. 다음 체육 교사들의 철학적 관점을 바르게 연결한 것은? [1.5점]   '11. 기출

김 교사: 체육 교사는 체력 발달을 위하여 학생들에게 운동을 체계적으로 지도하고 지속적인 훈련을 강조해야 한다고 생각합니다.
이 교사: 학생들에게는 경쟁보다 협동과 자발적 흥미가 중요하며, 과제 수행 시 문제 해결 능력을 발달시키는 학습 과정에 초점을 맞추는 것이 중요하다고 생각 합니다.
박 교사: 학생들 자신이 선택한 체육 활동 참여를 통해 자아 실현 능력을 기르는 데 목적을 두고 지도하는 것이 중요하다고 생각합니다.

	김 교사	이 교사	박 교사
①	본질주의	진보주의	실존주의
②	본질주의	실존주의	진보주의
③	실존주의	진보주의	본질주의
④	진보주의	실존주의	본질주의
⑤	실존주의	본질주의	진보주의

21. 다음 학자들이 주장한 놀이의 특성으로 옳은 것은? `'11. 기출`

① 메이어(K. Meier)는 놀이가 필수적인 활동이며, 타인과의 관계 개선에 도움이 된다고 설명하였다.
② 카이와(R. Caillois)가 제시한 놀이의 분류에서 스키와 같은 모험 스포츠는 이링크스(Ilinx)에 해당된다.
③ 호이징가(J. Huizinga)는 놀이가 일상의 생활과 동일한 공간과 시간에서 행해지는 특성이 있다고 주장하였다.
④ 노바크(M. Novak)는 인간이 놀이에 몰입하게 되는 이유를 놀이가 현실적이면서 외재적인 특성을 갖고 있기 때문이라고 설명하였다.
⑤ 피아제(J. Piaget)는 놀이가 인간의 외적 동기에 의해 비롯되며, 인간의 정신적 발달에 따라 더욱 단순한 구조를 띤다고 설명 하였다.

22. 미국 현대 체육 발달의 배경이 된 학자들의 사상과 업적이 바르게 연결된 것은? `'11. 기출`

	학자	사상	업적
①	서전트 (D. Sargent)	초절주의 (transcendentalism)	애슬래틱 선데이 (Athletic Sunday)
②	앤더슨 (J. Anderson)	강건한 기독교 주의	스포츠교육 발달
③	에머슨 (R. Emerson)	생물학적 사고	체육진흥 운동
④	귤릭 (L. Gulick)	계몽주의	의료 체육 발달
⑤	헤더링턴 (C. Hetherington)	진보주의	신체육 전개

23. <보기>는 광복 이후 우리나라 체육 및 스포츠에 나타난 변화이다. 시대 순으로 바르게 배열한 것은? [2.5점] `'11. 기출`

―――――― <보 기> ――――――
ㄱ. '체력은 국력'이라는 슬로건 하에 국민체육진흥운동이 전개 되었다.
ㄴ. 신체육 개념을 기반으로 학교체육 진흥이 시작되었다.
ㄷ. 스포츠 과학화가 진행되었고, 프로 스포츠가 활성화되었다.
ㄹ. 국가주의적인 이념을 토대로 엘리트 스포츠와 사회체육이 전개되었다.

① ㄱ → ㄴ → ㄹ → ㄷ
② ㄴ → ㄱ → ㄹ → ㄷ
③ ㄴ → ㄷ → ㄱ → ㄹ
④ ㄹ → ㄱ → ㄷ → ㄴ
⑤ ㄹ → ㄷ → ㄱ → ㄴ

24. 올림픽 역사에 대한 설명으로 옳은 것만을 <보기>에서 모두 고른 것은? '11. 기출

― <보 기> ―
ㄱ. 1894년 파리 소르본대학의 국제학술회의에서 쿠베르탱의 제안에 따라 올림픽 부활이 결정되었다.
ㄴ. 제2회 파리 올림픽은 여자 선수가 최초로 출전한 대회였다.
ㄷ. 제7회 앤트워프 올림픽에서 승리보다 참가의 의의를 강조한 올림픽 신조(Olympic Creed)가 채택되었다.
ㄹ. 제15회 헬싱키 올림픽은 우리나라가 정식 국호를 걸고 최초로 참가한 대회였다.
ㅁ. 제20회 뮌헨 올림픽에서 검은 9월단에 의해 11명의 이스라엘 선수들이 사망했다.
ㅂ. 제24회 서울 올림픽은 12년 만에 동서 진영이 함께 참여한 대회였다.

① ㄱ, ㄷ, ㅂ   ② ㄴ, ㄹ, ㅂ   ③ ㄷ, ㄹ, ㅁ
④ ㄱ, ㄴ, ㅁ, ㅂ   ⑤ ㄴ, ㄷ, ㄹ, ㅁ

25. 그림은 특정 시대에 유럽에서 성행했던 스포츠 활동을 보여 준다. 이 시대의 체육 및 스포츠에 대한 설명으로 옳지 <u>않은</u> 것은? '11. 기출

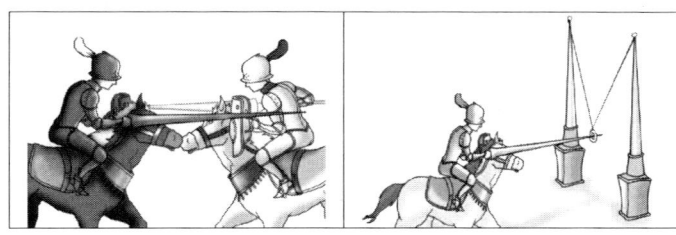

① 서민들의 신체 유희가 철저히 금지되어서 행해지지 않았다.
② 교육기관의 역할을 했던 수도원의 교과목에서 체육이 배제되었다.
③ 왕실에는 스포츠 애호주의가 존재했으며, 왕실의 대표적인 스포츠로 사냥이 있었다.
④ 기사들은 고대 스포츠 문화를 계승하여 근대 스포츠 발달의 기초를 마련하였다.
⑤ 유혈 스포츠에 대한 윤리적 비판 의식과 신체보다는 영혼을 중시하는 금욕주의적 사상이 팽배하였다

26. 다음 중 논리적 정당화 과정에서 가치 개념을 밝히지 <u>않아도</u> 되는 것은? [1.5점]

'10. 기출

① 스포츠는 경쟁 활동이다.
② 스포츠는 자주 할수록 좋다.
③ 스포츠에 참가할 때 규칙을 지켜야 한다.
④ 스포츠 참가의 확대는 공공의 선에 부합한다.
⑤ 스포츠에서 과학의 원리에 충실한 동작은 아름답다.

27. 다음의 진술에 반영된 지식 및 신체에 대한 철학적 관점을 <보기>에서 고른 것은?

'10. 기출

(가) 운동의 과학적 원리를 운동 기능의 연습에 앞서 가르친다.
(나) 스포츠 행위에서의 신체는 지향적 주체(intentional subject)이다.
(다) 운동에 관한 절대적 진리는 없으며, 운동 상황에 적용되는 것이 진리이다.
(라) 운동 기술의 습득은 운동 환경의 변화 결과이다.

―――― <보 기> ――――
ㄱ. 실용주의(pragmatism)   ㄴ. 행동주의(behaviorism)
ㄷ. 이성주의(rationalism)   ㄹ. 현상학(phenomenology)

	(가)	(나)	(다)	(라)
①	ㄱ	ㄴ	ㄷ	ㄹ
②	ㄴ	ㄷ	ㄹ	ㄱ
③	ㄷ	ㄹ	ㄱ	ㄴ
④	ㄹ	ㄱ	ㄴ	ㄷ
⑤	ㄱ	ㄴ	ㄹ	ㄷ

28. 영국의 근대 스포츠 형성 및 확산을 뒷받침한 사상의 배경, 명칭, 영향의 연결이 가장 적절한 것은? [1.5점]　　　　　　　　　　　　　　　　　　　　'10. 기출

	배경	명칭	영향
①	대영제국의 건설	임페리얼리즘 (Imperialism)	플레이어(player)의 등장 촉진
②	스포츠 참여의 사회적 차별	아마추어리즘 (Amateurism)	상류층 스포츠 확산 촉진
③	근로자 계급의 스포츠 참여	강건한 기독교주의 (Muscular Christianity)	영국 스포츠의 세계적 확산
④	식민지 건설의 확대	프로페셔널리즘 (Professionalism)	계몽사조와 스포츠의 결합
⑤	정통 청교도의 확산	애틀레티시즘 (Athleticism)	스포츠 교육의 촉진

29. 다음은 체육의 교육적 정당화에 관한 대화이다. ㉠~㉣에 대한 해석으로 옳지 않은 것은?　　　　　　　　　　　　　　　　　　　　'10. 기출

> 갑 : 학교에서 체육을 가르쳐야 하는 이유는 무엇이라고 생각 합니까?
> 을 : ㉠ 신체 활동은 체력을 향상시킵니다. 따라서 신체 활동은 좋은 것입니다.
> 갑 : 많은 체육 교사들은 그렇게 믿고 있습니다. 또 다른 이유는 없을까요?
> 을 : ㉡ 다양한 경쟁적 신체 활동은 사회성 함양에 도움이 됩니다.
> 갑 : 저도 동의합니다. 왜냐하면 ㉢ 신체 활동과 건강 증진, 사회성 함양은 경험적 연관이 있기 때문입니다.
> 을 : 그와 함께 ㉣ 신체 활동은 생각과 감정의 표현이라는 점에서 가치가 있다는 주장도 있습니다.

① ㉠과 ㉡은 20세기에 확립된 체육의 정당화 논리이다.
② ㉠은 자연주의 오류(naturalistic fallacy)를 범할 가능성이 있다.
③ ㉡은 스포츠 교육을 정당화하는 논리이다.
④ ㉢은 선험적 정당화(transcendental justification)의 요구에 부합한다.
⑤ ㉣은 무용 교육을 정당화하는 논리이다

30. 세계 각국에서 나타난 근대 학교 체육의 전개 양상으로 옳은 것을 <보기>에서 고른 것은?

'10. 기출

―――――――― <보 기> ――――――――
ㄱ. 독일: 1864년 프러시아와의 전쟁 이후 체육 진흥 운동 본격화.
ㄴ. 영국: 제2차 세계대전 이후 체육이 정규 필수 교과가 됨.
ㄷ. 미국: 1860년 이전 대부분의 주에서 체육을 필수 교과로 함.
ㄹ. 일본: 1872년 프랑스 교육 제도 도입 이후 소학교에 체육 활동 도입.

① ㄱ, ㄷ　　　　② ㄱ, ㄹ　　　　③ ㄴ, ㄷ
④ ㄴ, ㄹ　　　　⑤ ㄷ, ㄹ

31. 다음은 일제 강점기 학교 체육의 변화 양상이다. 일어난 순서 대로 바르게 배열한 것은?

'10. 기출

―――――――― <보 기> ――――――――
ㄱ. 전국 규모의 중등학교 육상 경기 대회가 시작되었다.
ㄴ. 체조과가 체련과로 바뀌었다.
ㄷ. 학교체조교수요목이 공포되었다.
ㄹ. 조선교육령 시행과 함께 체조 교육이 확대되었다.

① ㄱ-ㄴ-ㄹ-ㄷ　　② ㄴ-ㄱ-ㄹ-ㄷ　　③ ㄴ-ㄹ-ㄱ-ㄷ
④ ㄹ-ㄱ-ㄷ-ㄴ　　⑤ ㄹ-ㄷ-ㄱ-ㄴ

32. 체육 및 스포츠 활동을 수량화과 객관화의 관점에서 이해하는 실증주의에 대하여 가장 부정적 태도를 취하는 입장은? [1.5점]

'09. 기출

① 합리론(rationalism)
② 경험론(empiricism)
③ 현상학(phenomenology)
④ 행동주의(behaviorism)
⑤ 실용주의(pragmatism)

33. 운동기술 수행을 지식의 한 유형으로 주장하는 데 가장 유효한 근거를 제공하는 것은?

'09. 기출

① 흄(Hume)의 반성(reflection)
② 플라톤(Plato)의 진지(episteme)
③ 로크(Locke)의 생득관념(innate idea)
④ 라일(Ryle)의 방법적 앎(knowing how to)
⑤ 칸트(Kant)의 선험적 지식(a priori knowledge)

34. 체육과 관련하여 데카르트(Descartes)의 심신이원론(dualism)과 상반되는 주장을 <보기>에서 모두 고른 것은?
'09. 기출

─────────────── <보 기> ───────────────
ㄱ. 인간은 신체화된 존재(embodied being)이다.
ㄴ. 운동 지식의 전달은 정신 고유의 역할이다.
ㄷ. 구성주의(constructivism) 체육을 옹호한다.
ㄹ. 지식을 구성하는 하나의 보편적인 기반, 구조가 존재한다.
ㅁ. 신체의 교육(education of the physical)과 신체를 통한 교육(education through the physical) 모두를 부정한다.

① ㄱ, ㄷ   ② ㄴ, ㄹ   ③ ㄷ, ㅁ
④ ㄱ, ㄴ, ㄹ   ⑤ ㄴ, ㄷ, ㅁ

35. 조선체육회 주최 대회 중 대한체육회가 전국체육대회의 기점으로 정한 것은?
'09. 기출

① 제1회 전조선정구대회   ② 제1회 전조선야구대회
③ 제1회 전조선축구대회   ④ 제1회 전조선육상경기대회
⑤ 제1회 전조선종합경기대회

36. <보기>는 교육적 목적으로 신체 활동을 실시하였거나 체육교사를 양성한 기관들이다. 설립 시기가 빠른 것부터 순서대로 바르게 배열한 것은?
'09. 기출

─────────────── <보 기> ───────────────
ㄱ. 라 지오코사(La Giocosa)
ㄴ. 보스턴 체조 사범학교(Boston Normal School of Gymnastics)
ㄷ. 팔라에스트라(Palaestra)
ㄹ. 하센하이데 체조장(Hasenheide Turnplatz)

① ㄱ-ㄴ-ㄷ-ㄹ   ② ㄱ-ㄴ-ㄹ-ㄷ   ③ ㄱ-ㄷ-ㄴ-ㄹ
④ ㄷ-ㄱ-ㄴ-ㄹ   ⑤ ㄷ-ㄱ-ㄹ-ㄴ

37. 19세기 전후 영국에서 나타난 체육 및 스포츠 양상이 <u>아닌</u> 것을 <보기>에서 모두 고른 것은?

'09. 기출

―――― <보 기> ――――
ㄱ. 일요일에 오락을 금지하는 잉글리시 선데이(English Sunday) 전통이 등장하였다.
ㄴ. 주일학교, 초등학교 등에서 체조 중심의 체육이 발달하였다.
ㄷ. 상류층 자제들이 재학하던 퍼블릭 스쿨(public school)은 스포츠 중심의 체육을 실시하였다.
ㄹ. 스포츠 애호 전통은 퍼블릭 스쿨과 옥스브리지(Oxbridge)로 계승되어 다른 나라보다 일찍 스포츠 교육이 이루어졌다.
ㅁ. 귀족을 제외한 하층계급의 테니스 참여가 금지되었다.

① ㄱ, ㅁ ② ㄴ, ㄹ ③ ㄷ, ㅁ
④ ㄱ, ㄴ, ㄹ ⑤ ㄴ, ㄹ, ㅁ

38. 19세기를 전후하여 유럽에서 국가주의(또는 민족주의)를 바탕으로 고안된 가장 대표적인 신체 활동의 명칭을 쓰고, 당시에 이 신체 활동을 통해 이루고자 했던 목표를 2가지 쓰시오. 그리고 이 신체 활동이 본질주의 및 진보주의 체육 사조 중에서 어느 것과 관련성이 더 깊은지를 쓰고, 선택한 체육 사조에서 중점적으로 추구하는 체육과의 교육 목표를 2가지 쓰시오. [5점]

'08. 기출

• 신체 활동의 명칭: _____
• 당시 신체 활동을 통해 이루고자 했던 목표: ① _____ ② _____
• 관련성이 깊은 체육 사조: _____
• 중점적으로 추구하는 체육과의 교육 목표: _____, _____

39. 다음은 김 교사와 최 교사가 정신과 신체의 관계에 대하여 학생들에게 설명한 내용이다.

김 교사	인간의 정신과 신체는 원래 각각 다릅니다. 수학이나 과학 시간에는 지적 능력을 기르고 도덕 시간에는 인격을 함양하지요. 그러니까 체육 시간에는 신체 기능을 발달시키는 것이 제일 중요하다고 생각합니다.
최 교사	인간의 정신과 신체는 불가분의 관계에 있습니다. 그러니까 아무 생각 없이 뛰어다니지 말고 왜 이 동작을 하는지 생각하면서 운동해 보세요. 그러면 운동하면서 정신 수양도 할 수 있을 겁니다.

인간의 정신과 신체의 관계에 대한 김 교사와 최 교사의 관점을 쓰고, 각 교사가 자신의 인간관에 비추어 강조하는 수업 목표를 블룸(Bloom)의 교육 목표 영역에 근거하여 쓰시오. [4점]   '08. 기출

- 김 교사의 인간관: _____
    수업 목표: _____
- 최 교사의 인간관: _____
    수업 목표: _____

40. 다음은 김 교사와 최 교사가 나눈 대화이다.

> 김 교사 : 나는 체육 교육에서 신체적 목표에 담긴 의미를 다시 생각해야 할 뿐 아니라 그 의미를 더욱 강조해야 한다고 생각해. 왜냐하면 체육 교육은 모든 사람에게 필수적으로 요구되는 신체의 단련과 발달에 바탕을 두고 있기 때문이지.
> 최 교사 : 체육 교육은 체, 지, 덕이 통합된 전인 교육을 추구하고 있기 때문에 체육 교육의 목적 및 목표를 신체 단련과 발달만으로 제한하는 것은 합당하지 않다고 생각해.

김 교사의 주장은 진보주의와 본질주의 중에서 어느 관점에 속하는지 쓰고, 진보주의와 본질주의의 차이를 휘트니스(fitness) 측면에서 2줄 이내로 설명하시오. [3점] '07. 기출

- 김 교사의 주장이 속하는 관점: _____
- 진보주의와 본질주의의 차이: _____

41. 카이와(Caillois)가 분류한 4가지 놀이유형을 쓰고, 그 중에서 '스포츠경기'와 '스키'가 속하는 놀이유형을 각각 쓰시오. [4점]   '07. 기출

- 4가지 놀이 유형: ① _____ ② _____ ③ _____ ④ _____
- 스포츠 경기가 속하는 놀이 유형: _____
- 스키가 속하는 놀이 유형: _____

42. '신체의 교육'을 주장하는 본질주의와 '신체를 통한 교육'을 주장하는 진보주의 사이의 논쟁은 체육 교과의 지향에 관한 담론에 있어 큰 흐름을 형성하였다. 본질주의와 진보주의의 기본 입장, 그리고 인간관과 연관된 본질주의에 대한 진보주의의 비판을 각각 2줄 이내로 쓰시오. [3점]   '06. 기출

- 본질주의의 기본 입장: _____
- 진보주의의 기본 입장: _____
- 인간관과 연관된 본질주의에 대한 진보주의의 비판: _____

43. 다음은 라일(Ryle)이 분류한 명제적 지식(Knowing THAT)과 방법적 지식(Knowing HOW)의 예시이다.

> ① 영철이는 속근과 지근의 특성을 안다.
> ② 영철이는 역학적 원리에 맞게 테니스 포핸드 발리를 할 수 있다.
> ③ 영철이는 축구 시합에서 규칙을 잘 지킨다.
> ④ 영철이는 스포츠와 건강의 관계를 설명할 수 있다.

위의 예시에서 명제적 지식과 방법적 지식에 해당하는 문장의 번호를 모두 찾아 쓰고, 명제적 지식과 '체육 이론 영역'의 연관에 대비하여 방법적 지식과 연관되는 체육 영역을 쓰시오. [3점]　　　　　　　　　　　　　　　　　　　　　　　　'06. 기출

- 명제적 지식과 연관된 문장의 번호: _____
- 방법적 지식과 연관된 문장의 번호: _____
- 방법적 지식과 연관되는 체육 영역: _____

44. 다음은 근대 신체 문화의 전개 양상에 관한 글이다.

> 베일(Bale)의 『스포츠 지리학(Sport Geography)』에 따르면, 서구 유럽(제1 세계) 스포츠 문화의 확산은 아시아, 아프리카 등 제3 세계의 신체 문화를 다양한 모습으로 변화시켰다. 그 변화는 전통의 신체 문화(민속 경기)와 외래의 신체 문화(스포츠) 사이에서 충돌, 상호 변용 등으로 나타났다. 이 같은 베일의 주장은, 우리의 경우 태권도, 장치기 등의 전통 신체 문화와 야구, 크리켓 등의 외래 신체 문화에서 확인할 수 있다.

우리나라에 유입된 외래 스포츠의 전개 양상과 외래 스포츠의 유입에 따른 우리나라 전통 민속 경기의 2가지 변화 양상을 쓰시오. [3점]　　　　　　　　　　'06. 기출

- 외래 스포츠의 전개 양상: _____
- 전통 민속 경기의 변화 양상: ① _____
　　　　　　　　　　　　　　② _____

45. 자연주의 관점에서의 주요 체육 목표를 개인적 차원과 국가적 차원으로 구분하여 각각 1줄 이내로 기술하시오. [2점]　　　　　　　　　　　　　　　　'05. 기출

　•개인적 차원 :
　•국가적 차원 :

46. 전기 아테네 시대, 전기 로마 시대, 후기 로마 시대의 주요 체육 목표를 각각 1줄 이내로 기술하시오. [3점]　　　　　　　　　　　　　　　　'05. 기출

　•전기 아테네 시대 :
　•전기 로마 시대 :
　•후기 로마 시대 :

47. 일제 강점기에는 일본이 식민지 정책의 일환으로 군국주의 체육을 강요하였다. 이에 대해 우리 민족은 저항운동으로서 체육활동을 전개하였다. 그 당시 일제가 시행한 식민지 체육정책의 기본 성격을 2가지만 쓰시오. [2점]　　　　　　'04. 기출

　①
　②

48. 근대 올림픽은 쿠베르탱에 의해 고대 그리스의 제전 경기가 부활된 대회이다. 고대 그리스의 제전 경기는 범그리스적인 종교적 제례 행사였는데 헬렌(Hellen)의 후예라는 동족 의식을 고취시켜 그리스 민족통일의 토대를 제공하였다. 제전 경기는 선사시대부터 시작되어 고대 그리스 4대 제전 경기(祭典 競技)로 발전하였는데, 이 4대 제전 경기가 개최된 장소를 2가지만 쓰시오. [2점]   '04. 기출

①
②

49. 격구는 고려시대에 성행되었던 신체 활동이다. 고려시대에 격구를 즐겼던 이유를 2가지만 간략하게 설명하시오. (2점)   '02. 기출

50. 실용주의 교육관은 학생의 요구 수용을 통한 적극적 참여 유도가 교육의 필수 요소라고 강조한다. 실용주의자들이 주장하는 체육수업방법과 교사의 역할에 대해 간략하게 설명하시오. (4점)   '02. 기출

인문과학편

중등체육임용고사 기출문제집

09

보건

1. 다음은 ○○중학교 송 교사가 작성한 금연 교육에 대한 교수·학습 지도안이다. (가)~(마) 중 옳은 것만을 있는 대로 고른 것은?   '13. 기출

<교수·학습 지도안>

대영역	건강 활동	지도교사	송○○
주제	흡연의 유해성	대상	중학교 1학년 1반 30명
차시	1/3차시	장소	1-1 교실
학습 목표	흡연으로 인한 각종 유해성을 이해할 수 있다.		
단계	교수·학습 내용		시간
도입	· 전시 학습 내용 확인 : 약물 오·남용 · 동기 유발 : 흡연에 의한 질환 관련 동영상 시청 · 본시 학습 목표 확인		5분
전개	1. 담배의 주요 성분과 특성 (1) (가) 니코틴: 혈관을 수축시킴으로써 심혈관계에 손상을 초래할 수 있음. (2) (나) 타르 : 발암물질로 폐암을 일으킬 수 있음. (3) (다) 일산화탄소: 무색무취의 기체로 혈액의 산소 운반 능력을 방해함. 2. 흡연의 유형과 피해 (1) 직접 흡연 : 흡연자가 직접 흡입하는 담배 연기 (2) 간접 흡연 : 흡연자의 주변인이 흡입하는 담배 연기 (3) 흡연의 유해성 비교 : (라) 직접 흡연 시 들이마시는 담배 연기가 간접 흡연의 연기보다 더 많은 독성물질을 포함함. 3. 니코틴 중독과 금단 증상 (1) 니코틴 중독 : 흡연에 대한 신체적·심리적 의존성 ① 신체적 의존성 : 흡연 내성과 금단 증상 ② 심리적 의존성 : 흡연 충동과 탐닉 (2) (마) 금단 증상: 우울증, 불면증, 불안, 낙담, 분노, 근심, 집중력 증대, 식욕 및 체중 감소 등의 문제 발생		35분
정리 및 평가	· 사례에 관한 OX 문제 · 음주의 유해성에 대한 차시 예고		5분

① (가), (나), (다) ② (가), (다), (마)
③ (나), (라), (마) ④ (가), (나), (다), (라)
⑤ (나), (다), (라), (마)

2. 안전사고 발생 시 의료진이 도착하기 전까지 교사가 대처해야 할 초기 응급 처치의 순서를 나타낸 것이다. (가)~(마)에 들어갈 내용을 <보기>와 바르게 연결한 것은?

'12. 기출

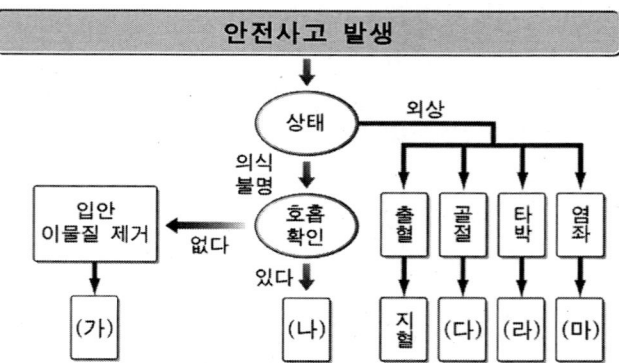

<보 기>
ㄱ. 부목   ㄴ. 안정   ㄷ. 인공호흡   ㄹ. RICE 처치

	(가)	(나)	(다)	(라)	(마)
①	ㄴ	ㄷ	ㄱ	ㄹ	ㄱ
②	ㄴ	ㄷ	ㄱ	ㄹ	ㄹ
③	ㄷ	ㄴ	ㄱ	ㄹ	ㄹ
④	ㄷ	ㄴ	ㄹ	ㄱ	ㄱ
⑤	ㄷ	ㄴ	ㄹ	ㄱ	ㄹ

3. 그림은 중학생을 비만도와 체력 수준에 따라 6개 집단으로 나누어 성인병 위험도를 비교한 것이다. 이 그림에 근거한 해석으로 가장 적절한 것은?

'10. 기출

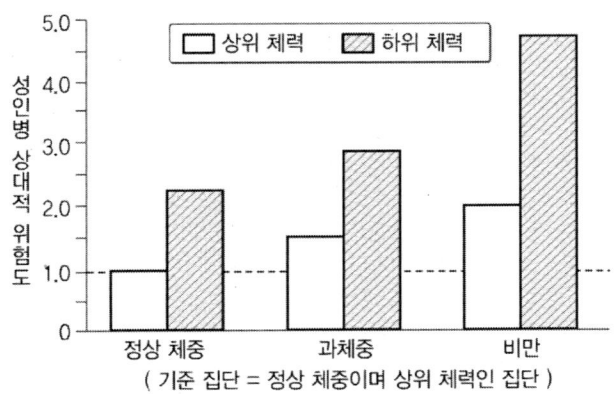

① 비만도가 증가하면 체력이 비례적으로 감소한다.
② 비만 학생이 체력을 향상시키면 비만도가 줄어든다.
③ 비만 학생의 체력과 성인병 위험도는 관련성이 낮다.
④ 성인병 위험도는 비만도와 체력의 상호 작용에 의해 결정된다.
⑤ 비만 학생의 체력 향상도는 정상 체중 학생보다 낮다.

4. 체육 수업 중 발목이 삐었을 때의 응급처치 방법으로 적절하지 않은 것은? [1.5점]

'10. 기출

① 혈액순환을 원활하게 하기 위해 온찜질을 한다.
② 환부가 빨리 회복되도록 발목의 움직임을 줄인다.
③ 탄력성 붕대를 이용하여 환부를 압박한다.
④ 혈액과 림프의 침윤(infiltration)을 제한하기 위해 냉찜질을 한다.
⑤ 통증을 완화하기 위해 환부를 높인다.

5. 그림은 교문 앞에 설치된 대기 중 오존 농도 표시 전광판이다. 박 교사가 전광판을 보고 실내 체육수업을 결정한 이유로 가장 적절한 것은?

'09. 기출

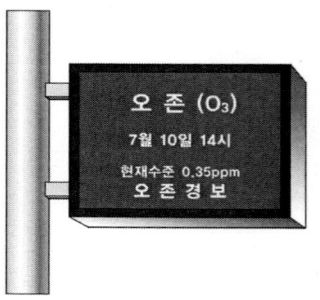

① 오존은 악취가 심하여 구토를 발생시킬 수 있기 때문이다.
② 납 성분을 흡수한 오존은 심한 피부염을 유발할 수 있기 때문이다.
③ 오존은 일산화탄소와 결합하여 간 질환을 유발할 수 있기 때문이다.
④ 오존은 공기 중의 아황산가스와 결합하여 근육 경련을 일으킬 수 있기 때문이다.
⑤ 오존은 이산화질소 및 자외선과 반응하여 눈에 해로운 자극을 줄 수 있기 때문이다.

6. 그림과 같이 운동 실천 습관이 서로 다른 광호, 영수, 현구가 동일한 양의 운동(E)를 실시할 때 기대되는 건강 증진 혜택의 정도에 대해 바르게 나타낸 것은?

'09. 기출

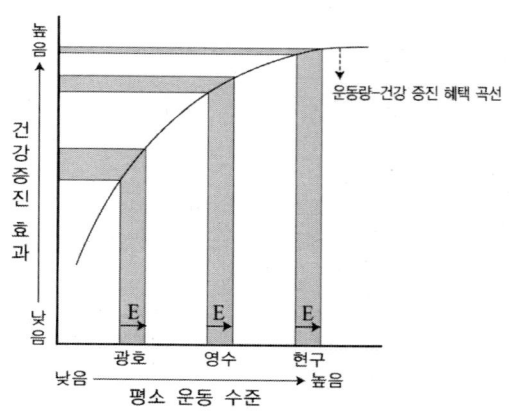

① 광호>영수>현구　　② 현구>영수>광호　　③ 광호>현구>영수
④ 현구>광호>영수　　⑤ 현규=광호=영수

7. 운동 상해가 발생하는 원인 중 운동하는 사람 자신으로 인하여 발생하는 내적 원인을 2가지 쓰고, 학생이 운동 중 발목을 삐었을 때 교사가 실시할 수 있는 응급 처치 방법을 2가지 쓰시오. '08. 기출

- 운동 상해의 내적 원인: ① _____ ② _____
- 응급 처치 방법: ① _____
  ② _____

8. 건강 체력 요소 중에서 흡연으로 인해 가장 크게 저하되는 건강 체력 요소의 명칭을 쓰고, 그 저하와 가장 밀접한 관련이 있는 니코틴, 타르, 일산화탄소의 특성을 각각 1가지만 쓰시오. [4점] '07. 기출

- 건강 체력 요소의 명칭: _____
- 니코틴의 특성: _____
- 타르의 특성: _____
- 일산화탄소의 특성: _____

9. 다음 그림은 건강(웰리스)에 영향을 미치는 요소들을 분류한 것이다. ㉮군에 포함되어야 할 주요 요소 2가지를 쓰고, ㉮군과 ㉯군의 주요 특징을 1줄로 설명하시오.

'06. 기출

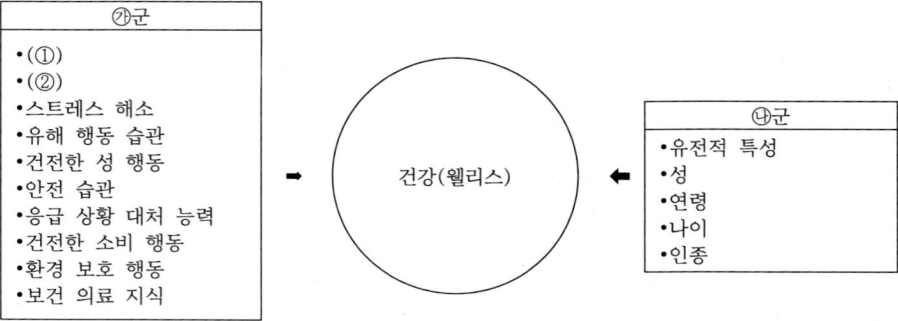

• ㉮군의 주요 요소 : ① _____ ② _____
• ㉮군과 ㉯군의 주요 특징 : _____

10. 응급처치 방법인 'RICE' 지침에 대한 다음 표를 보고 빈칸에 해당하는 처치 목적으로 제시하시오. [2점]

'05. 기출

	방법	처치 목적
R	휴식 또는 중단	추가적 상해 및 악화 예방
I	얼음(찜질, 마사지)	( )
C	압박	상해 부위를 붕대 등으로 감싸서 부기 예방, 회복 촉진
E	거상 또는 상처 부위 높힘	( )

11. 흡연은 본인뿐만 아니라 주변 사람들에게도 해를 끼치는데, 담배의 연기에는 약 4천여 종의 독성 물질이 들어있다. 담배 연기에 포함되어 있는 주요 독성 물질들에 대한 다음의 설명을 보고 해당하는 물질을 빈칸에 쓰시오. [3점]   '04. 기출

	독성 물질	증 상
①		• 혈관을 수축시켜 혈압을 높인다. • 신경을 마비시켜 환각상태에 이르게 한다. • 콜레스테롤을 증가시켜 동맥경화를 유발한다.
②		• 사람의 폐와 치아를 검게 만든다. • 폐암, 위암, 기관지암 등 각종 암의 원인이 된다. • 세포, 장기, 잇몸, 기관지 등을 손상시키고 만성 염증을 유발한다.
③		• 신진대사에 장애를 주고 노화를 촉진한다. • 머리가 아프고 정신이 멍해지는 상태가 나타난다. • 헤모글로빈과 결합하여 산소운반 능력을 저하시킨다.

12. 우리나라의 민속무용은 각종 제례 행사와 서민들의 생활 속에서 자연적으로 발생하여 계승 발전되어 왔다. 우리나라 민속무용과 관련하여 다음 질문에 답하시오. [총 3점]   '04. 기출

12-1. 우리나라의 민속무용 중 널리 알려진 대중적인 민속무용을 3가지만 쓰시오 (단, 탈춤은 제외). (2점)

　①
　②
　③

12-2. 봉산탈춤에 사용되는 기본 춤사위를 2가지만 쓰시오. (1점)

　①　　　　　　　　　　②

13. 법정 전염병은 발생 즉시 환자의 격리가 필요한 1군(6종), 예방접종 대상인 2군(9종), 관찰 및 예방 홍보 대상인 3군(18종), 보건복지부령으로 지정한 4군(3종)과 지정 전염병으로 분류된다. 이 중에서 1군 전염병을 4가지만 제시하시오. (4점)

'02. 기출

① _____
② _____
③ _____
④ _____